Hjalmar Jorge Joffre-Eichhorn

Wenn die Burka plötzlich fliegt
–
Einblicke in die Arbeit mit dem Theater der Unterdrückten in Afghanistan

BERLINER SCHRIFTEN ZUM THEATER DER UNTERDRÜCKTEN

Herausgegeben von Harald Hahn

ISSN 1863-2106

1 *Anne Dirnstorfer*
Forumtheater in den Straßen Nepals
Emanzipation jenseits des Entwicklungsdiskurses?
ISBN 3-89821-665-9

2 *Thomas Haug*
'Das spielt (k)eine Rolle!'
Theater der Befreiung nach Augusto Boal als Empowerment-Werkzeug im Kontext von Selbsthilfe
ISBN 3-89821-486-9

3 *Till Baumann*
Von der Politisierung des Theaters zur Theatralisierung der Politik
Theater der Unterdrückten im Rio de Janeiro der 90er Jahre
Zweite, überarbeitete Auflage
ISBN 3-89821-486-9

4 *Jens Clausen, Harald Hahn, Markus Runge (Hrsg.)*
Das Kieztheater
Forum und Kommunikation für den Stadtteil
ISBN 978-3-89821-985-3

5 *Hjalmar Jorge Joffre-Eichhorn*
Wenn die Burka plötzlich fliegt
Einblicke in die Arbeit mit dem Theater der Unterdrückten in Afghanistan
Zweite, überarbeitete und erweiterte Auflage
ISBN 978-3-8382-0472-7

Der Reihenherausgeber:
Harald Hahn (Jg. 1966) wohnt in Berlin und ist freiberuflicher Radio- und Theatermacher mit Schwerpunkt "Theater der Unterdrückten", er nimmt außerdem Lehraufträge an Universitäten und Fachhochschulen wahr. Der Herausgeber steht darüber hinaus auf der Bühne mit dem Gesangsprojekt HERZKASPER.
Kontakt: www.harald-hahn.de

Hjalmar Jorge Joffre-Eichhorn

Wenn die Burka plötzlich fliegt

Einblicke in die Arbeit mit dem
Theater der Unterdrückten in Afghanistan

ibidem-Verlag
Stuttgart

Bibliografische Information der Deutschen Nationalbibliothek
Die Deutsche Nationalbibliothek verzeichnet diese Publikation in der Deutschen Nationalbibliografie; detaillierte bibliografische Daten sind im Internet über http://dnb.d-nb.de abrufbar.

Bibliographic information published by the Deutsche Nationalbibliothek
Die Deutsche Nationalbibliothek lists this publication in the Deutsche Nationalbibliografie; detailed bibliographic data are available in the Internet at http://dnb.d-nb.de.

Zweite, überarbeitete und erweiterte Auflage
Originaltitel (2011): Tears into Energy

ISBN 978-3-8382-0172-6

∞

Gedruckt auf alterungsbeständigem, säurefreien Papier
Printed on acid-free paper

ISSN: 1863-2106

ISBN-13: 978-3-8382-0472-7

Vorwort

Nach der Publikation von Anne Dirnstorfer über das "Forumtheater in Nepal" liegt nun das zweite Buch der Berliner Schriften zum Theater der Unterdrückten vor, das den Fokus auf eine emanzipatorische Theaterpraxis in einem von Krieg und Krisen geschüttelten Land richtet.

Als ich vor einigen Jahren Hjalmar Joffre-Eichhorn als Teilnehmer bei einem Theaterworkshop in der Bewegungsakademie in Verden kennen gelernt habe, las ich gerade "Briefe gegen den Krieg" von Tiziano Terzani – ein leidenschaftliches Plädoyer gegen den Krieg in Afghanistan. Und auf einmal erzählte mir Hjalmar, dass er nach Afghanistan gehen möchte und mit dem Theater der Unterdrückten am Aufbau von zivilgesellschaftlichen Strukturen aktiv mitarbeiten will. In meinem Kopf ratterte es sofort: Wie kann man denn in solch ein Land gehen und nicht automatisch Teil einer militärischen Mission werden, auch wenn man die besten Absichten hat? Dieses Buch zeigt auf, dass dies unter sehr großem persönlichem Einsatz durchaus möglich ist.

Der Autor gibt uns Leserinnen und Lesern einen spannenden Einblick in die Kraft und Macht des Theaters. Wir dürfen teilhaben an seinen Workshops, wir lernen Menschen über dieses Buch kennen, die nicht aufgeben und sich dem Trauma des Krieges mit Hilfe des Theaters stellen.

Wie kann nach all dem, was in dem Land geschehen ist, Heilung und Frieden entstehen? Wenn nur ein Bruchteil der immensen Ressourcen, die für das Militär aufgewendet werden, in die Ausbildung von qualifizierten Friedens-TheaterpädagogInnen und für die Implementierung emanzipatorischer und partizipatorischer Theaterprojekte verwendet werden würde, dann wäre Afghanistan einen Schritt weiter in Richtung Frieden und Versöhnung, als dies heute der Fall ist. "Wie naiv!", werden nach diesen Sätzen bestimmt einige von Ihnen denken. "Prima! Mit dem Theater der Unterdrückten also gegen die Taliban ankämpfen?"

Nein! Mit dem Theater der Unterdrückten die Zivilgesellschaft stärken! Ohne fest verankerte zivilgesellschaftliche Strukturen wird es wohl keinen Frieden am Hindukusch geben. Warum dieses Wagnis also nicht eingehen? Es ist so viel besser und sinnvoller und friedensstiftender, als mit todbringenden Bomben unschuldige Zivilisten umzubringen, wie es beim Bombardement in Kundus geschehen ist, bei dem mehr als 100 Zivilisten getötet wurden. Spätestens nach diesem mörderisch-tragischen Vorfall kann man diesen Krieg nicht mehr als humanitäre Friedensmission in der Öffentlichkeit verkaufen.

Neben der Besatzermentalität der ausländischen Truppen in Afghanistan kritisiert Hjalmar Joffre-Eichhorn aber auch die zivilen Organisationen, die oftmals in ihren Parallelwelten leben. Die entwicklungspolitische Zusammenarbeit ist nur eine so genannte. In der Praxis werden – auch wenn die Verlautbarungen anders sind – oftmals nicht mit den Menschen vor Ort, mit der Bevölkerung gleichberechtigte, partizipative Projekte entwickelt, sondern (wenn auch eventuell ungewollt und mit besten Absichten) neokoloniale Verhaltensweisen und Strukturen etabliert. Ebenso wird die entwicklungspolitische Zielrichtung häufig einseitig auf die zum Teil korrupte Elite des Landes gerichtet.

Dieser Theatermacher sucht in Afghanistan intensiven Kontakt mit den Menschen vor Ort. Das tut er nicht belehrend, sondern als Mensch, der den Zauber und die Heilkraft des Theaters mit den Menschen gemeinsam erlebbar macht. Er arbeitet nicht nur mit verschiedenen Formen des Theaters der Unterdrückten, sondern er nutzt ebenso Methoden aus dem Playback-Theater, das er auch im Buch darstellt. Für Theaterpraktiker werden neben den vielfältigen Projektbeispielen auch Übungen und Spiele aus dem Theater der Unterdrückten, die bei der Anwendung beschrieben werden, gewiss eine Bereicherung für die eigene emanzipatorische Theaterpraxis sein.

Als Herausgeber der Berliner Schriften bin ich stolz, solch ein wichtiges Buch in dieser Reihe zu haben. Es ist so brennend aktuell: In der Berliner Republik sind Kriege wieder salonfähig geworden – Hjalmar Joffre Eichhorn dagegen zeigt auf, dass künstlerisches Schaffen, dass die Etablierung temporärer Freiräume, auch eine friedenspolitische Intervention sein kann. Danke, Hjalmar, für dieses Buch und pass auf dich auf!

Schalom und Salam.

Harald Hahn / Berlin im Februar 2011

Anstatt eines weiteren Vorworts

Es freut mich als Herausgeber der Berliner Schriften zum TdU, dass es eine erweiterte Neuauflage des Buches von Hjalmar Jorge Joffre-Eichhorn gibt. Beim Lesen der ersten Auflage hatte ich oft im Hinterkopf, wie es wohl weiter gehen wird mit dem Theater der Unterdrückten in Afghanistan. Hjalmar nimmt uns nun wieder mit auf eine Reise in die Welt des Theaters in Afghanistan, er gibt Einblicke in eine Tour mit der Theatergruppe in den USA, die nicht ohne Konflikte verlief, und über seine Theaterexperimente wie z.B. das Legislative Theater. Aber lesen Sie selbst!

Nach Erscheinen der ersten Auflage des Buches hatte ich die ganze Zeit Afghanistan und diese Kriegssituation in meinen Gedanken, einen Krieg, der unter deutscher Beteiligung stattfindet, und der im Alltag der Menschen hier dennoch kaum eine Rolle zu spielen scheint. Deutschland im Jahre 2013, die Bundeswehr wirbt an Schulen um Nachwuchs, und es sieht so aus, als ob man sich an militärische "Lösungen" von Konflikten gewöhnt hat. Das Buch von Hjalmar hat mich inspiriert zusammen mit meinem musikalischen Kollegen und Freund David Fuhr dieses Lied für unser Gesangsduo Herzkasper zu schreiben: Not in My Name

Not In My Name

1. Wenn sie in die Schulen kommen und werben für das Kriegshandwerk
Dann bin ich wirklich voreingenommen, denkt Ihr dass ich die Strategie nicht merk?
Waffenträger sollen als normal gelten? Na klar, ein Mensch wie Du und ich
Doch im Ernstfall werden sie töten – ich will das nicht.

Not in my name, not in my name, not in my name
It's not my game, it's not my game, it's not my game
Not in my name, not in my name, not in my name
It's not my game, it's not my game – it's a shame

2. Wenn Sie von Menschenrechten reden und die Angst vor Terror schür'n
Wenn Werbeagenturen kommen und die Kommunikation ausführ'n
Sie erfinden Wörter am Reißbrett: „Humanitäre Intervention“
Ihr Krieg braucht solche Decknamen für die Legitimation

Not in my name...

3. Wenn Militärseelsorger kommen und sprechen vom gerechten Krieg
Segnen sie etwa wieder die Waffen? Sprechen Gebete für den Sieg?
Willst Du beichten dass Du geschossen hast, oder die Nacht im Truppenbordell?
Lass Dir die letzte Ölung geben, die braucht man manchmal hier unten schnell

Not in my name...

4. Wenn dann die Popstars eingeflogen werden und spiel'n zur Förderung der Moral
Kerner live aus Afghanistan! Das ist inzwischen voll normal
Ein bisschen Maffay zur Zerstreuung, ein Dankeschön vom Vaterland
Und durch den Panzer im Einsatz hallt jedes Mal lauter Heavy-Metal-Klang

5. Wenn dann die Särge nach Hause kommen und Trauerfahnen weh'n
Politiker mit ernsten Mienen wieder vor Rednerpulten steh'n
Dann diese üblichen Floskeln von Freiheit und dem Exportschlager Demokratie
Und sie reden von Ehre und Staatsbürgerpflicht und nie von Macht, Ruhm und Ökonomie

Not in my name...

© Text und Musik von Herzkasper (2011)

Kostenloser Download unter: http://herzkasper.net/de/politsongs/14-2011/35-not-in-my-name

Harald Hahn / Berlin im Februar 2013

Für

Afghani, Amin, Anisa, Benafsha, Daria, Bisharat, Deborah, Dr Sharif, Geety, Hadi, Javid, Loli, Naheed, Saleh, Zahra, Saleem, Zozan, Shekeb, Zaman

Sowie

Darwish, Tina B., Marc W., Karin G., Hector A., Jane, Eberhard, Sari, Dave Duggan, Tracy, Bahram, Ursula K.-L., David Diamond, Rachel, Sayed, Nadia, Javid, Jana, Machmud, Berta, Lars, Gabriela, Jonathan Fox, Muddi, Adil, Oma & Opa, Bente, Hille, Ursula Z., Nico, Muska, Papa, Parwin, Sardar, Jo Salas, Gholami, Asma, Kai, Nico W., Nils, Veronica, Patrick, Reinaldo, Omid, Said Nabi, Julia, Gino, Anna, Bolek (Du schaffst das), Denis, Oksana, Nicolaus, Sophia, Karima, Uti, Angela, Hannah R., Hermann, Azaryoun, Fahima, Willi, Nancy, Augusto Boal, Parisa, Javad, Atifa, Janice, Sascha A., Frau Röhlke-The, Ardasher, Ulrike, Gero, Hipp, Hahn, Onkel Bodo, Yayo, Nicolas, al pueblo boliviano sowie natürlich Harald und Jessica. Danke...

Inhaltsverzeichnis

Vorwort 5

Anstatt eines weiteren Vorworts 7

Liebe auf den ersten Blick: Das TdU und ich 13

Alle Macht dem Volk: Das Theater der Unterdrückten (TdU) 19

Statuentheater 20

Forumtheater 21

Das TdU in Afghanistan: Die revolutionäre Essenz des Spielens 24

Gesucht: Theatermacher – Aber steht da wirklich Afghanistan? 26

Die Ausschreibung 26

Personen sind wertvoller als Geld - Der Deutsche Entwicklungsdienst (DED) 28

So schnell werdet ihr uns nicht los - Der DED in Afghanistan 28

Der zivile Friedensdienst (ZFD) - Ohne Waffen für den Frieden 29

Rumi, Hippies und letzte Zweifel: Pre-Afghanistan Syndrom (PAS) 31

Zwischen Fäkalienstaub und Lärmverschmutzung - Allgemeine Lebensbedingungen 33

Manchmal kommt es anders als man denkt: Meine Arbeit bei der Foundation for Culture and Civil Society (FCCS) 37

Ohne Wille kein Weg - Die Arbeit als Friedensfachkraft bei FCCS 38

Und plötzlich ist der Tod ganz nah - Das TdU als Safe Space 43

Die EntwicklungshelferInnen - Selbstlose Engel oder selbstverliebte Bengel? 47

Ein Kessel Buntes: Theaterprojekte während meiner Zeit bei der Foundation for Culture and Civil Society (FCCS)/DED 54

Spielen, Spielen, Spielen 55

Alle gegen Einen: Theaterworkshops mit Children in Crisis (CIC) 57

TdU aus weiblicher Perspektive 59

Jeder Wandel beginnt mit einem "Nein"- Theaterarbeit mit HAWCA 64

Die Drogenklinik Zendagi-Nawin (Neues Leben) - Das TdU als Ersatzdroge ... 67

Wer nicht hören kann, muss spielen – Arbeit mit der Afghan National 70

Association for the Deaf (ANAD) 70

Jenseits der Stille-Workshop mit den Kindern und Jugendlichen von ANAD 71

Workshop mit den 'Inklusive Bildung' LehrerInnen 72

Theater in den Bergen - Sanayee Development Organization (SDO) 76

TdU in Schnee und Moschee 77

1+1=3: Woher nehmen und nicht stehlen? 78

Neue Führer braucht das Land: Die Friedrich-Ebert Stiftung und das Young Leaders Forum 81

Die Taliban als Drachentöter - Erster Theaterworkshop mit dem YLF 82

Immer im Mai-Zweiter Theaterworkshop mit dem YLF 86

Junge Menschen als Motoren des Wandels: UN-HABITAT und das........ 91

Youth Empowerment Programme (YEP)........ 91

Gegen den Strom schwimmen mit dem TdU - Das Training of Trainers (ToT)........ 91

TdU unter den Augen Buddhas: Multiplikatoren-Workshop in Bamiyan........ 95

Kein Frieden ohne Gerechtigkeit: Transitional Justice (TJ) - Was ist das überhaupt?........ 101

Tears into Energy - Das TdU als Medium der Vergangenheitsaufarbeitung........ 106

'AH 7808'- Ausflug in ein konventionelles Theaterprojekt........ 119

Tränen sind ein Teil unseres Lebens: ICTJ und die ersten Schritte in die Selbstständigkeit........ 129

Schritt für Schritt in die Freiheit - Der ICTJ Pilotworkshop mit einer Kabuler Opfervereinigung........ 131

Das Playback-Theater - Geschichten, um die Welt zu verändern........ 138

Theater ohne Grenzen – Die Geburt von AHRDO........ 142

Eine gute Vorbereitung ist die halbe Miete........ 144

Die Mischung macht's: Die drei Theatertrainings Theater der Unterdrückten, Playback-Theater sowie Unsichtbares Theater und der "Polizist im Kopf"........ 147

Probieren geht über studieren - Die "On-the-job-Trainings"........ 157

Kleine Höhepunkte bereichern das Leben - Das abschließende Theaterfestival........ 161

Invasion des Friedens - Drei Gäste aus aller Welt bereisen Afghanistan........ 163

Auf Wiedersehen, Afghanistan?........ 178

Post-Theatralisches-Traurigkeits-Syndrom (PTTS)........ 183

Alle Macht den Frauen - Das erste Legislative Theater........ 186

Infinite Incompleteness - Tränen zuhause und in der Ferne........ 196

2014 - Ein Schicksalsjahr in aller Munde........ 205

Anhang........ 212

AHRDO in Zahlen........ 213

Literatur........ 215

Abbildungsverzeichnis........ 217

Index........ 219

Liebe auf den ersten Blick: Das TdU und ich

Um für etwas zu kämpfen, muss man es sehr lieben.
Um etwas sehr zu lieben, muss man bis zur
Verrücktheit daran glauben.[1]
(Che Guevara)

Im Gegensatz zu vielen meiner Kollegen und Kolleginnen, die mit dem Theater der Unterdrückten (TdU) arbeiten, habe ich das Theater der Unterdrückten zunächst in der Theorie, genauer gesagt, durch die Lektüre eines der Bücher[2] von Augusto Boal, dem Begründer des TdU, kennen gelernt. Anfang 2001 war das. In Castellon, Spanien, während meines Studiums in Friedens- und Entwicklungsstudien. Auf der Suche nach einer praktischen Anwendungsmöglichkeit für die herrlich stimulierende, aber irgendwie übermäßig theoretische Arbeit mit Gandhi, Johan Galtung und Jürgen Habermas. Ein Theater der Unterdrückten? Aus Brasilien? Für mich klang das verdächtig nach Paulo Freire und seiner Pädagogik der Unterdrückten. Den guten alten Paulo, ebenfalls aus Brasilien, hatte ich schon vor Jahren zu schätzen gelernt. Innovative pädagogische Konzepte wie "Bankier Bildung", "Bewusstseinsbildung" und "Praxis"[3] hatten mich zum Nachdenken angeregt und gerade letztere Idee der Praxis, die Verschmelzung von theoretischer und praktischer Arbeit, in jenen Tagen angetrieben, einen etwas weniger akademischen Broterwerb zu finden.

Aber gerade Theater? Mit dem Theater hatte ich außer der Lektüre zahlreicher Brechtscher Theater(Lehr-)stücke und einer gewissen Wertschätzung für Theater als allgemeines Kulturgut nur herzlich wenig am Hut. Sicher, zu Schulzeiten hatte ich in Shakespeares' Sommernachtstraum den Demetrius gespielt, aber seit jener, längst vergessenen, Zeit war mir das Theater fremd, ja sogar ein wenig zuwider geworden. Zu kommerziell und elitär erschien es mir, zu weit entfernt vom Alltag ganz gewöhnlicher Menschen. Und dann diese ewig selbstverliebten SchauspielerInnen und RegisseurInnen. Dieses ganze Stargehabe. Wenn nicht gar eine regelrechte Abneigung, so hatte ich gegenüber dem Theater doch eine gehörige Anzahl an (Vor-) Urteilen aufgebaut, die mir im Nachhinein betrachtet aber sicher geholfen haben, da ich dem Theater als Gesamtkunstwerk zu jenem Zeitpunkt so ne-

1 http://myzitate.de/zitate.php?q=Che+Guevara

2 Theater der Unterdrückten: Übungen und Spiele für Schauspieler und Nicht-Schauspieler

3 In der "Bankiers-Methode" wird Erziehung zu einem Akt der Spareinlage. Der Lehrer macht Einlagen in die Köpfe der Schüler und die Aufgabe des Lehrers ist es, die Köpfe der Schüler "mit den Inhalten seiner Übermittlung zu füllen".

gativ, zur gleichen Zeit aber auch ignorant, gegenüberstand, dass die erste Begegnung mit dem Theater der Unterdrückten eine wahrhafte Offenbarung wurde.

Abbildung 1: „Augusto Boal und Paulo Freire", gezeichnet von Geety Natiq

Ich öffnete das Buch, fing an zu schmökern und legte es bis zu seinem Ende kaum noch nieder. Das war doch genau das, wonach ich gesucht hatte. Ein Medium, das Reflexion und Aktion miteinander verbindet und auf einer Philosophie beruht, die - im Gegensatz zu einem immer sinnentleerteren und entwürdigenderen Kapitalismus und einer auf die gelegentliche Stimmabgabe reduzierte Demokratie -, den Menschen wieder in den Mittelpunkt stellt und felsenfest davon überzeugt ist, dass die Welt revolutionierbar ist, sollte unser menschliches Miteinander nur endlich basisdemokratischer ablaufen. Die Unterdrückten sollen bei diesem Unterfangen als Vorhut gesellschaftlicher Veränderungen fungieren. Dialog, soziale Gerechtigkeit, Marx und eine Entstaubung menschlicher Kreativität. Die Demokratisierung der Kultur. Das Theater als Probe für die Wirklichkeit. Ich traue meinen Augen kaum und bedenke, wie ich selber manchmal zweifle, ob der ganze politische Widerstand irgendetwas bringt und wie schwer es mir oft fällt, trotzdem irgendwie weiter zu machen. Dieses Theater der Unterdrückten könnte, so scheint es mir, ein unglaubliches Instrument zur politischen Mobilisierung und gesellschaftlichen Demokratisierung sein. Ich zumindest fühle mich mobilisiert, herauszufinden, wie sich das Theater der Unterdrückten in der Praxis anfühlt, und lerne in den nächsten Jahren Schritt für Schritt mehr über das TdU.

Mehr als ein Jahrzehnt später kann ich nun sagen, dass diese zunächst rein zufällige Begegnung mit dem Theater der Unterdrückten mein Leben für immer verändert hat. Zunächst als Hobby, später als Beruf, hat mich das TdU in viele Länder und Kulturen geführt: Als Unsichtbares Theater zur Reichspogromnacht in Deutschland[4]. Zur Vorbereitung und Probe einer Goethe-Revue in Australien. Auf einer in Kolumbien stattfindenden UN-Konferenz zum Schutz geistigen Eigentums indigener Völker. Als Medium der zivilen Konflikttransformation in Bolivien, den Malediven, der Ukraine, Ruanda, Sierra Leone und Tadschikistan. Und, nicht zuletzt, während der letzten knapp sechs Jahre in Afghanistan, wo ich die große Ehre hatte, mit vielen verschiedenen Menschen das Theater zu nutzen, um in einem Umfeld von mehr als dreißig Jahren ununterbrochenem Krieg ein wenig Frieden zu stiften und eine Vision eines gerechteren Afghanistan aus der Perspektive der von allen Kriegsparteien stets ignorierten Normalbevölkerung zu kreieren.

Das Theater der Unterdrückten hat es mir erlaubt, eine mit Worten nur schwer zu beschreibende Anzahl an unwahrscheinlich tiefgründigen Erfahrungen zu machen. Unzählige Theaterworkshops, Aufführungen und Trainings haben mich bereichert und glücklich, sehr häufig aber auch wütend und traurig gemacht. Dabei habe ich für mich entdecken können, dass gerade jene Erfahrungen das Schöne am Menschsein sind: All diese unglaublichen Emotionen, die Auf und Abs des Lebens und die Möglichkeit, diese emotionale Achterbahn mit Menschen aus aller Welt gemeinsam zu fahren und durch das Theater das Leben vieler im Alltag entwürdigter Menschen ein wenig zu verändern und dabei von diesen selbst verändert zu werden. Kurzum: die Arbeit mit dem Theater der Unterdrückten hat mein Leben privilegiert, und ich kann mir keine bessere Art und Weise zu leben vorstellen. Darüber hinaus glaube ich allerdings, dass weniger die persönliche

[4] Zu dem Zeitpunkt arbeite ich bei Peace Brigades International Deutschland (pbi), und mit einer Gruppe von jungen Erwachsenen bereiten wir eine Szene zum Thema Diskriminierung vor, die auf einer Erinnerungsveranstaltung zur Reichspogromnacht präsentiert wird, ohne dass die dort anwesenden Leute wissen, dass es sich um ein Theaterstück handelt.

Bereicherung als die Bestätigung, dass gesellschaftlicher Wandel möglich ist und dass dieser Wandel notwendigerweise von Unten, von den Unterdrückten, kommen oder zumindest von unten mitgesteuert werden muss, das Wertvollste ist, was mir das TdU gegeben hat. Es ist etwas unglaublich Schönes, gemeinsam mit anderen Menschen für eine andere, einen Tick solidarischere Welt zu kämpfen. Wenn ich bedenke, wie die x-te Krise des Kapitalismus derzeit noch mehr Menschen an den Rand des Abgrund bringt während sich eine kleine Elite schamlos bereichert, bin ich stärker denn je davon überzeugt, dass es absolut notwendig ist, diesen Kampf auch weiterhin zu führen, und dass das Theater der Unterdrückten sowie andere emanzipatorische Theaterformen zu diesem Kampf ihren Teil beitragen können.

Aus all diesen Gründen und weil das von mir sehr geschätzte, respektierte und mittlerweile Heimat gewordene Land Afghanistan in den deutschen Medien nach wie vor leider äußerst negativ und meist aus rein militärischer Sicht beleuchtet wird, habe ich mich entschieden dieses Buch zu schreiben und meine Erfahrungen mit einer größeren Öffentlichkeit zu teilen. Ich hoffe, dass der Inhalt dieses Buches den LeserInnen Land und Leute menschlich ein wenig näherbringt und aufräumt mit dem gängigen Vorurteil, dass die meisten AfghanInnen erzkonservative, radikalfundamentalistische und irgendwie von Natur aus (Zyniker würden sagen "gottgegeben") seltsame Menschen sind. Auch erhoffe ich mir, dass ersichtlich wird, wie viele gewöhnliche afghanische Frauen und Männer, oft unter Einsatz ihres Lebens, tagtäglich versuchen, aktiv für einen gesellschaftlichen Wandel zu kämpfen, und es beileibe nicht nur die internationale Gemeinschaft ist, die den Laden dort unten zusammenhält. Ganz im Gegenteil. Zu guter Letzt ist dieses Buch eine Liebeserklärung an das Theater der Unterdrückten. Ein Theater, das viel mehr ist als nur Theater. Ein Theater, das in den letzten vierzig Jahren das Leben hunderttausender von Menschen bereichert und verändert hat und alle, die von der Notwendigkeit einer menschlicheren Art, wirtschaftlich, sozial und kulturell miteinander umzugehen überzeugt und bereit sind, für dieses neue Miteinander etwas zu tun, ein Werkzeug geworden ist, um konkret für dieses Ziel zu kämpfen. Ein Theater, das dabei für viele zu einer Philosophie und Praxis des Lebens wird, das TdU als gelebter Wandel sozusagen.

Bei aller Liebe ist dabei natürlich ganz klar, dass das Theater der Unterdrückten kein Allheilmittel sein kann. Ganz im Gegenteil, es erzielt häufig keine deutlich messbaren Erfolge und ist im Endeffekt für viele TeilnehmerInnen ein eher subjektiv-gefühltes Unterfangen, das deshalb seitens der

OrganisatorInnen auch die Gefahr der Selbstgerechtigkeit mit Bezug auf Erfolge mit sich bringt. Auch befindet sich das Instrument TdU in ständigem Wandel. Dabei habe ich in letzter Zeit manchmal das Gefühl, dass auch die Arbeit mit diesem Medium immer mehr zu einem Geschäft wird und diese Kommerzialisierung dafür sorgt, dass sich in der Gemeinde des Theaters der Unterdrückten ein negatives Konkurrenzgehabe um Gelder und Einfluss einschleicht, was der Grundphilosophie der Arbeit natürlich absolut zuwider läuft. Vor allem nach dem Tod von Augusto Boal im Mai 2009 hat sich diese Entwicklung sogar noch verstärkt, weil nun, so scheint es, ein völlig unsinniger und unnötiger Kampf um seine inoffizielle Nachfolge begonnen hat. Es geht darum, wer das Sagen hat, wie das TdU inhaltlich in der Zukunft aussehen soll. Wer die Deutungshoheit über den Begriff "Unterdrückung" hat, welche Techniken flexibel sind und welche klaren und nicht veränderbaren Richtlinien zu folgen haben.

Auch steht seit längerer Zeit zur Diskussion, das Theater der Unterdrückten zu standardisieren und es dadurch seiner inhärenten Freiheit zu berauben, da die Gefahr besteht, dass einige wenige KollegInnen bestimmen, was wirkliches Theater der Unterdrückten ist und was nicht. Selbst regional gibt es gewisse Spannungen, da es überwiegend TdU-PraktikerInnen des reichen Westens sind, die international durch die Welt fliegen und Workshops anbieten, während aus den Ländern des Südens stammende KollegInnen nur selten diese Möglichkeit haben. Zu guter Letzt gibt es auch gewisse Gender-Ungleichheiten, da im Wesentlichen männliche Joker im internationalen Vergleich den Ton angeben, während Frauen sehr häufig als Teilnehmerinnen dominieren. Das TdU ist also genauso von den Tugenden und Sünden der Menschen beeinflusst wie alle anderen Bereiche des Lebens auch. Es geht um Einfluss, Gelder, Eitelkeiten und gegenseitige Antipathien. Diesen und vielen anderen Problemen und Gegensätzen zum Trotz bin ich weiterhin davon überzeugt, dass das Theater der Unterdrückten als sich ständig wandelnder, hoffentlich aber auch sich selbst hinterfragender Prozess noch viele Menschen befähigen wird, ihr Leben selbst in die Hand zu nehmen und dazu beizutragen, die Menschheit zu humanisieren, wie Boal es genannt hat. Nötig wäre es.

Dieses Buch möchte seinen kleinen Beitrag dazu leisten, sowohl das Land Afghanistan und die Arbeit mit dem Medium TdU als auch die internationale Entwicklungszusammenarbeit vor Ort aus verschiedenen Perspektiven zu beleuchten. Der thematische Schwerpunkt ist dabei die konkrete Arbeit mit dem TdU, die anhand von Beschreibungen verschiedener Theaterprojekte reflektiert wird. Weiter wird dargestellt, weshalb das TdU in einem so herausfordernden Kontext wie dem afghanischen wichtig ist und vielleicht auch deshalb von der Lokalbevölkerung sehr positiv aufgenommen wurde. Schließlich bringe ich in das gesamte Buch vor allem meine eigenen Erfahrungen, Sichtweisen und Fragen ein. Es ist ein persönlicher Erfahrungsbericht über meine Arbeit mit dem TdU in Afghanistan, keine wissenschaftliche Abhandlung über Sinn und Zweck dieser Methodik in einem Kriegsgebiet.

Worum aber handelt es sich genau beim TdU? Welche Ideen und konkreten Theateraktivitäten bilden das Grundgerüst dieser Methodik? Zunächst einmal ist es notwendig, das TdU ein wenig einzuführen, um das Verständnis dieses Buches zu erleichtern und eine Kontextualisierung zu ermöglichen.

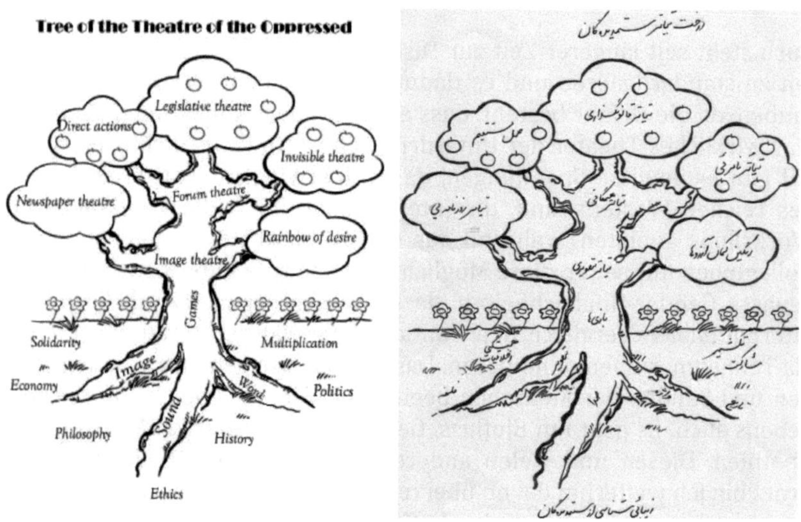

Abbildung 2: „Der Baum des Theaters der Unterdrückten“,
Dari-Version gezeichnet von Geety Natiq

Alle Macht dem Volk: Das Theater der Unterdrückten (TdU)

Theater ist für das Volk, wenn es die Welt aus der Perspektive des Volkes sieht[5] *(Augusto Boal)*

Wie kann man sich als Laie das Theater der Unterdrückten (TdU) konkret vorstellen? Wie ist seine Entstehungsgeschichte? Welche konkreten Aktivitäten sind Teil des TdU im Allgemeinen und der Arbeit in Afghanistan im Besonderen?

Das TdU findet seinen Ursprung in Brasilien zu Zeiten einer brutalen Militärdiktatur in den 1960er Jahren. Sein Entdecker Augusto Boal ist damals als herkömmlicher Theatermacher mit dem Teatro de Arena aus São Paulo unterwegs. Die meisten seiner Aktivitäten haben dabei einen klaren politischen Hintergrund, nämlich das Ziel, das Theater zu nutzen, um die Menschen bzw. das Publikum, zur zumindest theoretischen Auseinandersetzung mit politischen Themen zu ermutigen. Das läuft dann im Regelfall auf eine Art "Agitprop[6]"-Theater hinaus, in dem üblicherweise professionelle SchauspielerInnen aus der wirtschaftlich gut situierten Mittel- und Oberschicht einem Publikum, bestehend aus verarmten Arbeitern, Bauern und anderen marginalisierten Bevölkerungsteilen, mitteilen, was in deren Leben nicht stimme und was sie zu tun hätten, um diese Situation zu verändern.

Als Boal und seine Truppe während einer dieser Aufführungen von einem Zuschauer aufgefordert werden, ihre eigenen Worte gemeinsam mit ihm und anderen in die Praxis umzusetzen (es handelt sich um einen Aufruf zum bewaffneten Widerstand), verstummt die Bühne, und Augusto Boal muss sich eingestehen, dass sein Theater offenbar Grenzen hat, die ihm bis dato nicht klar gewesen sind. Die Scham, die er verspürt, als er dem Zuschauer mitteilen muss, dass er und seine Truppe lediglich Schauspieler seien und leider nicht an bewaffnetem Widerstand teilnehmen könnten, verändert ihn und sein Theater nachhaltig[7]. Er wird sich bewusst, dass sein Theater eine belehrende, wenig demokratische Natur hat und dass diese Tatsache in sich selbst eine Art von Unterdrückung, in diesem Fall die des Theaterpublikums, darstellt. Er entscheidet sich daher, neue Wege zu ge-

---

5 Boal, Theater der Unterdrückten, 1989, S. 17

6 Agitprop steht für "Agitation" und "Propaganda", eine in den 60er und 70er Jahren sehr populäre Form des politischen Theaters in Brasilien und in anderen Teilen der Erde.

7 Siehe die Geschichte Virgilios in Augusto Boal: "Der Regenbogen der Wünsche

hen, und konzentriert sich fortan auf eine vollständige Einbeziehung marginalisierter Gruppen mit dem Ziel einer Übereignung des Theaters an die ZuschauerInnen[8]. Er macht einen Schritt weg vom professionellen, didaktischen Theater für Unterdrückte hin zu einem pädagogischen Theater von, für und mit den Unterdrückten, in dem das Theater als "Waffe" in den Dienst derer gestellt werden soll, die in der Gesellschaft normalerweise keine Einflussmöglichkeiten haben. Das Theater der Unterdrückten wird geboren.

Im Laufe der nächsten Jahrzehnte kreiert Boal eine Reihe von unterschiedlichen partizipativen Theatertechniken ("Das Arsenal"), die in ihren Inhalten zum großen Teil direkt auf Boals Erfahrungen des politischen Exils in mehreren Ländern Südamerikas und Europas zurückzuführen sind. So werden neue Techniken in Argentinien, Frankreich oder Portugal erfunden. Auch als er wieder nach Brasilien zurückkehrt, kommt es zu einer Weiterentwicklung der Methodik. Das TdU ist also seit seiner Geburt ein sich ständig wandelndes Instrument, wobei die feste Überzeugung, dass jeder Mensch sich in einen Schauspieler verwandeln kann, der das Theater nutzt, um sein eigenes Leben zu analysieren und nach Veränderungen zu streben, eine Art von unabänderlicher Grundphilosophie darstellt. Trotzdem sind es über die Jahrzehnte vor allem zwei TdU-Techniken, die über sämtliche Grenzen hinweg besonders hervorzuheben sind: Das Statuen- oder Bildertheater und das Forumtheater.

Statuentheater

Das Statuentheater ist Standardwerkzeug einer jeden Arbeit mit dem TdU. Beim Statuentheater geht es darum, als eine Art Bildhauer mit den Körpern der MitspielerInnen ein Bild zu erschaffen, das im Normalfall eine Unterdrückungssituation zeigt. Der gesamte Prozess verläuft in der Regel ohne Worte, da bewusst versucht werden soll, in Bildern zu denken, um unsere einseitige Fokussierung auf das gesprochene Wort zu reduzieren. Das Statuentheater ist demnach eine eigene Form der Kommunikation, die versucht, der Heterogenität des menschlichen Körpers gerecht zu werden und diese in die Analyse von konkreten Unterdrückungssituationen miteinfließen zu lassen.

Nach meinen Erfahrungen ist das Statuentheater für den afghanischen Kontext besonders relevant, was wohl vor allem daran liegt, dass keine

[8] Boal, Theater der Unterdrückten, 1986, S. 14

schauspielerischen Vorkenntnisse vonnöten sind und außerdem ohne Worte gearbeitet wird, was insbesondere für zurückhaltendere TeilnehmerInnen ein großer Vorteil ist. Während der Workshops kreieren deshalb immer wieder gerade diejenigen, die sonst eher schüchtern sind, eindrucksvolle und aussagekräftige Bilder. Mit Worten ließe sich nur schwer eine ähnliche Wirkung erzielen. Stellvertretend dafür sei das Beispiel einer sich anzündenden Frau genannt, die es nicht länger erträgt, von ihrer Familie bzw. der Gesellschaft unterdrückt zu werden.

Forumtheater

"In seinem Aufbau ähnelt das Forumtheater einem Wettkampf, einem Spiel, und läuft daher nach bestimmten Regeln ab. Diese Regeln haben sich über die Jahre je nach gesellschaftlichem Kontext zum Teil dramatisch verändert, trotzdem gibt es nach wie vor eine gewisse Grundstruktur, die Allgemeingültigkeit hat. Diese beinhaltet eine Modellszene ("Anti-Model"), die eine konkrete Problemsituation aufzeigt und ganz konventionell aufgeführt wird. Bei der Lösung der Konfliktsituation verhält sich die Hauptfigur allerdings so, dass er es nicht schafft, den Konflikt zu lösen oder zu verwandeln und deshalb die Hilfe des Publikums vonnöten ist, um andere Handlungsalternativen auszuprobieren. Der Zuschauer ruft "Stopp", unterbricht die Handlung und übernimmt die Rolle des unglücklich scheiternden Protagonisten, um den Ablauf zu beeinflussen und eine neue, möglicherweise bessere Lösung zu finden. Die anderen Schauspieler versuchen alles, die Szene unverändert zu Ende zu bringen, es ist ein Spiel Zuschauer gegen Schauspieler, Veränderungswille gegen Konformismus, die Welt, wie sie ist, gegen die Welt, wie sie sein soll."[9]

Während einer Forumtheateraufführung geht es also nicht exklusiv um die SchauspielerInnen auf der Bühne, sondern auch und vor allem um die ZuschauerInnen im Publikum, die von einem Moderator, dem sogenannten Joker[10], zum Mitwirken an der Handlung ermutigt werden und diese Entscheidung zu einer konkreten Aktion bewusst treffen sollen. Der Zuschauer wird also zum Subjekt der Handlung, der eine konkrete Unterdrückungssituation nicht nur theoretisch kritisiert, sondern vielmehr versucht, sie im sicheren Umfeld des Theaters aktiv zu verändern, um dann eines Tages das selbe im wahren Leben zu unternehmen. Dieser Übergang von theatraler

[9] Boal, Theater der Unterdrückten, 1986, S. 84

[10] Der Joker hat im TdU verschiedene Aufgaben, ist aber im Allgemeinen Moderator bzw. Leiter sämtlicher Aktivitäten, mit dem Ziel, die Menschen so weit wie möglich mit in den theatralischen Prozess einzubeziehen.

Realität zur konkreten Alltagssituation ist im Normalfall sicherlich ein äußerst schwieriger und nicht zu garantierender Prozess. Dass das Forumtheater als Mittel der Konfliktbearbeitung aber trotzdem absolut wertvoll sein kann, steht ob seiner auf Handlungsalternativen abzielenden Ausrichtung meines Erachtens außer Frage.

Allerdings sollte nicht davon ausgegangen werden, dass mit dem TdU Konflikte ein für alle Mal gelöst werden können. Meines Erachtens ist häufig sogar das Gegenteil der Fall, weil das Forumtheater, wie stets von Boal betont, als eine Probe für die Revolution konzipiert ist und die Menschen letztlich dazu ermutigen soll, die Gestaltung und Veränderung ihres Lebens nicht weiter anderen zu überlassen, sondern selbst in die Hand zu nehmen. Die konkrete Zielsetzung ist dementsprechend eine gesellschaftliche Mobilisierung, die im Endeffekt dafür sorgen könnte, dass sich die auf der Bühne dargestellten und bearbeiteten Konflikte in dem Sinne zuspitzen, als sich die Unterdrückten nicht länger mit schönen Worten und halbherzigen Reformen ihrer politischen Repräsentanten ruhigstellen lassen, sondern für eine vollständige Transformation der gesellschaftlichen Gegebenheiten kämpfen und damit, zumindest vorübergehend, real existierende Konfliktsituationen möglicherweise noch verschärfen.

Ein solches Beispiel habe ich in Afghanistan konkret erlebt, als sich eine junge Workshopteilnehmerin, die von ihrem Mann wegen ihrer unerlaubten Teilnahme schwer misshandelt worden war, entschied, trotzdem wiederzukommen, weil sie sich, so ihre Worte, in ihrem Leben noch nie so frei und gut gefühlt habe und sich von ihrem Mann nicht länger einsperren lassen wolle.[11] Diese Situation war für mich ethisch gesehen natürlich äußerst ambivalent, da ich mich einerseits für die physische Misshandlung mitschuldig gefühlt habe, mir andererseits aber deutlich wurde, dass die Arbeit mit dem TdU ganz konkrete Befreiungs- und Ermächtigungstendenzen wecken kann, die schnell ein potentiell gefährliches Eigenleben entwickeln. Dabei müssen es im Ergebnis die TdU-TeilnehmerInnen selbst sein, die entscheiden, ob und auf welche Weise sie diese Form von Theater einsetzen wollen. Alles andere wäre eine Auferlegung von außen, die aus meiner Sicht niemandem zusteht.

Aber zurück zu den verschiedenen TdU-Techniken: Ich glaube, es ist wichtig zu betonen, dass das TdU als Gesamtmethodologie gesehen werden

[11] Einige Wochen später laden wir diese junge Frau sogar ein, an einem weiteren kleinen Theaterprojekt teilzunehmen und eine kleine Rolle zu spielen. Sie nimmt teil und präsentiert sich mehrmals vor Dutzenden von anderen Frauen und Männern.

muss, die nicht auf das Statuen- bzw. Forumtheater reduziert werden sollte, sondern eine Reihe von unterschiedlichen, aber komplementären Techniken darstellt, die alle, je nach Kontext und Gruppe, nützlich sein können.

Während meiner Arbeit in Afghanistan habe ich daher auch fast alle Techniken auf verschiedene Art und Weise eingesetzt und feststellen können, dass unterschiedliche TeilnehmerInnen unterschiedliche Techniken bevorzugen. So hat zum Beispiel das Unsichtbare Theater[12] ob der starken Polizei- und Militärpräsenz auf der Straße bei einigen TeilnehmerInnen starke Ängste und daher Ablehnung hervorgerufen, während andere diese Technik als konkrete und notwendige Waffe für mehr öffentliche Diskussionen und mehr Meinungsfreiheit ansahen. Auch die eher introspektiven, psychologisierenden Techniken wie der "Polizist im Kopf" haben sowohl großen Enthusiasmus als auch starke Zweifel hervorgerufen. Sei es wie es sei, im Endeffekt müssen es die Unterdrückten selber sein, die entscheiden, welche Techniken angesichts ihrer objektiven Unterdrückungssituationen am nützlichsten und vielversprechendsten sind. Meines Erachtens ist die Rolle des Jokers deshalb die eines Vermittlers, der die verschiedenen Techniken beschreibt und konkret mit ihnen arbeitet. Die Entscheidung, welche Technik benutzt wird, aber letztendlich den TeilnehmerInnen überlässt.

Wie also sieht die Arbeit mit dem TdU in Afghanistan im Detail aus? Welche Unterdrückungsszenarien werden kreiert? Akzeptieren die AfghanInnen dieses innovative und zutiefst menschliche, zur selben Zeit aber auch ein wenig extravagante Medium überhaupt? Was hat das TdU, was andere Methoden nicht haben?

[12] Siehe Abschnitt über das Unsichtbare Theater weiter hinten im Text

Das TdU in Afghanistan: Die revolutionäre Essenz des Spielens

Wir waren nicht bescheiden genug.
Um solche glücklichen Momente zu haben,
muss man sich unmittelbar auswirken können.[13]
(Simone de Beauvoir)

Stille. Was ich gerade gehört habe, lähmt mich auf eine Art und Weise, dass ich nicht weiß, ob ich lachen oder weinen soll. Ich rufe mir den soeben gehörten Satz dieses jungen Workshopteilnehmers noch einmal ins Gedächtnis: "Ich habe das erste Mal in meinem Leben das Gefühl gehabt, richtig spielen zu können". Bumm. Ein Schlag mitten ins Gesicht. Tränen schießen mir in die Augen.

Zunächst ist das, was mich überkommt, eine überwältigende Mischung aus Traurigkeit, Wut und Fassungslosigkeit. Fast 30 Jahre durchgehend Krieg! Generationen von Frauen und Männern ohne Kindheit! Kaum einmal die Möglichkeit, einfach nur zu spielen. Die Welt zu entdecken. Springen, tanzen, hüpfen! Meine Wut schlägt fast in Hass um. Eine innere Stimme meldet sich unangemeldet in meinem Kopf zu Wort: Trägt nicht die Bundeswehr mit ihrem Vaterlandsverteidigungswahn dazu bei, dass eine, vielleicht sogar mehrere, Generationen afghanischer Kinder weiterhin tagtäglich in einer Welt von sinnloser Gewalt aufwachsen? Was genau soll die stets zitierte Aussage "unsere Sicherheit am Hindukusch verteidigen" überhaupt genau bedeuten?[14] Geht es bei dieser Kriegsbeteiligung nicht vorrangig um eiskalte Nationalinteressen, die vor allem wirtschaftlicher und geostrategischer Natur sind? Ist die afghanische Bevölkerung den meisten Deutschen vielleicht sogar völlig gleichgültig?

Meine inneren Stimmen werden leiser und ich höre den Kommentar eines anderen Teilnehmers. "Vor dem Workshop wusste ich nicht so recht, ob man in einem Land wie dem unseren Theater machen kann, ohne sich schuldig zu fühlen, nicht dafür zu kämpfen, dass Brot auf den Tisch kommt. Nachdem ich nun ein paar Stündchen einen Einblick in die Welt des Theaters bekommen habe, würde ich gerne weiter mit diesem Medium arbeiten, da ich denke, dass es den Menschen in Afghanistan dabei helfen könnte, wieder zueinander zu finden". Welch Auf und Ab der Gefühle! Eben noch

---

[13] De Beauvoir, Die Mandarins von Paris, 1955, S. 917

[14] Dieser Satz stammt von dem im Dezember 2012 verstorbenen Peter Struck, ehemaliger Bundesverteidigungsminister und Vorsitzender des Vorstands der Friedrich-Ebert-Stiftung.

hätte ich vor Ärger am liebsten selbst eine Waffe in die Hand genommen, und jetzt kommen mir seltsamerweise andere, positivere Gefühle in den Kopf, ja fast eine Art von Freude macht sich breit. Zumindest von diesen sechs jungen afghanischen Männern ist das Theater der Unterdrückten auf den ersten Blick angenommen worden. Durchatmen.

Als ein von mehreren Jahrhunderten Kolonialverbrechen gebeutelter Deutsch-Bolivianer hatte ich mir noch in Deutschland geschworen, dass ich niemals versuchen würde, diese Art von politischer Arbeit dem afghanischen Volk aufzuzwingen. Sofort würde ich das Land verlassen, wenn das Medium als solches von der Mehrheit der afghanischen Menschen als kulturell unangebracht kritisiert werden würde. Die Taliban möglicherweise ausgenommen. Nun ist meine erste Erfahrung mit dem Theater der Unterdrückten in Afghanistan vorbei, und ich sitze in meinem spärlich möblierten, aber riesigen Büro, nachdenkend. Theater in Afghanistan.

Mehr als 30 Jahre Krieg. Millionen von Toten. Die UDSSR. Der grausame Bürgerkrieg. Die Taliban. Osama Bin-Laden. Und heute die USA und die selbsternannte Internationale Sicherheitsunterstützungstruppe (ISAF), bestückt mit über die Jahre ständig mehr gewordenen und aggressiver agierenden, sprich tötenden, BundeswehrsoldatInnen, die zur Freude vieler aber bald das Land verlassen werden. Ein Land in Trümmern. Von außen gesehen ein hoffnungsloser Fall. Und hier nun soll ich friedensförderndes Theater machen? In einem Land, in dem die Mehrheit der Bevölkerung nicht einmal Zugang zu Elektrizität und Trinkwasser, geschweige denn Schulbildung und Gesundheitsvorsorge, hat? Habe ich wirklich die richtige Entscheidung getroffen? Ist es nicht zynisch, ja größenwahnsinnig von mir, hier mit Theater irgendetwas verändern zu wollen? Blicken wir ein wenig zurück.

Gesucht: Theatermacher – Aber steht da wirklich Afghanistan?

Waffen schaffen doch offensichtlich auch keinen Frieden.
Wir brauchen mehr Fantasie für den Frieden.
(Margot Käßmann)

Die Ausschreibung

Der Deutsche Entwicklungsdienst (DED) sucht eine(n) Schauspieler/in, Kulturpädagoge/in, Sozialpädagoge/in, Friedenspädagoge/in mit abgeschlossenem Studium, das möglichst eine entwicklungspolitisch relevante Ausrichtung hatte. Konkret geht es darum, beim Auf- und Ausbau von konfliktmindernder und friedensfördernder Theaterarbeit mitzuwirken.

Ich sitze in Kameruns Hauptstadt Yaoundé in einem Internetcafe und traue meinen Augen kaum. Der Job scheint wie auf mich zugeschnitten. Ich habe Friedens- und Entwicklungsstudien studiert und arbeite seit längerer Zeit mit dem Theater der Unterdrückten. Wo soll diese Arbeit denn stattfinden? Wie bitte? Steht da tatsächlich Kabul, Afghanistan? Afghanistan? Das Land, von dem alle Welt immer nur in den schlimmsten Tönen berichtet? Ein absolutes Kriegsgebiet, das nur so wimmelt von ausländischen Soldaten, einäugigen Taliban und menschlichen Al-Qaida Sprengsätzen?

Plötzlich bin ich mir nicht mehr so sicher, ob der Job wie auf mich zugeschnitten ist. Kann man in einem derart von Gewalt geprägtem Umfeld überhaupt vernünftig arbeiten, noch dazu mit Theater? Hat das Theater als Kulturform eine kulturelle Verankerung in Afghanistan oder ist das Medium an sich bereits eine Form von Kulturimperialismus? Ich krame in meinem Gedächtnis, ob es im Islam eine Theatertradition gibt, bin mir aber adhoc keiner bewusst. Im Gegenteil, wie oft habe ich irgendwo gelesen, dass es im Islam verboten ist, das menschliche Antlitz zu repräsentieren, so dass eigentlich auch kein Theater erlaubt sein kann. Andererseits gibt es natürlich auch Ausnahmen, darunter zum Beispiel das persische Ta'azieh, eine Art von religiösem, mystischem Theater, das vom Märtyrertod der ersten zwölf Imame handelt, die auf den Propheten Mohammed folgten. Auch über sehr erfolgreiche TdU-Aktivitäten in Bangladesch, Palästina, Pakistan und der Türkei hatte ich schon häufiger gelesen. Es scheint also nicht unmöglich zu sein, Theater in islamischen Ländern zu machen, ohne dabei kulturell unsensibel vorzugehen. Ist es nicht sogar wahrscheinlich, dass all diese Länder ihre ganz unterschiedlichen kulturellen Eigenheiten aufweisen, die es ihnen erlauben, das Theater als Medium für die verschiedensten gesellschaftlichen Zwecke zu nutzen?

Trotzdem bin ich mir im Falle Afghanistans äußerst unsicher. War dort zu Zeiten der Taliban nicht selbst das Abspielen von Musik strafbar? Ich bin zwiegespalten und brauche mehr Informationen über Land und Leute, frage mich aber, wie ich über ein Land, das in der deutschen Medienlandschaft fast ausschließlich aus militärischer Perspektive beschrieben wird, an mehr oder weniger ungefilterte Informationen gelangen soll. Ich suche hier, ich krame dort, bin mir im Endeffekt aber nicht sicher, ob ich mich wirklich auf diese Stelle bewerben soll. Vor allem aus ideologischer Sicht: Würde meine Arbeit als Teil der staatlichen deutschen Entwicklungszusammenarbeit nicht letztlich auch eine gewisse Legitimierung der für mich absolut fragwürdigen Militärgewalt der NATO darstellen? Auch zur internationalen Entwicklungszusammenarbeit (EZ) im Allgemeinen habe ich ein sehr ambivalentes Verhältnis, und sie ist mir suspekt. Und dies nicht nur wegen der Tatsache, dass sich trotz Milliarden an investierten Euro in den letzten Jahrzehnten keine wirklichen Veränderungen in den sogenannten Ländern des Südens feststellen lassen, sondern auch, weil der Terminus EZ bei mir seit jeher einen Geschmack hervorruft, der Neokolonialismus und versteckte nationale Eigeninteressen suggeriert, und darüber hinaus ein ökonomisches, auf dem freien Markt basierendes System propagiert, das schon in den reichen Industriestaaten für stetig zunehmende Ungerechtigkeit und Armut sorgt. Zweifel über Zweifel kommen in mir auf. Will ich wirklich Teil eines solch zwiespältigen Unterfangens werden?

Auf der anderen Seite gibt es nur sehr selten institutionalisierte Arbeitsmöglichkeiten im partizipativen Theaterbereich, und die Arbeitsbeschreibung an sich erscheint mir sinnvoll und bietet genügend Freiraum, um das Theater als Medium vielfältig einzusetzen. Auch bin ich schon länger daran interessiert, sozio-politische Arbeit einmal von der Seite der selbsternannten internationalen Gemeinschaft kennen zu lernen. Was soll's? Ich bewerbe mich also aller Skepsis zum Trotz beim DED in Bonn, um als Friedensfachkraft innerhalb des sogenannten Zivilen Friedensdienst (ZFD) nach Afghanistan zu gehen. Nur wenige Wochen später sitze ich dann auch schon zu einem drei Tage-Interviewmarathon beim DED in Bonn und werde glücklicherweise auch angenommen. "Willkommen beim deutschen Entwicklungsdienst. Wir freuen uns auf die Zusammenarbeit", werde ich freundlich begrüßt. Was aber bedeuten diese Kürzel ZFD und DED? Wer genau ist mein zukünftiger Arbeitgeber?

Personen sind wertvoller als Geld - Der Deutsche Entwicklungsdienst (DED)[15]

Der Deutsche Entwicklungsdienst, kurz DED, war eine 1963 gegründete gemeinnützige Gesellschaft, die im Bereich der personellen Entwicklungszusammenarbeit der Bundesrepublik Deutschland tätig ist. Gesellschafter waren die Bundesrepublik Deutschland (95%) und der Arbeitskreis "Lernen und Helfen in Übersee" e.V. (AKLHÜ) (5%). Seit 2011 ist der DED in der Deutschen Gesellschaft für Internationale Zusammenarbeit (GIZ) aufgegangen[16]. Er beschreibt sich selbst auf seiner Internetseite als einen der führenden europäischen Personalentsendedienste, der in 48 Ländern tätig ist und im Auftrag des Bundesministeriums für wirtschaftliche Zusammenarbeit und Entwicklung arbeitet. 2009 hatte der DED fast 3.000 Mitarbeiter, wovon rund 2.600 davon im Ausland tätig waren. Seit seiner Gründung im Jahr 1963 haben sich weltweit rund 16.000 Entwicklungshelferinnen und Entwicklungshelfer dafür eingesetzt, die Lebensbedingungen von Menschen in Afrika, Asien und Lateinamerika zu verbessern.[17] Was genau bedeutet Personalentsendedienst? Der DED "entsendet auf Anfrage staatlicher und nicht-staatlicher Organisationen seiner Partnerländer und auf der Grundlage von Rahmenabkommen mit den jeweiligen Regierungen berufserfahrene und sozial engagierte Fachkräfte, die im Ausland insbesondere ausbildend, beratend und planend tätig sind".[18] Der DED unterstützt und berät also im Normalfall bereits existierende Lokalorganisationen, oft im Rahmen einer Art Ausbildung für deren MitarbeiterInnen (Stichwort "Local Ownership"), so dass diese im Sinne der Nachhaltigkeit die Arbeit weiterführen können, wenn die EntwicklungshelferInnen das Land wieder verlassen. Letzteres ist für den DED ein Unterscheidungsmerkmal, da nur wenige internationale Organisationen diese Förderung lokaler Kapazitäten so explizit in ihrem Leitsatz haben.

So schnell werdet ihr uns nicht los - Der DED in Afghanistan

In Afghanistan ist der DED bereits seit insgesamt über 20 Jahren aktiv. In diesem Zeitraum hat sich der DED in den verschiedensten Bereichen engagiert, wobei man sich seit 2002 hauptsächlich 4 Schwerpunkten widmet, die das Bundesministerium für wirtschaftliche Zusammenarbeit und Entwicklung (BMZ) festgelegt hat. Es handelt sich hierbei um die Förderung

---

[15] Die Deutsche Gesellschaft für Internationale Zusammenarbeit (GIZ) GmbH bündelt seit 1. Januar 2011 die Kompetenzen und langjährigen Erfahrungen von DED, GTZ und Inwent. Weitere Informationen erhalten Sie unter www.giz.de.

[16] http://de.wikipedia.org/wiki/DED

[17] http://www.ded.de/de/ueber-uns/der-ded.html

[18] http://www.ded.de/de/ueber-uns/der-ded.html

einer nachhaltigen Wirtschaftsentwicklung, Wasser und erneuerbare Energien, Bildung sowie den Zivilen Friedensdienst. Konkret versucht man, den Aufbau lokaler Wirtschafts- und Verwaltungsstrukturen in den ländlichen Gebieten zu fördern und lokale Wasserbetriebe zu unterstützen, um die dortige Trinkwasserversorgung zu verbessern. Außerdem wird in der beruflichen Bildung eine arbeitsmarkt- und unternehmensorientierte Berufsausbildung angeboten. Schließlich geht es auch um den Aufbau und die Stärkung einer Friedenskultur innerhalb des ZFD-Programmes.

Der regionale Schwerpunkt liegt, neben der Hauptstadt Kabul, auf den Nordostprovinzen Kunduz, Takhar und Badakhshan sowie auf der Provinz Herat im Westen des Landes, wobei die Komponente ZFD mittlerweile an fast allen Standorten mit unterschiedlichen Aktivitäten zum Einsatz kommt.[19] Was aber ist der Zivile Friedensdienst? Soldaten ohne Gewehr? Zivildienstleistende, die in Deutschland keine Stelle gefunden haben und nun in andere Länder ausgewichen sind? Ich google das Stichwort "ZFD". 30.800 Treffer in 0.24 Sekunden[20]. Ich bin erstaunt. So ganz unbekannt kann dieser ZFD also nicht sein.

Der zivile Friedensdienst (ZFD) - Ohne Waffen für den Frieden

Der Zivile Friedensdienst (ZFD) ist eine im internationalen Vergleich einzigartige Form der personellen Entwicklungszusammenarbeit. "Gewalt ohne militärische Mittel einzudämmen oder zu verhindern und jene zivilgesellschaftlichen Kräfte stärken, die Konflikte friedlich regeln wollen – diese Ziele verfolgt der Zivile Friedensdienst.

ZFD-Fachkräfte unterstützen weltweit in Krisenregionen örtliche Partnerorganisationen dabei, Grundlagen für einen nachhaltigen Frieden zu schaffen. Der ZFD ist damit ein wichtiges Instrument der deutschen Entwicklungs- und Friedenspolitik."[21] Seit 1999 fördert die Bundesregierung den Zivilen Friedensdienst. Federführend ist dabei das Bundesministerium für wirtschaftliche Zusammenarbeit und Entwicklung (BMZ) im Einvernehmen mit dem Auswärtigen Amt (AA) und in Zusammenarbeit mit deutschen Trägern wie der Deutschen Gesellschaft für Internationale Zusammenarbeit (GIZ), dem Evangelischen Entwicklungsdienst (EED), AGEH, EIRENE, sowie dem ForumZFD und der Kurve Wustrow.

---

[19] http://www.ded.de/de/partnerlaender/uebersichtsseite-laender/afghanistan.html
[20] Mittlerweile hat sich die Anzahl auf 41.400 Treffer erhöht (Stand Februar 2013).
[21] http://www.ziviler-friedensdienst.org/FAQs.39.0.html

Bis zum jetzigen Zeitpunkt sind FFKs unter anderem in die Länder des ehemaligen Jugoslawien, einige Staaten Lateinamerikas sowie in den Nahen Osten, Afrika südlich der Sahara sowie in mehrere asiatische Länder entsandt worden. Die konkreten Tätigkeitsfelder der FFKs variieren je nach Kontext bzw. den individuellen Wünschen der lokalen Partnerorganisationen. Dabei kommt das Theater (ob konventionell oder partizipativ) als Medium der zivilen Konfliktbearbeitung eher selten zur Anwendung. Insofern ist die Stelle in Afghanistan für mich ein absoluter Glücksfall.

ZFD und DED also sollen in der nahen Zukunft mein Leben bestimmen. Wir vereinbaren zunächst einen Einjahresvertrag, der bei Erfolg um ein weiteres Jahr verlängert werden kann. Bevor es aber nach Afghanistan geht, kommt es noch zu einer mehrmonatigen Vorbereitungszeit, in der ich für meine "Mission" in Afghanistan fitgemacht werden soll, indem ich unter anderem über Sprache, Kultur und Geschichte des Landes informiert werde und mir genügend Zeit gegeben wird, meine Entscheidung noch einmal zu überdenken. Muss es denn wirklich Afghanistan sein?

Foto 1: Frieden stiften in Afghanistan?

Rumi, Hippies und letzte Zweifel: Pre-Afghanistan Syndrom (PAS)

Zu Zeiten gleicht mein Zustand einem Traume,
mein Träumen erscheint ihnen als Ungläubigkeit.
Meine Augen schlafen, aber mein Herz ist wach;
mein Körper, der starre, ist Trieb und Kraft[22].
(Rumi)

Mein DED-Kollege Eberhard Riebel, ebenfalls auf dem Weg nach Afghanistan, und ich gucken uns mit fragenden Augen an. Einige wenige Tage vor unserer Ausreise nach Afghanistan sitzen wir in der Vorbereitungsstätte für Entwicklungszusammenarbeit (Inwent[23]) in Bad Honnef und hören gerade, dass zwei deutsche Entwicklungshelfer von der Taliban verschleppt wurden. So kurz vor der Abreise ist das natürlich keine sonderlich beruhigende Nachricht. Auch meine Familie ist besorgt. Noch ist Zeit, einen Rückzieher zu machen. Will ich mich wirklich der Gefahr aussetzen, in einem Kriegsgebiet zu arbeiten? Kann ich nicht auch anderswo mit diesem Medium sinnvoll agieren?

Ein letztes Horchen hinein in mein Innerstes. Doch. Was sein muss, muss sein. Ich will hier nicht den Helden spielen, aber ich fühle mir gegenüber die Pflicht, meinen Idealen treu zu bleiben, und diese sagen mir, dass ich mich dafür entschieden habe, mit der afghanischen Bevölkerung herauszufinden, ob ein Medium wie das TdU als Mittel für den politischen Kampf geeignet ist oder nicht - und wenn ja, diesen Weg auch konsequent zu beschreiten. Außerdem ist es natürlich eine unglaublich spannende Sache, mit dem TdU neues Terrain zu beschreiten und die Methodik in einem so sagenumwobenen Land wie Afghanistan zu etablieren. Schon als Kind war mir das Land zu Zeiten des Kalten Krieges durch Funk und Fernsehen bekannt geworden. Rambo hatte gemeinsam mit langbärtigen Afghanen die bösen Russen bezwungen, und im Zuge der Vorbereitung habe ich neben den unsterblichen Gedichten Rumis auch ein Buch über das Afghanistan der 60er und 70er Jahre gelesen, als es dort von europäischen Hippies auf der Suche nach dem schwarzen Afghanen nur so wimmelte. Rambo. Rumi. Der schwarze Afghane. Und jetzt würde ich also selbst die Möglichkeit haben, dieses regelrecht mythische Land aus nächster Nähe kennen zu lernen. Nein, es gibt kein Zurück mehr. In ein paar Tagen kann es endlich losgehen.

---

[22] http://de.wikiquote.org/wiki/Dschalal_ad-Din_al-Rumi

[23] Auch Inwent ist seit Beginn 2011 ein Teil der Deutschen Gesellschaft für Internationale Zusammenarbeit (GIZ) geworden.

Als mein Kollege Eberhard und ich in Kabul ankommen, müssen wir zunächst durch den zu dem Zeitpunkt noch absolut untauglichen Kabuler Flughafen marschieren. Dieser ist eine halbe Ruine. Es gibt keine Fenster, keinen Strom. Überall stehen NATO-Militärflugzeuge herum. Außerdem beginnt es innerhalb weniger Minuten stark zu regnen. Regen? Hatte man mir nicht noch während der Vorbereitung vom ewigen Staub Kabuls erzählt? Ich habe sogar extra vor der Abreise einen schönen Wanderschuh gekauft. Das fängt ja gut an. Jedenfalls sind diese ersten afghanischen Regentropfen nur die Vorhut einer sich in den nächsten Wochen ständig intensivierenden Regenzeit, die die gesamte Stadt in eine einzige Schlammwüste verwandelt, weshalb ich mich recht früh entscheide, die schicken Wanderschuhe gegen meine guten alten Badelatschen einzutauschen, um so auf etwas bequemere Art und Weise durch die immer tiefer werdenden Pfützen Kabuls zu waten. Ansonsten wohnen Eberhard und ich die ersten zwei Wochen in einem sogenannten "Guesthouse" des DED, bevor wir dann in eine bereits von Deutschland aus organisierte Unterkunft ziehen. Was also sind meine ersten Eindrücke von Land und Leuten? Wie lebt es sich so in Afghanistan?

Foto 2: Afghanistan im Frühling - Jegliche Friedensbemühungen versinken im Schlamm

Zwischen Fäkalienstaub und Lärmverschmutzung - Allgemeine Lebensbedingungen

Ein Militärlaster, auf dessen Wagen ein roter Stern prangt, überquert die Brücke. Er stört den tiefen Schlaf des Staubes. Der Staub wirbelt auf und hüllt die Brücke ein. Dann legt er sich wieder, ganz sanft. Sanft lässt er sich auf allem nieder: dem Apfel, dem Turban, den Wimpern...[24]
(Rahimi)

Das Brummen eines der Lautstärke nach zu urteilenden gigantischen Stromgenerators auf dem gegenüberliegenden Grundstück der GTZ[25] macht einem selbst am einzigen freien Tag in der Woche die Stille kaputt. 24 Stunden täglich, selbst wenn einmal Stadtstrom da ist, läuft dieses Monster, das sich wie ein immerwährender Tinnitus in meinen Gehörsinn eingenistet hat.

Ja, die Hauptstadt Kabul hat auch Jahre nach der sogenannten Befreiung von der Taliban nur alle paar Tage einige wenige Stunden Strom, ansonsten kommt Elektrizität aus einem stinkenden, viel zu viel Benzin verbrauchenden Stück Metall. Vorausgesetzt natürlich, dass man sich sowohl das Gerät als auch das Benzin überhaupt leisten kann, was bei auch in Afghanistan steigenden Energiepreisen leider immer weniger Menschen können. Die Kerzenindustrie reibt sich bei solchen Verhältnissen natürlich die Hände, allerdings sind die meisten aus Pakistan oder dem Iran stammenden Wachslampen von eher schlechter Qualität, was erklärt, warum die meisten Afghanen und auch ich nach Sonnenuntergang die Zeit oft im Dunkeln verbringen. Und das in der Millionenmetropole Kabul. Wie es da auf dem Land aussieht, kann man sich ausmalen. So sieht also der immer wieder gelobte Wiederaufbau aus.

Immerhin, fließend Wasser gibt es bei uns. Trotzdem muss man aufpassen, gerade im Winter die Wasserrohre so gut wie möglich zu isolieren, denn mehrere Wochen am Stück ohne Wasser, bei minus 25 Grad Außentemperatur und ohne Strom können auf die Dauer recht deprimierend sein, wie ich am eigenen Leib spüren muss, als unsere Rohre einfrieren und daher täglich ein Eimer mit rund 10 Liter Wasser von einem nichts ahnenden Nachbarn 'geliehen' werden muss, um sich zumindest ein wenig waschen

[24] Rahimi, Erde und Asche, 2002, S. 12

[25] Die Gemeinschaft für Technische Zusammenarbeit (GTZ) war eine staatliche deutsche Entwicklungshilfeorganisation, die seit Beginn 2011 ein Teil der Deutschen Gesellschaft für Internationale Zusammenarbeit (GIZ) geworden ist.

zu können und vielleicht hin und wieder einen Tee aufzusetzen. Kaum Strom, unter Umständen kein Wasser aus der Leitung. Zumindest ein vernünftiges Abwassersystem ist für die nahe Zukunft geplant. Bis das allerdings fertig gestellt ist, fliegt einem im erdrückend heißen und extrem trockenen Kabuler Sommer gerne einmal aus den an der Straßenseite liegenden Kanälen Fäkalienstaub um die Ohren.

Dieses braune Gold wird angereichert mit dem Gestank der riesigen Müllhalden, die - trotz von Deutschland gespendeter Müllabfuhrfahrzeuge - überall ihr Dasein fristen und von denen sich Schafe, stoische Esel und vor allem mehr und mehr afghanische Mitmenschen tagtäglich ernähren, weil es sonst mit dem Überleben in Zeiten überbezahlter EntwicklungshelferInnen, korrupter afghanischer Warlords und mit westlichen Konsumgütern vollgestopfter Shoppingmalls schwer wird. Ist es wirklich nur ein Gerücht, dass der bis heute noch nicht in Afghanistan agierende McDonalds-Konzern plant, in der Nähe der von der Taliban zerstörten Buddha-Statuen in Bamiyan ein Luxusresort zu bauen, um den internen und internationalen Tourismus anzukurbeln? In einem Land, in dem die nationale Regierung sich den paternalistischen Vorschlägen der internationalen Gemeinschaft zu fügen hat, ist wohl alles möglich. Vor allem auf Kosten der afghanischen Bevölkerung. Selbstverständlich alles im Namen der Menschenrechte und Demokratie.

Wie aber ist es möglich, dass nach so vielen Jahren nicht mal eine Grundinfrastruktur geschaffen wurde? Klopfen sich die Herren Jung, Steinmeier, zu Guttenberg, de Maizière und Westerwelle ob des wichtigen deutschen Beitrages zum Wiederaufbau nicht ständig selbst auf die Schulter? Wie kommt es, dass einige nicht in Kabul lebende ausländische KollegInnen sich von den verglasten Hochhäusern und Einkaufszentren blenden lassen und glücklich verkünden, dass sich das Land "endlich" in die richtige Richtung entwickelt? Ist Kabul vielleicht im Begriff, sich in eine Saramagosche Stadt der Blinden[26] zu verwandeln? Was stimmt, ist, dass in den letzten Jahren viele der absolut zerstörten Gebäude in Kabul endgültig niedergerissen und zum Teil durch neue und vor allem sündhaft teure Villen und Bürogebäude ersetzt wurden, für die oft tausende Dollar Miete verlangt wird. Diese kosmetischen Veränderungen betreffen aber nur das Stadtzentrum, das schicke Botschaftsviertel sowie die umliegenden Stadtviertel. Im Rest der

---

[26] "Stadt der Blinden" ist ein Roman von Jose Saramago, in der die gesamte Bevölkerung einer Stadt plötzlich erblindet, und das darauffolgende Chaos die Menschen in ihren unterschiedlichen Reaktionen, von Eigensinn und Gewalt über Zusammenarbeit und Solidarität, beschreibt.

Stadt, dort, wo die normalen afghanischen Familien leben, sieht es nach wie vor wortwörtlich düster aus. Traurig, aber wahr.

Ansonsten gibt es in Kabul eine große Anzahl internationaler Restaurants, die in den meisten Fällen nur Ausländern zugänglich sind. Unter anderem gibt es zwei Libanesen, einen Mexikaner, einen Inder, ein französisches sowie ein italienisches Restaurant, wobei es in diesen Oasen der Westlichkeit alles gibt, was der Entwicklungshelfergaumen braucht: Alkohol in allen Varianten, überteuertes Essen von der Haxe bis zum Scampirisotto, Pool Partys sowie Frauen und Männer, die sich endlich einmal so benehmen können, wie sie es aus ihren Heimatländern gewohnt sind. Sprich: Für afghanische Verhältnisse schamlos. Es wird gesoffen, gelästert, genetworkt, und, wenn möglich, werden auch sexuelle Eroberungen getätigt. Das alles angesichts junger afghanischer Kellner, die ihre Arbeit als Vasallen im eigenen Land mit einer Mischung aus Faszination und bösen Blicken verrichten. Aus rein ausländischer Sicht stellen diese Vergnügungstempel allerdings so ziemlich die einzige Möglichkeit dar, sich außerhalb der Arbeit ein Privatleben zu verschaffen, gerade auch deshalb, weil die allermeisten "Expats" aus Sicherheitsgründen sowieso nie auf die Straße gehen. Ein wenig Nachsicht ist wohl angebracht. Ob diese Nachsicht allerdings auch für die gar nicht so geheimen und kulturell absolut inakzeptablen chinesischen und russischen Bordelle gelten sollte, möchte ich einmal dahingestellt lassen. Jedenfalls lerne ich eines guten Tages einen als Schlachter nach Afghanistan gekommen deutschen Bordellbetreiber kennen, der gerade ein paar Monate in einem afghanischen Gefängnis verbracht hat und mir nun hoch und heilig schwört, sich sein "unberechtigterweise" verlorenes Geld auf Heller und Pfennig zurückzuholen. Von den "korrupten" Afghanen selbstverständlich.

Trotzdem muss ich bei aller Kritik natürlich hinzufügen, dass auch meine persönlichen Lebensbedingungen, zumindest zu Beginn meiner Zeit in Afghanistan, im Vergleich zu denen der riesengroßen Mehrheit der AfghanInnen als regelrecht luxuriös bezeichnet werden müssen. Insgesamt wohne ich über die Jahre in sieben verschiedenen Unterkünften, meistens mit viel Raum und manchmal sogar einem Garten, in dem ich dann regelmäßig im Kreis meine Runden laufe, bis ich mir blöd vorkomme oder mich ein Drehkreisel niederstreckt. In ein Fitnessstudio für Ausländer kann ich mich deswegen allerdings trotzdem nicht zwingen. Dieses kostet im Normalfall mehrere hundert Dollar im Monat, was bei 100 Dollar Monatslohn für eine afghanische Lehrerin für mich moralisch nicht vertretbar ist. Nicht dass ich es mir nicht leisten könnte. Im direkten Vergleich ist mein Gehalt überzogen üppig, und obwohl dieses in den verschiedenen Organisationen, für die ich arbeite, großen Schwankungen ausgesetzt ist, niemals die absurden 10 - 15.000-Dollar-Monatslöhne vieler ausländischen BeraterInnen erreicht und ich in späteren Jahren sogar oft umsonst arbeite, so kann ich doch immer in den mit westlichen Artikeln bestückten Supermärkten einkaufen, die für die meisten AfghanInnen unerschwinglich sind. Mit anderen Worten: Es geht mir und allen EntwicklungshelferInnen in Afghanistan materiell überdurchschnittlich gut.

Wie aber ergeht es mir bei der Arbeit als Friedensfachkraft? Wie nehmen die Menschen vor Ort das TdU an? Die afghanische Partnerorganisation des DED, für die ich arbeiten soll, nennt sich FCCS, Foundation for Culture and Civil Society. Ein beeindruckender Name. Ich bin gespannt.

Foto 3: Mein erstes Zuhause in Afghanistan

Manchmal kommt es anders als man denkt: Meine Arbeit bei der Foundation for Culture and Civil Society (FCCS)

Die Menschen haben ihre Würde verloren.
Statt aus dem Glauben Kraft zu schöpfen,
ist die Macht ihr Glaube geworden.[27]
(Rahimi)

Die Foundation for Culture and Civil Society (FCCS) ist eine afghanische NGO, die seit 2002 in den Bereichen Zivilgesellschaft und Kultur arbeitet. Es ist eine Organisation, die zunächst von einem Holländer geleitet wurde, mittlerweile aber vollständig von Afghanen geführt wird. Das Büro ist eines der ältesten und schönsten noch verbliebenen Gebäude Kabuls und hat sowohl einen riesigen Garten, der in den Sommermonaten zu Filmvorführungen genutzt wird, als auch eine in Afghanistan fast einzigartige Theaterhalle mit Bühne und eigenem Soundsystem.

Die Organisation hat sich im Laufe ihrer Existenz durchaus einen Namen gemacht und gehört sozusagen zu den Lieblingen der internationalen Geberorganisationen. Hauptfinanzier ist bis dato das Open Society Institute des US-ungarischen ehemaligen Megaspekulanten und heutigen selbsternannten Philanthropen George Soros. Im Bereich Zivilgesellschaft ist FCCS vor allem durch ein von der Europäischen Kommission (EC) unterstütztes Millionenprojekt zur landesweiten Stärkung zivilgesellschaftlicher Organisationen bekannt geworden.

Was die kulturellen Aktivitäten betrifft, so finden durch die weitreichenden Kontakte zu afghanischen KünstlerInnen hauptsächlich musikalische Aktivitäten statt, allerdings kommt es im Zuge der verschiedenen Parlaments- und Präsidentschaftswahlen auch zu mehreren Theaterprojekten, bei denen eine Art Wandertheater zu Aufklärungszwecken durchs Land reist. Der heutige Direktor von FCCS ist darüber hinaus ein bekannter afghanischer Filmemacher, der Afghanistan häufig auf internationalen Filmfestivals vertritt[28]. Der DED unterstützt FCCS als offizielle Partnerorganisation bereits seit geraumer Zeit und erhofft sich durch die Arbeit einer Friedensfachkraft im Bereich Theater natürlich sowohl eine institutionelle Stärkung als auch eine tiefere Verankerung, was die Friedensarbeit betrifft.

---

[27] Rahimi, Erde und Asche, 2002, S. 46
[28] Für mehr Information über FCCS: www.afghanfccs.info

"Wir freuen uns sehr, Herrn Joffre-Eichhorn bei uns begrüßen zu dürfen. Wir sind uns sicher, dass er uns gerade beim Fundraising äußerst hilfreich sein wird." Mit etwa diesen Worten werde ich an meinem ersten Arbeitstag bei der Foundation for Culture and Civil Society (FCCS) von einem Vorstandsmitglied der Organisation, einem angesehenen Parlamentsabgeordneten, höflich empfangen. Fundraising? Selbst der ebenfalls zugegene DED-Landesdirektor sowie der DED-Koordinator für den Bereich ZFD gucken etwas verdutzt. Bin ich nicht gekommen, um die FCCS bei ihren Theateraktivitäten zu unterstützen? Natürlich werde ich mich nicht weigern, auch andere Aktivitäten zu übernehmen, aber in der Stellenbeschreibung ist eigentlich nur von Theaterarbeit die Rede. "Mach dir keine Sorgen. Wir werden das alles in Ruhe mit dem derzeitigen Interimsdirektor der Organisation besprechen. Dieser ist zugleich auch Direktor für Kultur, und ihm wird natürlich klar sein, dass dein Arbeitsschwerpunkt selbstverständlich in der friedensfördernden Theaterarbeit liegt", beruhigt mich der ZFD-Koordinator. Dieser scheint davon überzeugt, dass es sich um nicht mehr als eine Art von vorübergehendem Missverständnis handelt, da die Organisation im Moment einige finanzielle Engpässe zu überstehen hat. Geduld, sage ich mir. Schließlich hat mich der DED-Landesdirektor schon bei meiner Ankunft darauf aufmerksam gemacht, dass sowohl beim DED als auch bei FCCS derzeit nicht alles rund läuft. Selbst von Korruption wurde im Zusammenhang mit der Organisation gemunkelt. Naja, ein paar Anlaufschwierigkeiten werden mich wohl nicht aus dem Tritt bringen. Wenige Wochen zuvor hatte ich den Direktor für Kultur bereits kurz kennen gelernt. Er kam in Begleitung des wohl bekanntesten afghanischen Theaterschauspielers, der heute weit über 70 ist und als Vater des afghanischen Theater gilt. Irgendetwas mit Theater wird meine Arbeit also zu tun haben. Keine Panik.

Kurze Zeit später sitzen der ZFD-Koordinator und ich dann auch bei besagtem Interimsdirektor und Direktor für Kultur im Büro. Ich muss leider zugeben, dass ich bei meinem zukünftigen Vorgesetzten von Anfang an ein sehr zwiespältiges Gefühl habe. Er ist zwar aufreizend freundlich und zuvorkommend, allerdings kann ich mich des Eindrucks nicht erwehren, dass dieser Mann nicht völlig aufrichtig zu sein scheint. Zu schwammig sind seine Worte. Zu großspurig tritt er auf. Habe ich vielleicht nur Vorurteile? Ich muss ehrlich zugeben, dass ich gerade am Anfang möglicherweise viele Fehler gemacht habe und vielleicht etwas zu forsch und auch ein wenig im Alleingang an die Arbeit gegangen bin. Es stellt sich nämlich schnell heraus, dass bei FCCS leider überhaupt keine Theaterstrukturen existieren, seitdem ein afghanischer Vorgänger bei einem Autounfall tragisch ums Leben gekommen ist. Auch der Vater des afghanischen Theaters wird zwar vom DED als lokale Fachkraft bezahlt, ist aber in Wirklichkeit nur noch so etwas wie eine Galionsfigur, der die Organisation hin und wieder in der Öffentlichkeit repräsentiert.

Ich finde also nichts vor, mit dem ich konkret arbeiten kann, und muss mir die Strukturen selber erschaffen, weshalb ich mich schon im ersten Monat mit einer Unzahl an lokalen und internationalen Organisationen treffe, um zu eruieren, inwiefern diese vielleicht ein Interesse haben, mit dem Theater als Medium zu arbeiten. Zeitgleich muss ich feststellen, dass bei FCCS im Allgemeinen bis auf zwei kleinere Projekte überhaupt keine Aktivitäten stattfinden. Sämtliche MitarbeiterInnen sind mehr oder weniger beschäftigungslos, und es erweckt auch nicht den Anschein, als ob diese Tatsache irgendjemand interessiert. Ganz im Gegenteil. Stundenlang wird im riesigen Garten mit großem Eifer Volleyball gespielt. Eine gewisse Frustration macht sich bei mir breit. Ich fühle mich als Einzelkämpfer, eine Tatsache, die ich dem DED sofort mitteile.

Trotzdem stürze ich mich weiter in die Arbeit, kann viele lokale und internationale Organisationen für das Theater interessieren, merke aber zur selben Zeit, dass der Direktor für Kultur und ich sehr unterschiedliche Auffassungen haben, was Theater bedeutet bzw. wie wir das Theater einsetzen könnten, um einen Beitrag zur Friedensförderung zu leisten. Natürlich kann ich nicht voraussetzen, dass sich der Direktor unter Begriffen wie "partizipatives Theater" oder "Theater der Unterdrückten" etwas vorstellen kann. Leider ist es aber so, dass auch meine detaillierten Erklärungen zum Thema bei ihm kein großes Interesse hervorrufen, vor allen Dingen, als ich ihm erkläre, dass wir für unsere Arbeit eigentlich kaum Gelder brauchen, da das partizipative Theater im Vergleich zum konventionellen Theater extrem kostengünstig ist. Immer wieder spricht er davon, dass wir doch "Gelder" brauchten, was bei mir langsam aber sicher den Eindruck erweckt, als ob "die Gelder" wichtiger seien als die eigentlichen Projekte. Gibt es deshalb kaum Aktivitäten bei FCCS?

Ich werde den Eindruck nicht los, dass sich der Schwerpunkt der Organisation auf große, medienwirksame Aktivitäten beschränkt und kleinen, auf der Graswurzelebene agierenden Projekten letztlich keine Bedeutung zugemessen wird. Nachdem ich also die ersten Gespräche mit potentiellen Partnern geführt und den Direktor auch in den meisten Fällen von deren

Verlauf unterrichtet habe, mache ich mich auf die Suche nach einem Assistenten, der im Sinne der DED-Philosophie zu einer lokalen Fachkraft ausgebildet werden soll, um später, nach Ablauf meines Vertrages, die Theaterarbeit fortzuführen. Hier kommt es zu den ersten ernsthaften Verstimmungen mit dem Interimsdirektor, als ich feststellen muss, dass die von mir angefertigte Jobausschreibung nie den versprochenen Weg an die Kabuler Universität bzw. die lokale Jobbörse gefunden hat und er mir gleichzeitig nahelegt, vielleicht einen ehemaligen FCCS-Mitarbeiter und Familienmitglied einzustellen. Letzteres muss ja gar nicht schlecht sein, es gab nur eine ganz klare Abmachung, dass wir eine offizielle Ausschreibung machen würden, um auch wirklich die geeignetste Person zu finden.

In diesem Zusammenhang begehe ich leider einen großen Fehler, indem ich meiner Frustration dem Interimsdirektor gegenüber etwas zu freien Lauf lasse, was bei dem sehr indirekten Kommunikationshabitus im Land als extrem unhöflich und respektlos aufgefasst wird und im Nachhinein betrachtet wohl für immer unsere Beziehung vergiftet. Im Endeffekt kommt es zu rund dreißig Bewerbungen mit anschließenden Interviews. Leider gibt es insgesamt nur zwei weibliche Bewerbungen, die beide schließlich im Sande verlaufen. Sechs der dreißig Bewerber lade ich zu einer zweiten Runde ein, bei der es zu einem kurzen Theaterworkshop kommt, um den hoffentlich geeigneten Kandidaten zu finden. Der Workshop mit den männlichen Kandidaten verläuft sehr gut. Es ist das erste Mal, dass ich mit dem TdU in Afghanistan arbeite. Die Anspannung steht uns allen ins Gesicht geschrieben. "Ich habe das erste Mal das Gefühl gehabt, richtig spielen zu können". Es ist dieser Satz, der mich überzeugt, dass die Arbeit mit dem Theater der Unterdrückten in Afghanistan einen sehr konkreten Effekt haben kann und es sich lohnt, mit diesem Medium möglichst breitgefächert zu arbeiten. Ich versuche also weiterhin, mögliche Partner für die Theaterarbeit zu finden, und konzentriere mich dabei hauptsächlich darauf, kleinere afghanische NGOs anzusprechen. Binnen kürzester Zeit finden sich auch einige interessierte Organisationen, so dass schon nach wenigen Monaten die ersten Projekte laufen und ich mich nebenbei noch mit Fundraising-Aktivitäten beschäftigen kann. Letztere sorgen für die nächste Frustration, da sämtliche Verantwortung auf meinen Schultern liegt, während die anderen weiterhin Volleyball spielen.

Auch in der Zusammenarbeit mit dem DED läuft es nicht rund. Die Bürokratie ist riesig, und es gibt viel internes Konkurrenz- und Eifersuchtsgehabe unter den KollegInnen. Ich spüre, wie mein inneres Dilemma daher von Tag zu Tag größer wird. Bin ich hier vielleicht fehl am Platz? Die Theaterarbeit an sich macht Spaß, und das Medium hat schnell eine Nische gefunden. Die beiden Arbeitgeber DED und FCCS erscheinen mir hingegen nur sehr bedingt daran interessiert oder fähig, eine friedensorientierte Theaterarbeit ernsthaft zu unterstützen. Ich frage mich, was ich möglicherweise falsch gemacht habe.

Hätte ich mich dem allgemein eher gemächlichen Trott der internationalen Organisationen anpassen und diejenigen, die gerne in der Gegenwart mit dem Theater arbeiten würden, auf die Zukunft vertrösten sollen? Wie geht man mit Vorgesetzten um, die anscheinend nicht wirklich ihre gesamte Arbeitskraft im Sinne gesellschaftlicher Veränderungen einsetzen? Soll man sie ignorieren und weiterhin mehr oder weniger im Alleingang seine Arbeit machen, obwohl man doch eigentlich Gast in Afghanistan ist? Hätte ich einfach die Klappe halten sollen und so tun, als ob ich arbeitete, wie so viele andere ausländische und einheimische Kollegen es machen? Bin ich vielleicht einfach nur zu ungeduldig und sollte weiter hart arbeiten, damit sich die Wogen irgendwann von selbst glätten? Dies erscheint mir zunächst die beste Variante, schließlich möchte ich noch ein wenig an meiner Hoffnung festhalten, dass die meisten Menschen, die in der EZ arbeiten und mit blumiger Rhetorik um sich werfen, sich auch ernsthaft dafür einsetzen, diese Worte in die Tat umzusetzen. Leider muss ich mir meine eigene Naivität jedoch sehr bald eingestehen, weshalb ich mich schließlich nach knapp sieben Monaten Arbeit beim DED und der FCCS dazu entscheide, zum nächstmöglichen Termin zu kündigen.

Was war geschehen? Ein von der FCCS mitorganisiertes, alljährliches Theaterfestival wird mir vom Herrn Interimsdirektor völlig vorenthalten, der DED erschwert mir eine Reise zu einer internationalen Theaterkonferenz in Kirgisistan und untersagt mir kurz darauf, ein bereits von der FCCS genehmigtes Theaterprojekt so in die Tat umzusetzen, dass nachhaltige Theaterarbeit bei der Partnerorganisation in den Bereich des Möglichen rücken könnte. Bei den beiden letzteren Aktivitäten geht es konkret darum, kulturelle Arbeit in Afghanistan mit anderen Ländern der Region zu vernetzen bzw. ein von UN-HABITAT[29] finanziertes Theaterausbildungsprojekt gemeinsam mit der FCCS durchzuführen. Beide Projekte werden letztlich aus technischen, sprich bürokratischen, Gründen vom DED-Vorstand abgelehnt, was bei mir eine unheimliche Enttäuschung und sicherlich auch eine gewisse Sturheit hervorruft, weil die DED-Statuten beide Projekte meines Erachtens erlauben würden. Fassungslos und traurig suche ich das Ge-

[29] UN-HABITAT ist das Wohn- und Siedlungsprogramm der Vereinten Nationen

spräch mit dem DED. Ich mache die ganze Arbeit doch nicht zu meinem eigenen Vergnügen. Oder nehme ich mich zu wichtig, weil ich ernsthaft davon überzeugt bin, dass die Theaterarbeit eine gewisse positive Auswirkung haben könnte?

Das Gespräch bringt leider keine Einigung. Ganz im Gegenteil. Es verhärtet die Fronten noch, weil beide Seiten nicht von ihrem Standpunkt abrücken. Schließlich entscheide ich mich schweren Herzens zur Kündigung. Gleichzeitig bin ich aber einfach nur ärgerlich, dass potentiell gute Projekte eines lokalen Partners letztlich nicht so gefördert werden, wie es offiziell verkündet wird. Ich kündige also und bewerbe mich auf eine auf zwei Monate befristete Theaterstelle bei UN-HABITAT, für die ich auch prompt angenommen werde. Choda hafiz[30], DED.

[30] Choda Hafiz bedeutet "Auf Wiedersehen" auf Dari

Und plötzlich ist der Tod ganz nah - Das TdU als Safe Space

Überlebensgroße Dinge geschehen
im Leben öfter als in Büchern[31]
(Isabel Allende)

Es ist als wenn nichts geschehen wäre. Außer einer Pfütze mit ein paar Blutstropfen sowie einigen, erst auf den zweiten Blick sichtbaren Granatsplitterlöchern an der Außenmauer des Gefängnisgebäudes spricht nichts dafür, dass hier vor wenigen Stunden das zu diesem Zeitpunkt schwerste Selbstmordattentat in der Geschichte Afghanistans stattgefunden hat. Wo sind die Arme und Beine, die ich eben noch durch die Luft habe fliegen sehen? Wohin wurden die vielen Kinder gebracht, die schreiend aus den Trümmern der involvierten Fahrzeuge getragen wurden? Bilde ich es mir nur ein oder sind die Schreie der offiziell knapp 40 Toten tatsächlich noch am Ort zu "hören"? Haben Wände vielleicht ein Erinnerungsvermögen? Irgendwie erscheint mir die Atmosphäre verändert, im wahrsten Sinne des Wortes gespenstisch, als ich nur ein paar Stunden später direkt am Ort des Schreckens vorbeigehe. Was genau war geschehen? Blicken wir ein paar Stündchen zurück in die Vergangenheit.

"Bleib sitzen. Rauchen wir noch eine Zigarette und schnacken ein wenig", sagt Sayed, mein Kollege und Fahrer, ein erst vor kurzem abgeschobener ehemaliger afghanischer Flüchtling, der in meiner Heimatstadt Hamburg aufgewachsen ist. Wie Millionen von AfghanInnen befinde ich mich gerade auf dem Weg zur Arbeit, stecke aber nur 100 Meter von meinem Büro entfernt in einem unendlichen Stau aus Pkws, Eselkarren, Fahrrädern, Schafherden, Militärfahrzeugen und anderen Vehikeln. Nichts geht mehr. "Die paar Meter kann ich auch zu Fuß gehen, Sayed. Ich habe keine Lust, noch eine halbe Stunde im Auto zu sitzen." Plötzlich tut sich eine Lücke auf. Sayed nutzt sie, fährt zügig über die eben noch verstopfte Kreuzung und den kleinen Hügel zum Büro hoch. Ich steige gerade aus dem Auto aus, als mich ein dumpfer, ohrenbetäubender Knall fast zu Boden streckt. Boom.

Was ist passiert? Ein Selbstmordattentäter hat sich mit seinem Motorrad, wie so häufig mitten im morgendlichen Verkehrschaos, in die Luft gesprengt. Dieses Mal in einen mit Polizeischülern besetzten Bus. Direkt vor meinem Büro. Eine Minute, nachdem ich an der Stelle des Attentates vorbeigefahren bin. Inoffiziell fast sechzig Tote und unzählige Verletzte.

[31] http://www.gutzitiert.de/zitatebysearch.php?search=%FCberleben

Trotzdem fühle ich in diesem Moment keine Angst oder Freude, mit dem Leben davon gekommen zu sein, sondern es dominiert ein Gefühl der absoluten Leere. Ich setze mich auf das Flachdach meines Büros, rauche eine Zigarette und schaue dem Geschehen wortlos zu.

Der Anschlagsort ist für kurze Zeit ein absolutes Chaos. Verkohlte Körper. Ausgebombte Autos. Dann kommt die Feuerwehr und holt die Wasserschläuche heraus. Wenige Minuten später ist vom Anschlag nichts mehr zu sehen, und die ersten Verkäufer bauen bereits wieder ihre mobilen Läden auf. Das Leben geht weiter. Unglaublich. Heute haben mein Freund Sayed und ich Glück gehabt. Sayeds Lust an der Konversation hat mir wohl das Leben gerettet. Schon sehr oft bin ich ob des ewigen Staus die letzten Meter zu Fuß gegangen. An diesem Tag wäre ich dabei wohl ums Leben gekommen. Andere Menschen haben nicht so viel Glück. Nur wenige Wochen später wird der Cousin eines anderen Kollegen bei einem ähnlichen Anschlag getötet. Die Zahl der zivilen Opfer steigt und steigt. So ist das wohl im Krieg. Der Tod lauert hier überall, und je länger man hier lebt, desto häufiger wird der Tod eine konkrete Erfahrung. Auf der anderen Seite ist die Situation bei weitem nicht so absolut negativ, wie es die internationalen Medien erscheinen lässt. Man muss sich nur irgendwie klar machen, dass die Arbeit in Afghanistan ganz konkret die Gefahr des Todes mit sich bringt, und eine Entscheidung treffen, ob man sich dieser ständigen Gefahr wirklich aussetzen möchte. Sollte diese Entscheidung dann positiv ausfallen, dann ist das Leben in Afghanistan unglaublich aufregend und schön. In Afghanistan haben die meisten Menschen natürlich nicht diese Wahl. "Tränen sind Teil unseres Lebens", erklärt mir eine Kriegswitwe einige Zeit später. Nach dreißig Jahren Krieg kein Wunder.

Trotz dieser allgemeinen Gewöhnung an schreckliche Gewalt ist eine manchmal offene, manchmal unterschwellige Angst aber irgendwie immer in der Luft, weshalb für mich schnell klar wird, das die Arbeit mit dem Theater hier in Afghanistan vor allem eines erreichen kann, die Errichtung von "Safe Spaces". Normalerweise ist in der Theatersprache ein "Safe Space" ein Ort, der vor allen Dingen auf emotionaler und psychologischer Ebene "sicher" genug sein muss, damit die TeilnehmerInnen genug Vertrauen zueinander aufbauen, um sich voll und ganz den Übungen widmen zu können, und bereit sind, sich selbst und der Gruppe gegenüber zu öffnen. Es geht also um einen metaphysischen Ort des Sichwohlfühlens. Im afghanischen Kontext bekommt der Begriff "Safe Space" hingegen noch eine existenziellere Dimension: Es geht um das konkrete physische Überleben, jeden Tag und überall. Es geht um Krieg, Hunger und häusliche Gewalt. Um Erfahrungen mit dem immer gegenwärtigen Tod. Es geht aber auch um eher abstrakte Begriffe wie strukturelle Gewalt als Folge ungerechter Gesellschaftsstrukturen[32].

30 Jahre Krieg haben das gesamte Land mit Gewalt durchzogen und bei allen Menschen tiefe Spuren hinterlassen. Es herrscht eine nach außen kaum vernehmbare, verinnerlichte Angst, die die Geschicke jedes Einzelnen auf Schritt und Tritt zu lenken scheint. Und trotzdem geht das Leben für die meisten immer weiter, und sowohl individuell als auch kollektiv bestreiten die AfghanInnen auf bewundernswerte Weise ihre Existenzen. Was sollen sie auch machen? Aufgeben gehört nicht zu ihren Charaktereigenschaften, und der bei den meisten vorhandene Glaube an Gott verbietet sowieso jeglichen Freitod. Auf der anderen Seite scheint eine angeborene Friedensleidenschaft aber auch nicht vorhanden, zumindest bei denjenigen, die die Zügel des Landes in der Hand halten. Wie sonst ist zu erklären, dass es trotz aller äußeren Einflussnahme letztlich auch unter den verschiedenen Volksgruppen immer wieder zu gewalttätigen Auseinandersetzungen kommt? Es geht um Macht, Reichtum und leider auch Rassismus, so z.B. zwischen den Paschtunen und den Hazaras.

Foto 4: Spuren der Gewalt auf Schritt und Tritt

[32] "Strukturelle Gewalt ist die vermeidbare Beeinträchtigung grundlegender menschlicher Bedürfnisse oder, allgemeiner ausgedrückt, des Lebens, die den realen Grad der Bedürfnisbefriedigung unter das herabsetzt, was potentiell möglich ist". (Johan Galtung)

Und das Theater? Kann ich wirklich ernsthaft daran glauben, dass das Theater einen Beitrag zum Frieden leisten kann? Ich wiederhole: Ich denke, das in Kriegs- oder Krisengebieten angesiedelte Theaterarbeit erreichen kann, einen physisch sicheren Raum zu schaffen, der es den Teilnehmenden ermöglicht, ihre von Gewalt geprägte Realität zumindest vorübergehend hinter sich zu lassen und ihnen zeitgleich genug Freiheiten zu bieten, um individuelle und kollektive Momente der Selbstermächtigung zu machen und ihre Konflikte auf konstruktive Art und Weise zu bearbeiten, auch wenn diese konkreten Erfahrungen und Konflikte möglicherweise keine sofortigen Ergebnisse im Sinne klar ersichtlicher quantitativer Veränderungen erzielen.

Ich bin ferner davon überzeugt, dass in einem Kontext wie dem Afghanischen die Erschaffung dieses "safe space" bereits eine enorme qualitative und quantitative Verbesserung gegenüber einem von Gewalt geprägten Status Quo ist und es deshalb notwendig ist, immer wieder Aktivitäten zu fördern, die solche Oasen der temporären Freiheit und Sicherheit erschaffen können.

Auf der anderen Seite sind diese Safe Spaces vielleicht nichts weiter als eine vorübergehende Utopie, eine Scheinrealität, die ihre Besucher nach ein paar Stunden wieder ins knallharte Leben entlässt. Wie und wo fängt man also an, nachhaltigen Frieden zu schaffen? Wo kommen die konkreten Alternativen zum Krieg her? Inwiefern wird zu wenig auf diejenigen Menschen gebaut, die den Großteil der direkten Kriegserfahrungen machen, die ganz normalen BürgerInnen also? Normalerweise sind es meist unsere Politiker, Diplomaten und neuerdings auch EntwicklungshelferInnen, die Friedenspläne und -strategien auf dem Papier erstellen, ohne dass gewöhnliche Menschen in irgendeiner Weise an deren Ausarbeitung beteiligt sind. Nützen tun diese Pläne häufig nichts. Gibt es da vielleicht eine Verbindung? Wie sieht es aus mit der internationalen Gemeinschaft in Afghanistan?

Die EntwicklungshelferInnen - Selbstlose Engel oder selbstverliebte Bengel?

Ich verstehe nicht, warum die Ausländer sich immer so steif und formell benehmen. Man hat den Eindruck, sie fühlen sich in unser Anwesenheit außerordentlich unwohl (Aussage eines Workshop-Teilnehmers)

Diese Aussage eines afghanischen Workshopteilnehmers ist eine der vielleicht häufigsten Anmerkungen, die ich von den TeilnehmerInnen der verschiedenen TdU-Aktivitäten höre, wann immer die Präsenz der internationalen Gemeinschaft vor Ort besprochen wird. Dabei macht die große Mehrheit eine klare Unterscheidung zwischen den bewaffneten Truppen der NATO bzw. der USA und den MitarbeiterInnen der verschiedenen internationalen Organisationen, wobei es nicht unbedingt so ist, dass die Militärs die Bösen, die Tausende von EntwicklungshelferInnen hingegen die Guten sind. Was jedoch durchweg kritisiert wird, ist der wenige persönliche Kontakt, den sowohl erstere als auch letztere mit der ganz gewöhnlichen Lokalbevölkerung haben. "Ihr Ausländer sagt doch, dass ihr uns helfen wollt. Wie könnt ihr das, wenn ihr mit gepanzerten Wagen durch die Stadt fahrt und wir euch nicht einmal zu uns nach Hause einladen können. Wenn ihr Angst habt, euch mit uns hinzusetzen und zu sprechen?", fragt eine der Witwen, mit denen ich seit einigen Tagen arbeite.

Diese gepanzerten Wagen sind dann auch das repräsentativste Symbol für die immer größer werdende Kluft zwischen den "Charidjis[33]" und der afghanischen Normalbevölkerung. Dabei kann ich zu Beginn meiner Zeit hin und wieder noch türkische, bulgarische oder französische Soldaten auf der Straße herumlaufen und sogar im Supermarkt einkaufen sehen. Man muss sich das ungefähr so vorstellen: Ein gepanzertes Fahrzeug wartet mit laufendem Motor auf der Straße, zwei mit Maschinengewehren bewaffnete Soldaten bewachen den Eingang und eine Gruppe von Goliath-ähnlichen Gestalten schlendert in Militärgewand mit Einkaufskorb durch den Supermarkt und kaufen Haarwaschmittel und Schokolade ein. So grotesk das klingen mag, dieses Bild hatte noch einen Hauch von Menschlichkeit. Heute sieht man dieselben Soldaten nur noch eingesperrt in ihren Vehikeln, manche mit einer Kamera in der Hand, um durch die winzigen Panzerfenster ein Foto von den Menschen zu schießen, auf die sie mit zunehmender Häu-

[33] "AusländerIn" in Dari

figkeit auch mit ihren Gewehren schießen, die afghanische Zivilbevölkerung. Natürlich ist es für alle ersichtlich, dass sich die Sicherheitslage in den letzten Jahren ständig verschlechtert hat und es die NATO-Konvois sind, die neben dem afghanischen Militär und der Polizei am häufigsten angegriffen werden, aber der Kampf um die berühmten "Hearts and Minds" sieht für mich anders aus. Oder tut es wirklich not, Kindern mit der einen Hand zuzuwinken und mit der anderen gleichzeitig eine Waffe auf sie zu richten? Muss es denn sein, dass sofort geschossen wird, wenn man sich mit dem Privatauto auch nur einen Meter zu nah an diese Fahrzeuge heran begibt? Auch war mir nicht bewusst, dass eine internationale Schutztruppe, die laut ihres Mandates zum Schutz der Bevölkerung im Land ist, deswegen auch den Verkehr regeln darf bzw. sich anmaßt, diesen lahmzulegen, nur weil sie von A nach B muss. Ist das die berühmte zivil-militärische Zusammenarbeit?

Jedenfalls heißt das oberste Gebot für die afghanische Zivilbevölkerung "Wegbleiben vom Militär". Je weiter entfernt, desto sicherer ist man. Und die EntwicklungshelferInnen? Viele von ihnen denken ähnlich, nur andersherum. Je weiter entfernt von den AfghanInnen, desto sicherer fühlen sie sich. Dabei ist es in der eigenen Wohnstube eh am schönsten, weshalb der im Herzen Kabuls liegende "Deutsche Hof" seinerzeit auch immer gut besucht war. Wenn dann noch Hunderte von EntwicklungshelferInnen zumindest vorübergehend in Städte wie Dubai oder Neu Delhi evakuiert werden, sobald es in einer Stadt wie Kabul etwas ungemütlich wird, kann ich es schon verstehen, wenn ganz normale AfghanInnen sich fragen, was die "Charidjis" wirklich in Afghanistan wollen, da sie ja sowieso nicht bereit sind, größere Risiken einzugehen. "Solidarität bedeutet, bereit sein, dieselben Risiken einzugehen", sagte Che Guevara einmal. Mittlerweile ist es so, dass selbst die EntwicklungshelferInnen, die gerne mehr Kontakt mit der Zivilbevölkerung hätten, nur noch unter Gefahr, entlassen zu werden, diesen Kontakt suchen können, da die Sicherheitsbestimmungen der unterschiedlichen Organisationen sich dermaßen verschärft haben, dass kaum noch Freiräume bestehen und es bereits dazu gekommen ist, dass EntwicklungshelferInnen nach Hause geschickt wurden, weil sie sich den Bestimmungen widersetzt und es gewagt haben, sich unerlaubt der afghanischen "Straße" auszusetzen. Das ist schon alles sehr, sehr widersprüchlich.

Wie aber sehen gewöhnliche EntwicklungshelferInnen eigentlich aus? Für die öffentliche Meinung in Deutschland haben sie nahezu übermenschliche Qualitäten. Sie sind selbstlos, mutig, aufopferungsvoll und stets voller Tatendrang. Besondere Menschen, die nicht nur traurig sind, wenn sie zu

Hause vor dem Fernsehgerät ein afghanisches Kind weinen sehen, sondern die sich mit großem Engagement dafür einsetzen, dass armen Menschen überall auf der Welt geholfen wird. Echte Samariter also. Eine Art von Homo Solidarius. So die Theorie.

In der Praxis sind diese engelsgleichen Wesen natürlich nicht annähernd so edel und selbstlos. Im Gegenteil, zumindest im afghanischen Kontext bekomme ich immer wieder zu hören, dass für viele hauptsächlich die eigene Karriere im Vordergrund steht, die AfghanInnen sowieso alle dumm und ignorant sind und daher meistens mit paternalistischem Mitleid und einer gewissen Arroganz betrachtet und unglücklicherweise auch behandelt werden. Ersteres manifestiert sich in der Hoffnung, durch die Arbeit in einem konfliktiven Umfeld den eigenen Lebenslauf so aufzubessern, dass es zu einer dauerhaften Weiterbeschäftigung in der internationalen Entwicklungszusammenarbeit, bestenfalls sogar in einem angenehmeren Umfeld, kommt. "Wenn ich zwei Jahre Afghanistan in meinem Lebenslauf habe, kann ich danach überall arbeiten, vielleicht sogar an einem Ort mit Sand und Meer", so ein ehemaliger Kollege. Letzteres erfährt man meist zwischen den Zeilen bzw. hinter versteckten Türen, so z.B., wenn Expats sich untereinander befinden und sich nach Herzenslust über die Unfähigkeit der AfghanInnen beschweren und ihre eigene Überlegenheit in den Vordergrund stellen können. Gerade die Bezeichnung "ungebildet" fällt in diesem Zusammenhang immer wieder, und wenn es auch absolut zutreffend ist, dass die meisten AfghanInnen keine formelle Schulbildung genossen haben und nach offizieller Schätzung weiterhin rund ¾ der Bevölkerung weder lesen noch schreiben können, so ist der Ausdruck "ungebildet" meines Erachtens besonders repräsentativ für das zum Teil neokoloniale Verhalten der internationalen Gemeinschaft.

Was ist mit den mindestens zwei, meistens drei oder vier, Sprachen, die fast jeder Afghane spricht, während einige Expats noch nach Jahren im Land nicht viel mehr als "Salam Aleykum" und "Choda Hafiz" sagen können? Wo bleibt die Wertschätzung für die Tatsache, dass es in Afghanistan kaum einen Menschen gibt, der nicht aus dem Stegreif den halben Koran zitieren oder die auch nach Hunderten von Jahren noch berührenden Gedichte Rumis oder Hafiz rezitieren kann, während die Poesie im Westen mittlerweile zum absoluten Elitephänomen verkommen ist und 95% der Gesellschaft weder von Rumi noch von sonst irgendeinem Dichter je etwas gehört haben? Ist es wirklich ein Zeichen von Dummheit, wenn man nach dreißig Jahren Krieg noch am Leben ist und sich, mit oder ohne Gott, noch dafür einsetzt, dass eine Existenz ohne Gewalt, Ausgrenzung und soziale

Ungerechtigkeit möglich ist? Aus meiner rein subjektiven Sicht wird der afghanische Mensch von vielen als faszinierender Wilder gesehen, den es zu bändigen gilt, damit wir im Westen weiterhin unsere Überflussgesellschaft zelebrieren können. Afghanistan wird so zu einer zivilisatorischen Mission des Westens, die natürlich nur in einer absolut asymmetrischen Beziehung zwischen der internationalen Gemeinschaft und der afghanischen Gesellschaft existieren kann, was von den aus westlichen Industriestaaten zurückkehrenden afghanischen Familien noch verstärkt wird, da sie selber mit tiefer Ablehnung auf ihre Landsleute herunterschauen. Es ist daher kein Wunder, wenn die Taliban gerade bei den Menschen Unterstützung finden, die Opfer dieser Ablehnung sind und die sich als Tagelöhner ihren aus Tee und Brot bestehenden Lebensunterhalt verdienen. Nicht, dass unter den Taliban Herrschaftsverhältnisse aufgebrochen wurden, ganz im Gegenteil, aber es ist symptomatisch, dass ich von nicht wenigen AfghanInnen gehört habe, dass sie lieber von Afghanen, sprich den Taliban, unterdrückt werden als von irgendwelchen Charidjis.

Was das konkrete asymmetrische Verhältnis zwischen Lokalbevölkerung und EntwicklungshelferInnen angeht, so ist dieses, wie schon erwähnt, nicht immer sofort offensichtlich. Sämtliche Expats[34] beherrschen die von der gesamten EZ gepredigte Terminologie der Partizipation, des kulturellen Einfühlungsvermögens und der generell guten Absichten. Was aber den alltäglichen Umgang zwischen Tür und Angel angeht, so herrscht sehr häufig ein viel rauerer und respektloserer Ton gegenüber afghanischen MitarbeiterInnen, Wächtern oder Fahrern. Auch was die Vergabe von Geldern angeht, muss ich immer wieder feststellen, mit wie viel Skepsis und Vorurteilen afghanische Bittsteller behandelt werden. Sicher, es gibt eine Menge Korruption, aber wenn die Gelder für Projekte lieber an internationale NGOs als an afghanische Lokalorganisationen vergeben werden, frage ich mich, wann letztere jemals das Zepter in der Hand halten werden. Dasselbe trifft auf konkrete Projektinhalte zu, die ebenfalls in der Regel von (internationalen) Geldgebern evaluiert und modifiziert werden.

Die Frage ist also, ob diese Asymmetrie einfach nur eine ganz natürliche, vorübergehende Begleiterscheinung ist, wenn unterschiedliche Kulturen und Wertesysteme zusammenstoßen, die sich aber mit erfolgreicher Entwicklungszusammenarbeit in Luft auflöst, oder ob sie ein genetischer Geburtsfehler in der entwicklungspolitischen Logik ist? Ich tendiere zu Letzterem. Was natürlich nicht heißt, dass einzelne Expats vor Ort nicht auch

[34] Der im englischen am häufigsten benutzte Begriff für EntwicklungshelferIn

authentisch gute Absichten verfolgen und diese auch in konkrete und gute Aktivitäten umzusetzen wissen. Trotzdem ist nicht von der Hand zu weisen, dass es die internationalen Organisationen und ihre MitarbeiterInnen sind, die als ideologisch nicht wertfreie RegierungsberaterInnen, GeldgeberInnen und FördererInnen der Zivilgesellschaft über Leib und Leben der Bevölkerung in Afghanistan und dem Rest des Südens entscheiden. Wenn man sich dann einmal die Mühe macht, sich die meisten sogenannten Entwicklungsländer anzusehen, so erkennt man in den allerwenigsten echte strukturelle Verbesserungen, die auf die konkrete Arbeit der Entwicklungszusammenarbeit zurückzuführen sind. Was also ist genau die Rolle der internationalen Entwicklungszusammenarbeit? Plädiere ich vielleicht dafür, die EZ abzuschaffen? Und wie sieht es mit meiner eigenen Rolle aus? Bilde ich mir vielleicht ein, nicht Teil dieses so zwiespältigen Apparates zu sein, so dass nicht auch mir in bestimmten Momenten Arroganz oder patriarchalisches Verhalten vorgeworfen werden kann? Wer bin ich in einem Land wie Afghanistan?

Ehrlich gesagt, müssen das andere beantworten. Das einzige, was ich für mich versuche umzusetzen, ist, mir immer wieder bewusst zu machen, dass meine Präsenz vor Ort keinesfalls neutral ist, ich ein Gast in diesem Land bin und als Charidji von vielen Menschen mit äußerster Skepsis beäugt werde. In der Konsequenz muss ich mir deshalb ihren Respekt durch harte Arbeit und authentische Solidarität erkämpfen, und ich kann nicht verlangen, dass sie mir dankbar sind, nur weil ich mit ihnen Theater spiele und meine, dass dieses Medium sich möglicherweise als nützliches Instrument des politischen Kampfes herausstellen könnte. Auch glaube ich, dass Afghanistan ein Land ist, in dem man immer hundertprozentig präsent sein und Vollgas geben muss, in dem eine "Alles oder Nichts"-Einstellung vielleicht die einzige ist, die es erlaubt, sich einigermaßen mit den Menschen auf eine Ebene zu begeben, da es in Afghanistan seit Jahrzehnten keinen gesunden Mittelwert mehr gibt. Ich kann mich mit dieser Art und Weise zu leben sehr gut identifizieren. Sie erscheint mir die fast logische Konsequenz eines immerwährenden Kriegszustandes zu sein. Die einzig mögliche Lebensweise in einem Umfeld, in dem man immer auf der Hut sein muss und es sich niemals erlauben kann, sich einfach mal gehen zu lassen. In diesem Sinne kann ich nachvollziehen, dass viele Afghanen es nicht verstehen, wenn viele Expats vor Ort ein zweitägiges Wochenende machen, während sie selber nur am heiligen Freitag ein wenig die Beine hochlegen.

Für mich jedenfalls gibt es kein "Nein" als Antwort, wenn ich von meinen afghanischen KollegInnen zu ihnen nach Hause oder auf eine Hochzeit eingeladen werde, ich alleine vor 100 auf mich gerichteten Augen afghanisch tanzen muss oder mich ein Kollege zur Beerdigung eines engen Familienmitglieds ins Talibangebiet bittet. Nicht, dass ich hier den Helden spielen möchte, aber solange es uns AusländerInnen nicht möglich ist, bzw. wir es nicht wagen, uns auf menschlicher Ebene vollständig auf die Menschen einzulassen, haben wir hier mittelfristig keine Daseinsberechtigung mehr. Für mich jedenfalls gibt es nichts Schöneres, als wenn ein Kollege mir das Vertrauen entgegenbringt, sein Leben mit ihm zu teilen.

Foto 5: Gemeinsame Picknicks entspannen die Seele

Letzteres würden sicherlich auch viele ausländische KollegInnen gerne erleben, wie viele von ihnen mir immer wieder bestätigen. Wenn aber der heimliche Besuch eines mit an die Zähne bewaffneten Wächtern, für AfghanInnen nicht zugänglichen Restaurants schon geheimdienstliches Geschick seitens der gewöhnlichen EntwicklungshelferInnen braucht, ist es natürlich klar, dass authentisch zwischenmenschlicher Kontakt fast unmöglich ist. Trotzdem wäre es für viele AusländerInnen vor Ort möglich, menschlich engere Beziehungen aufzubauen, wenn sie sich nicht ständig selber einschränken würden. Manche KollegInnen haben, natürlich nicht unberechtigt, eine unheimliche Angst entwickelt, arbeiten nur noch von Zuhause, gehen keine zwei Meter zum nächsten Bäcker und dann ist da noch der ständige Sonderurlaub, um sich von den emotionalen Strapazen des Lebens vor Ort zu erholen.

Auf der anderen Seite ist es natürlich auch klar, dass ein schwieriger Kontext wie Afghanistan erfordert, sich als Ausländer in der spärlichen Freizeit einen gewissen Ausgleich zu schaffen, sich zu entspannen und abzulenken und vor allem auch Räume zu kreieren, in denen es möglich ist, sich mit den täglichen Erlebnissen gebührend auseinanderzusetzen. Beides wird einem vor Ort unheimlich schwer gemacht. Ersteres, weil es fast keine Ablenkung im Sinne möglicher Freizeitbeschäftigungen gibt; Letzteres, weil für die Reflexion wohl eine gewisse räumliche und emotionale Distanz vonnöten wäre, die vor Ort meines Erachtens fast unrealisierbar ist. Ist es ein Zufall, dass viele Expats über das Wochenende oft nach Dubai, Neu Delhi oder Istanbul fliegen? Immer wieder fällt mir auf, dass mein eigener Umgang mit den Erlebnissen vor, während und nach der Theaterarbeit wenn überhaupt nur intuitiv von mir bearbeitet werden kann und ich kaum Möglichkeiten habe, mich rational und verbal über das Erlebte auszutauschen. Mit wem sollte dies auch geschehen? Sämtliche KollegInnen befinden sich ja in einer ähnlichen Situation. Was tun? Soll ich wie andere EntwicklungshelferInnen häufiger mal zur Flasche greifen, um Langeweile, Angst und eingeschränkter Lebensqualität zu begegnen? Was tun sich viele AusländerInnen an, indem sie für eine gefühlte Ewigkeit nach Afghanistan gehen?

Nun ja. Zurück zur Arbeit mit dem TdU. Beim DED ist nach nur sieben Monaten Schluss. Allerdings kommt es in diesen sieben Monaten Theaterarbeit bei FCCS zu vielen interessanten Initiativen, die mir beweisen, dass es sich lohnt, diese Arbeit vor Ort auszubauen und vor allem auf die Erschaffung lokaler Theaterkapazitäten zu setzen. Bevor es für mich bei UN-HABITAT weitergeht, machen wir also einen kurzen Zwischenstopp in der unmittelbaren Vergangenheit.

Ein Kessel Buntes: Theaterprojekte während meiner Zeit bei der Foundation for Culture and Civil Society (FCCS)/DED

Ich bin davon überzeugt, dass jeder Mensch
Theater spielen kann, sogar SchauspielerInnen[35]
(Augusto Boal)

Während meines Aufenthaltes in Afghanistan versuche ich immer wieder, manchmal auch außerhalb meiner offiziellen, bezahlten Arbeit und Arbeitszeit, Theaterworkshops für Gruppen anzubieten, die sich von einer Arbeit mit dem Theater der Unterdrückten versprechen, neue Perspektiven über ihre jeweilige Situation zu gewinnen bzw. ein neues Medium kennen zu lernen, welches ihnen bei ihrer Arbeit auf kreative und partizipative Art und Weise nützlich sein könnte. Dabei nehme ich mir im Regelfall viel Zeit, um den potentiellen TeilnehmerInnen im Detail zu erklären, was es mit der Theaterarbeit auf sich hat, da diese Arbeit für die Allermeisten etwas absolut Fremdes ist und ich daher sicherstellen möchte, dass sie die Entscheidung zur Teilnahme aus voller Überzeugung und echtem Interesse treffen. Auch illustriere ich die eine oder andere Beispielübung und berichte von konkreten Projektbeispielen aus anderen Ländern. Vor allem die Tatsache, dass das TdU in den Nachbarstaaten Pakistan, Indien und Iran zum Teil äußerst populär ist, weckt bei Vielen großes Interesse und ein gewisses Konkurrenzdenken nach dem Motto "Wenn die Pakistani TdU machen, können wir das schon lange." Im Endeffekt sind dann die Allermeisten dazu bereit, dem TdU eine Chance zu geben. Überrascht bin ich trotzdem manchmal, dass die Menschen hier dieser Methodik nicht skeptischer gegenüberstehen. Sie haben wohl nichts mehr zu verlieren.

Sei es drum, im Allgemeinen richte ich diese Workshops kostenfrei aus, da es gerade für nationale Organisationen oft unmöglich ist, sich finanziell an der Ausrichtung eines Projektes oder Workshops zu beteiligen. Darüber hinaus bin ich der Ansicht, dass eine Methodologie wie das Theater der Unterdrückten zumindest innerhalb eines entwicklungspolitischen Kontextes wenn möglich kostenfrei oder -günstig angeboten werden sollte, um dem Marktmechanismus ein wenig entgegenzuwirken. Trotzdem sind gewisse Ausrichtungskosten (Raum, Anreise für TeilnehmerInnen, Mittagessen, Tee) in den meisten Fällen nicht zu vermeiden, da diese oft von den TeilnehmerInnen verlangt werden, damit sie überhaupt an dem Workshop teilnehmen. Auch finden diese Aktivitäten oft an einem Wochenende, d.h.

[35] http://nomadant.wordpress.com/biblioteca/textos/theater-oppressed/ (eigene Übersetzung)

freitags[36], statt, was für viele TeilnehmerInnen einen nicht unerheblichen Aufwand darstellt, denn der Freitag ist im Regelfall ein Familientag. Für mich hingegen sind diese Kurzworkshops immer wieder eine gute Möglichkeit, zu eruieren, inwiefern das TdU wirklich angenommen wird, welche Übungen gut, welche weniger gut funktionieren. Dabei merke ich schnell, dass die Kurzworkshops vor allem spielerisch besonders wertvoll sind. Spielen? Ist das nicht etwas für Kinder?

Spielen, Spielen, Spielen

Vor kurzem war eine deutsche Kollegin von mir im Libanon, um dort mit einer Gruppe von Jugendlichen einen mehrtägigen Theater-der-Unterdrückten-Workshop durchzuführen. Nach Beendigung des Projekts schreibt sie mir eine Mail, in der sie kurz eine Thematik anspricht, die auch mich bei meiner Arbeit in Afghanistan immer wieder beschäftigt. Sie beschreibt, wie locker, spontan und unkompliziert sich alles gestaltete, wie aber zugleich alles Ernste vermieden bzw. sofort ironisiert wurde. "Warum glaubst du, ist das so?", fragt sie mich.

Auch ich mache diese Erfahrung ein ums andere Mal, mache mir dieselben Gedanken und bin in konkreten Fällen manchmal sogar enttäuscht, dass die Theaterübungen keine "tieferen" Diskussionen provoziert haben. Dann wieder frage ich mich, ob wir von Menschen, deren Leben sowieso schon ungeheuer anstrengend und brutal ist, fordern können, sich auch noch in ihrer Freizeit mit dem Ernst des Lebens auseinanderzusetzen. Ist es für sie nicht vielleicht viel schöner, einfach mit der Gruppe zusammen zu sein, Spaß zu haben und alles Schwere für ein Weilchen zu vergessen? Welches Recht haben wir Ausländer, den Leuten vorzuschreiben, was für sie wichtig und notwendig ist oder eben nicht?

Diese Fragen begleiten mich während meiner Zeit in Afghanistan immer wieder, wenn ich auch mit der Zeit mehr und mehr davon überzeugt bin, dass Menschen, die miteinander spielen, sich in der Regel nicht gegenseitig erschießen und dass ein Ort des Spielens in einer Umgebung der Gewalt an sich schon eine absolute Daseinsberechtigung für das TdU darstellt. Der Durst nach Spielen und Kindsein ist bei ganz vielen AfghanInnen jedenfalls unglaublich groß. Wie schmerzhaft müssen die Wunden jener Menschen sein, die ihr Leben lang in einer Umgebung von Gewalt, Armut und Ungerechtigkeit gelebt haben? Kann man überhaupt noch von Wunden spre-

[36] Das afghanische Wochenende ist der Freitag. Ansonsten geht die Arbeitswoche, zumindest bei afghanischen Organisationen, von Sonnabend bis Donnerstag.

chen, wenn viele Menschen in Ländern wie Afghanistan, Somalia oder Palästina nie etwas anderes erlebt haben als Krieg und Zerstörung? Was passiert mit den Persönlichkeiten von Menschen, die nie eine Kindheit hatten? Vielleicht lohnt es sich, kurz noch einmal den jungen Mann in Erinnerung zu rufen, der während meines ersten TdU- Theaterworkshops zum ersten Mal in seinem Leben den Raum spürte, hemmungslos drauf losspielen zu können. Wie tief muss der Schmerz sitzen, wenn man das Gefühl hat, nie eine Kindheit besessen zu haben? Inwiefern ist es logisch, dass ein solcher Schmerz irgendwann in Frustration oder gar Hass und Gewalt umschlägt? Ich frage mich, ob eine Art von Katharsis, die die TeilnehmerInnen eines Theaterworkshops als Resultat hemmungslosen Spielens erleben, vielleicht der erste Schritt in Richtung Selbstbefreiung ist.

Foto 6: Spielen als grundlegendes Menschenrecht

Überhaupt habe ich während der Arbeit in Afghanistan sehr häufig das Gefühl, dass es beim Theater der Unterdrückten nicht ausschließlich darum geht, große gesellschaftliche Probleme anzugehen, sondern dass es oft die kleinen Momente sind, die einen Prozess in Gang setzen, in der eine Art neuer Mensch entstehen kann; ein Mensch, der zumindest temporär in der Lage ist, gemeinsam mit anderen Menschen, eine Gesellschaft aufzubauen, die des Menschen würdig ist, soll heißen, Solidarität, Gerechtigkeit und Kooperation fördert. In diesem Sinne bin ich davon überzeugt, dass die Spiele und Übungen sowohl auf individueller als auch kollektiver Ebene unheimlich wichtig sind, ohne dass sofort immer ein greifbares Resultat zu erkennen sein muss. Ferner möchte ich in diesem Zusammenhang auch Boals Idee einer neuen, mobilisierenden Form von Katharsis als Folge des Theaters erwähnen. Diese zielt, im Gegensatz zur aristotelischen Katharsis, deren Ziel es ist, die bestehende gesellschaftliche Ordnung zu bestätigen und aufrechtzuerhalten, darauf ab, im Publikum ein Ungleichgewicht herzustellen, das den Weg für eine gesellschaftsverändernde Handlung vorbereitet[37]. Folglich könnte das freie Spielen in einer Gesellschaft, in der es lange unmöglich war zu spielen, nicht nur bestimmte Versäumnisse der Vergangenheit aufholen, sondern gleichzeitig auch den Weg für ein neues Miteinander bereiten, welches schließlich ein friedlicheres Leben ermöglichen könnte.

Sei es, wie sei. Spielen ist während meiner ersten Aktivitäten mit dem TdU in Afghanistan der absolute Schwerpunkt. Vor allem mit den Kindern von Children in Crisis, einer britischen NGO, die mehrere Kinderhilfsprojekte unterhält.

Alle gegen Einen: Theaterworkshops mit Children in Crisis (CIC)

50 Kinder! Ohrenbetäubender Lärm. Rund zwei Stunden Spiel und Spaß in einem der ärmsten Viertel von Kabul. Selbst die verantwortlichen Erwachsenen machen schließlich mit und springen fast ebenso wild und sichtlich beglückt hin und her wie die gesamte Rasselbande. Endlich sind sogar auch mal ein paar Mädchen dabei. Anfangs sind nur Jungs da, aber schon nach kurzer Zeit gucken ein paar Mädchen verschämt durch die Türspalte, und als wir sie einladen, einfach hereinzukommen und mitzumachen, ist der Bann schnell gebrochen. Plötzlich sind es fast ebenso viele Mädchen wie Jungs. Mensch, was haben wir Spaß gehabt. Die Jungs lieben "Motar-e Kor", Dari für "Blindes Auto", ein Spiel, in dem es darum geht, als "Fahrer" einen

[37] Das Thema Katharsis wird im Buch von Augusto Boal "Der Regenbogen der Wünsche" näher behandelt

Kollegen mit geschlossenen Augen als "Blindes Auto" durch den Raum zu führen. Themen wie Verantwortungsbewusstsein und gegenseitiges Vertrauen sind den Kindern natürlich absolut nicht unbekannt und kommen auf die Frage, was denn der Sinn der Übung sein könnte, wie aus der Pistole geschossen. Bei der "Knie-Schlacht", wo es in Zweiergruppen darum geht, das Knie des Partners mit der Hand zu berühren, bevor dieser dasselbe tun kann, spiele ich selber mit, was bei allen Jungs den Ehrgeiz weckt, mich herauszufordern und möglichst sogar zu besiegen. Innerhalb weniger Minuten bin ich deshalb nicht nur außer Atem, sondern umzingelt von einer Horde 4 - 12-Jähriger, die sich die Chance nicht entgehen lassen wollen, sich auf einen "Charidji" zu stürzen und ihm im wahrsten Sinne des Wortes eins auszuwischen.

Die Mädchen sind nicht minder aktiv und spielen mit Vorliebe "Name, Geräusch, Bewegung", ein klassisches Theaterspiel, in dem eine Person in die Mitte kommt, ihren Namen nennt und eine dazu passende Bewegung sowie ein Geräusch macht, woraufhin die selbe Sequenz von den anderen TeilnehmerInnen wiederholt wird. Heute nennen die Mädchen nicht nur ihren eigenen Namen, sondern imitieren mit großem Eifer auch verschiedene Tiere. Hunde, Katzen und der obligatorische Affe sind dabei besonders beliebt. Schüchternheit ist wirklich bei kaum einem der Kinder zu sehen. Nur der eine oder andere Erzieher schaut ein wenig skeptisch drein, was auch damit zusammenhängen kann, dass wir die Übungen an der frischen Luft in dem winzigen Vorgarten des Gemeindezentrums machen und mit ziemlicher Sicherheit schon das gesamte Viertel mit unserem Lärm darüber informiert haben, dass hier etwas nicht sehr Alltägliches stattfindet.

Mein Mitbewohner Eberhard ist ebenfalls dabei, um diesen Workshop in Bildern festzuhalten und später das Zentrum mit einer CD auszustatten. Die Kinder lieben es, sich selbst auf dem kleinen Bildschirm zu sehen, und immer wieder muss Ebi Einzelfotos machen, da ein jeder die Chance wahrnehmen möchte, sich selbst digital zu verewigen. Wenn ich bedenke, dass das ganze Viertel eine einzige Ruine ist und zu den ärmsten Zonen Kabuls gehört, freue ich mich immens, mit den Theaterübungen einen klitzekleinen Beitrag zu den bereits existierenden Aktivitäten des Gemeindezentrums zu leisten. Vor allem die Frauen des Viertels haben sich in letzter Zeit verstärkt organisiert und eine Suppenküche sowie ein Nähprojekt begonnen. Immer wieder bin ich beeindruckt, wie die Menschen sich hier von nichts erschüttern lassen und welche Kraft und welchen Elan sie besitzen. Vielleicht ist es eine Form von Kriegspragmatismus, die in anderen konfliktgeplagten Ländern nicht anders aussieht. Trotzdem werde ich das Gefühl nicht los, dass gerade hier in Afghanistan die Menschen einen besonderen Drang zu selbstbestimmtem Handeln haben und deswegen auch nie aufgeben, für das zu kämpfen, an das sie glauben und das für sie wichtig ist. Dieser Drang ist für mich besonders bei den Frauen evident. Schon vor Beginn meiner ersten konkreten Theateraktivitäten mit afghanischen Frauengruppen, kann ich mir gut vorstellen, dass ein Medium wie das TdU für Frauenthemen von größtem Nutzen sein könnte. Als es dann endlich soweit ist und ich meinen ersten Workshop mit einer Frauenorganisation durchführe, bin ich mir aber nicht mehr so sicher, ob ich als Mann Zugang zu der extrem sensiblen Thematik bekommen werde. Ein ausländischer Mann, der mit afghanischen Frauen Theater machen will: Das ist doch absolut unmöglich, oder?

Foto 7: Die Burka - Ständiges Objekt der Beobachtung

TdU aus weiblicher Perspektive

In wenigen Tagen beginnt ein auf mehrere Wochen angelegter Multiplikatoren-Workshop mit HAWCA (Humanitarian Assistance for the Women and Children of Afghanistan), einer afghanischen Frauenorganisation, und ich bin nach wie vor weit davon entfernt, ein detailliertes Programm erstellt zu haben.

Zum Glück wird die Gruppe nicht gemischt sein. Eine reine Frauengruppe verspricht mehr Intimsphäre und verschafft die Möglichkeit, die ganze Palette an Theaterspielen anzubieten. Wäre dies eine gemischte Gruppe, würde das bedeuten, dass ich viele der Theaterübungen und -spiele völlig verändern müsste, da einige kulturell tabu wären. Gerade wenn Frauen und Männer gemeinsam teilnehmen, was weiterhin nur selten der Fall ist, ist es notwendig, jede einzelne Übung genau auf ihre möglichen Konsequenzen zu untersuchen, da es sonst während der Aktivitäten zu sehr unangenehmen Momenten kommen kann. Das soll natürlich keineswegs bedeuten, dass ich als Joker[38] von oben herab, paternalistisch, entscheide, was für eine Gruppe gut ist und was nicht. Im Gegenteil, idealerweise versuche ich die MitspielerInnen so weit wie möglich in sämtliche Aktivitäten miteinzubeziehen, rückzufragen, ob die Aktivitäten die kulturellen Normen und Gewohnheiten zumindest nicht verletzen und immer wieder den Dialog zu suchen, um deren Ideen und Gedanken ständig in den Mittelpunkt zu stellen. Nichtsdestotrotz bedürfen die spezifischen afghanischen Normen und Wertvorstellungen absoluten Respekts, ansonsten kann ich mir die Theaterarbeit mit nicht-westlich orientierten AfghanInnen sofort abschminken. Besonders Spiele, die einen direkten Körperkontakt zwischen Mann und Frau ermöglichen oder sogar erfordern sind im Grunde genommen verboten, was natürlich die Frage aufwirft, ob eine auf dem menschlichen Körper basierende Sprache wie die des Theaters in einem solchen Umfeld überhaupt Sinn macht. Theater ohne Körperkontakt? Schauen wir mal, was Boal dazu sagt.

Augusto Boal möchte, dass wir uns durch den Kontakt mit dem TdU sowohl unseres körperlichen Ausdrucksvermögens als auch unserer durch monotone Arbeit und fehlende Bewegung körperlichen Deformationen bewusst werden, jeder Teilnehmende also seine eigene "Muskel-Entfremdung" erfährt[39] und diese durch bestimmte körperliche Übungen so zum Positiven verwandelt, dass sich der eigene Körper in der Zukunft im Sinne eines "Instrument of Change" (Instrument des Wandels) einsetzen lässt. Die Idee dahinter ist, dass unsere Körper in gesellschaftlichen Veränderungsprozessen eine Schlüsselrolle spielen, wir sie also etwa zum besseren Verständnis gesellschaftlicher Probleme brauchen und deshalb so gut kennen müssen, dass wir sie in unserer alltäglichen Auseinandersetzung mit Ungerechtigkeit und Unterdrückung auch sinnvoll einsetzen können. Aus diesem Grund kommt es bei der Arbeit mit dem TdU also grundsätzlich zu einer Reihe

[38] Im TdU ist der Joker sowohl WorkshopleiterIn als auch ModeratorIn einer Forumtheateraufführung

[39] Mehr zur Idee der Muskel-Entfremdung in Augusto Boal: Theater der Unterdrückten

von rein körperlichen Theaterübungen, die den TeilnehmerInnen helfen sollen, ihre Körper neu zu entdecken. Es geht um eine Optimierung unserer fünf Sinne sowie der Fähigkeit, Dinge ohne Worte auszudrücken.

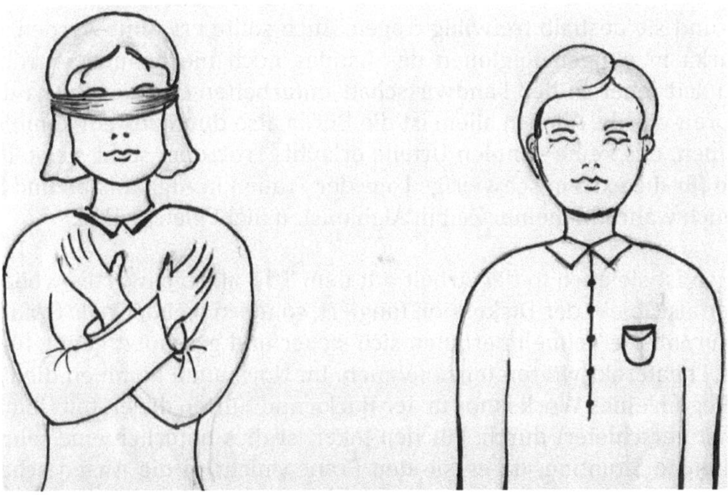

Abbildung 3: "Blind Games", gezeichnet von Geety Natiq.

Im afghanischen Kontext ist diese Arbeit mit dem eigenen Körper natürlich besonders bedeutsam, da zumindest im Fall der afghanischen Frauen ihr Körper, für alle Welt sichtbar, zu deren eigenem "Schutz" zumindest in der Öffentlichkeit regelrecht unsichtbar gemacht wird und weitgehend unter der Herrschaft des afghanischen Patriarchats steht. Zwar gibt es mittlerweile viele Aktivitäten, die den weiblichen Körper mehr betonen, so z.B. Fitnessstudios für Frauen, Frauenboxen, Frauenfußball sowie die allgegenwärtigen Schönheitssalons und selbst einen Miss-Afghanistan-Wettbewerb (mit Kopftuch). Auch gibt es wie überall auf der Welt Prostitution und außereheliche Beziehungen, aber grundsätzlich wird der weibliche Körper nach wie vor von den männlichen Familienmitgliedern bzw. dem Ehemann als Eigentum angesehen. Dieser Besitzanspruch wird für viele westliche Augen insbesondere durch die berühmt-berüchtigte Burka[40] symbolisiert, die weiterhin ein regelmäßiger Begleiter vieler afghanischer Frauen ist, obwohl es wichtig ist zu erwähnen, dass diese für viele Afghaninnen keineswegs nur negative Konnotationen hat. So behaupten einige, dass sie ursprünglich sogar ein Symbol der Freiheit war, weil afgha-

[40] In Afghanistan eigentlich viel häufiger "Tschadori" genannt

nische Frauen bis zur Einführung der Burka überhaupt nicht aus dem Haus durften und diese ihnen zum ersten Mal erlaubte, auf die Straße zu gehen und die häuslichen Einkäufe zu erledigen. Heutzutage hört man hingegen häufig, dass sich die Frauen mit der Burka in der Öffentlichkeit sicherer fühlen und sie deshalb freiwillig tragen. Auch sollte erwähnt werden, dass die Burka in einigen Regionen des Landes noch nie benutzt wurde, da Frauen seit jeher in der Landwirtschaft mitarbeiten und die Burka dabei nur stören würde. Alles in allem ist die Burka also durchaus ein komplexes Phänomen, das keine simplen Urteile erlaubt. Trotzdem steht sie stellvertretend für die extrem schwierige Lage der Frauen in Afghanistan und lässt auch mich während meiner Zeit in Afghanistan nicht gleichgültig.

Natürlich ist sie auch in der Arbeit mit dem TdU allgegenwärtig, wobei sie weniger als Objekt der Diskussion fungiert, sondern vielmehr als Gradmesser dafür, ob die Teilnehmerinnen sich sicher und geschützt genug fühlen, an den Theateraktivitäten teilzunehmen. Im Normalfall kommen die Frauen zu Beginn eines Workshops in der Burka und führen die ersten Übungen zunächst verschleiert durch. Für den Joker ist dies natürlich eine sehr ungewöhnliche Situation, da er/sie den Frauen nicht in die Augen schauen kann und gar nicht weiß, wer da an den Übungen teilnimmt. Nach und nach jedoch werden die Frauen mutiger und spüren, dass der theatralische Raum ihnen vollen Respekt entgegenbringt, weshalb sie die Burka schließlich ablegen, um im einfachen Kopftuch, in extrem seltenen Fällen sogar zeitweise ohne dieses, weiterzumachen. Dabei ist es für mich natürlich stets ein besonderes ästhetisch-politisches Vergnügen, einen Haufen von Burkas in die Ecke geschleudert zu sehen, während eine Gruppe von Frauen springend und hüpfend durch den Raum marschiert. Diese Demonstration des Vertrauens in die Methode und die Menschen, die mit ihr arbeiten, ist dann häufig der Startschuss für eine intensive Arbeit mit dem TdU, in der es immer wieder zu Momenten kommt, die viele Frauen mit den Worten "Ich habe mich in meinem Leben noch nie so frei gefühlt" beschreiben. Unabhängig von der Burka kommen aber immer wieder Themen hoch, die direkten Bezug zum weiblichen Körper haben. Meistens geht es um häusliche Gewalt, um Vergewaltigung, um Frauen als Zahlungsmittel, aber auch um die einfache Tatsache, dass der weibliche Körper eigentlich den ganzen Tag in Bewegung ist, da die meisten Frauen bis spät in die Nacht hinein arbeiten müssen. Übungen wie "Das Bild der Stunde", in der regelmäßig wiederkehrende Tagesabläufe in Bildern gezeigt werden, "Umfeld", wobei verschiedene Arbeitsumfelder pantomimisch dargestellt werden[41], aber auch

[41] In dieser Übung beginnt eine Mitspielerin eine Aktivität, die in einem bestimmten Umfeld stattfindet. Sobald die anderen MitspielerInnen realisieren, wo diese Aktivität stattfindet,

viele der Improvisationsübungen machen immer wieder deutlich, dass für die meisten afghanischen Frauen der Körper zum großen Teil ein unermüdliches Arbeitsinstrument ist, das fast nie zur Ruhe kommt. Wenn man jetzt noch in Betracht zieht, dass es für die schiitischen Frauen[42] im Lande ein vor kurzem verabschiedetes Gesetz gibt, wonach sie, komme was wolle, ihren Ehemännern dreimal die Woche Sex schuldig sind, und dass es in den verschiedenen Landessprachen kein nicht beschämendes Wort für Vagina gibt, so wird zumindest mir schnell bewusst, wie für viele afghanische Frauen ein Kontakt mit dem TdU tatsächlich einen potentiell befreienden Raum schaffen kann, in dem sie sich durch die Arbeit mit ihren Körpern, freiwillig und jede auf ihre Art und Weise, möglicherweise neu definieren und zu einem veränderten Rollenverständnis kommen können. Eine solche Entwicklung würde dann natürlich automatisch das gesamte Gesellschaftsgefüge in Frage stellen, was wiederum zu einer strukturell neuen Art des Zusammenlebens in Afghanistan führen könnte.

Aufgrund der Tatsache, dass über die Jahre weit über die Hälfte aller Theater-TeilnehmerInnen Frauen sind, wage ich zu behaupten, dass viele afghanische Frauen zu diesem gewagten Unterfangen bereit sind. Ob sich allerdings mehr als eine Handvoll Männer mit solch radikal neuen Ideen identifizieren können, möchte ich zum jetzigen Zeitpunkt bezweifeln. Stellvertretend dafür steht ein afghanischer Kollege, der im afghanischen Kontext sicherlich zu den in vielen Dingen progressivsten Menschen gehört und der mir im Zuge einer Diskussion über Frauenrechte mit sich selber hadernd mitteilt: "Alle afghanischen Männer wünschen sich ein gerechteres Geschlechterverhältnis, allerdings nicht für die eigene Familie, sondern für den Rest der Gesellschaft". Auch er selber will seine zurzeit noch arbeitende Verlobte nach der Hochzeit nicht mehr arbeiten lassen. "Was sollen die Nachbarn denken, wenn meine Frau den ganzen Tag außer Haus verbringt?" Aussagen wie diese verlangen wohl nach einer nüchternen Analyse, welche Art von Veränderungen für die Frauen Afghanistans in diesen Tagen überhaupt ernsthaft möglich sind. Und obwohl diese Analyse aus westlicher Perspektive wohl eher pessimistisch ausfallen muss, so bietet das TdU den Frauen Afghanistans doch einen besonderen Ort, in dem die Möglichkeit besteht, ein neues Geschlechterverhältnis, für viele möglicherweise sogar ein neues Leben, im theatralischen Raum zu kreieren und zu erfahren und gemeinsam Pläne zu schmieden, wie der Übergang vom Thea-

initiieren sie weitere, komplementäre Aktivitäten, die ebenfalls in diesem Umfeld durchgeführt werden.

42 Die Mehrheit der afghanischen Bevölkerung gehört dem sunnitischen Islam an, allerdings gibt es auch eine große Anzahl schiitischer Muslime, vor allem unter den Hazaras.

ter zum Alltag möglich gemacht werden kann, wobei uns die Weltgeschichte zeigt, dass große gesellschaftliche Veränderungen häufig von kleinen, aber heftigen Funken gezündet werden. Ein solcher Funken in der Dunkelheit ist eine kleine, aber für viele Frauen Afghanistans wortwörtlich lebenserhaltende Frauenorganisation namens HAWCA[43], mit der es zu einer sehr interessanten Zusammenarbeit kommt.

Jeder Wandel beginnt mit einem "Nein"- Theaterarbeit mit HAWCA

So viele freudige und entspannte Gesichter habe ich in meiner Zeit in Afghanistan noch nicht gesehen. Welch ein Trubel! Rund 20 Frauen im Alter von 18 bis über 60 nehmen heute zum zweiten Mal an einem Einführungsworkshop zum Thema "Partizipatives Theater" teil. Viele der Frauen kommen in Burka, sind aber schon nach wenigen Minuten drauf und dran, sogar ihr Kopftuch abzunehmen, da die Theaterübungen sie gehörig ins Schwitzen bringen. Gerade auf körperlicher Ebene scheinen viele ein unheimliches Nachholbedürfnis zu haben. So sorgt "Gehen bedeutet Rennen" für viel Gelächter, zur selben Zeit aber auch für ein wenig Genugtuung. "Wir sollen einfach immer nur das Gegenteil machen von dem, was du sagst? Nichts leichter als das". Also rennen die Frauen, statt zu spazieren. Setzen sich, statt in die Luft zu springen. Sagen "Nein" statt "Ja". Die anschließende Diskussion ist umkämpft. "Wir wollen nicht länger von unseren Männern herumkommandiert werden. Irgendwann muss einmal Schluss sein.", sagt eine Teilnehmerin mit absoluter Überzeugung. Alle nicken. "Was aber wird passieren, wenn wir uns unseren Familien widersetzen? Viele von uns werden unser Leben opfern müssen oder ewig auf der Flucht vor der eigenen Familie sein. Noch ist die Zeit für solch radikale Schritte nicht gekommen", zweifelt eine andere, interessanterweise viel jüngere Frau. Wieder nicken einige. Hmm.

Auch in vielen anderen Übungen geht es heiß her. In einem Statuenbild zum Thema Gerechtigkeit kommt es sogar zu einem regelrechten Gewaltakt, als zwei Frauen triumphierend über einem am Boden liegenden Mann stehen und die Fäuste in die Höhe strecken. Als wir dem Bild mit Bewegungen und Wörtern Leben einhauchen, kommt einer der beiden Frauen ein "Niemals wieder" über die Lippen. Ich bin erstaunt und frage mich, ob dies dieselben Frauen sind, die in der ganzen Welt wegen ihrer Situation bemitleidet werden. Müssten sie nicht eigentlich viel passiver und schüchterner sein? Und warum sind die Frauen bloß so fröhlich? Müssten sie ob ihrer Si-

[43] Humanitarian Assistance for the Women and Children of Afghanistan

tuation nicht vielmehr in einem Meer der Tränen versinken? Ist die afghanische Frau überhaupt unterdrückt?

Mir ist keinesfalls daran gelegen, die Situation der Frauen mit meiner letztlich rein männlichen Perspektive zu verharmlosen, aber trotzdem kommt es mir bei der Berichterstattung der westlichen Medien über die "Unterdrückung der Frauen in Afghanistan" manchmal so vor, als lebten diese Frauen in einer Situation, in der sie absolut nicht mehr "Frau ihrer Lage" seien und nun verzweifelt darauf warten müssten, von der westlichen Welt auf einem weißen Schimmel gerettet zu werden. Ich selbst habe afghanische Frauen nicht so hilflos erlebt.

Ganz im Gegenteil, von diesem ersten "Frauenworkshop" an habe ich sie als Menschen kennen gelernt, die sehr genau wissen, was sie wollen und was sie zu tun haben, um ihre Ziele zu erreichen. Ich habe sie schätzen gelernt als Menschen, die trotz in der Regel fehlender Schulbildung mit größerer Eloquenz und Authentizität über die aktuelle Lage in Afghanistan gesprochen haben als die meisten Politiker (Männer, sowohl Afghanen als auch Ausländer). Und ich habe sie erlebt als die treibende Kraft einer Gesellschaft, die trotz dreißig Jahren Krieg noch nicht aufgegeben hat, daran zu glauben, dass sich im Land etwas zum Guten verändern kann, wobei sie verständlicherweise nicht bereit sind, alle Mühen allein auf sich zu nehmen. "Es wird häufig gesagt, dass es die afghanischen Frauen sind, die für Veränderungen Opfer bringen sollten, dabei sind es doch unsere Männer, die sich dringend ändern müssen", sagt deshalb auch eine sich als islamische Feministin vorstellende afghanische Frau eines Tages zu mir. Dem habe ich nichts hinzuzufügen.

Trotzdem ist die tagtägliche Arbeit vieler Frauen absolut unabdingbar, wobei HAWCA eine der Organisationen ist, die in Frauenfragen besonders hervorzuheben ist. Es ist eine kleine, aber extrem aktive und mutige afghanische Organisation, die sich ausschließlich um die Belange von Frauen kümmert und dabei mit geringen Mitteln viel erreicht. Sie arbeitet in den Bereichen Bildung, Gesundheit, Schutz und Seelsorge und bietet neben Aktivitäten für Frauen auch viele Dinge für Kinder an. Zum Beispiel besuche ich als Teil unseres Theaterprojektes zunächst eine kleine Friedensschule, in der mehrere Dutzend Mädchen und Jungs in einem der ärmsten Viertel Kabuls unter extrem schwierigen Umständen unterrichtet werden und unter anderem auch einen Unterricht in "Friedensbildung" erhalten. Es gibt nur ausschließlich weibliche Lehrerinnen, die zum großen Teil ehrenamtlich arbeiten. Die Schule muss man sich als Lehmhaus mit zwei Klassenzimmern vorstellen, die noch einen Garten für die Schulpausen anzubieten hat. Insgesamt zweimal führen wir an der Schule Theaterworkshops durch, bei denen wir mit rund 25 Jungs und Mädchen verschiedener Altersklassen hauptsächlich verschiedene Theaterspiele spielen und danach dann noch kurz über Themen wie Zusammenarbeit, Respekt oder Kreativität reflektieren.

Zugegebenermaßen verwandelt sich der "Schulhof" schon nach kürzester Zeit in ein absolutes Chaos, da die Kinder mit großem Elan die Übungen machen und dabei natürlich keineswegs so ruhig sind, wie es normalerweise von ihnen erwartet wird. Zu meiner eigenen Überraschung muss ich schnell feststellen, dass einige der Übungen, die in anderen Teilen der Welt normalerweise problemlos funktionieren, hier überhaupt nicht klappen. Gerade die Übungen, die eine bestimmte Koordination verlangen, scheinen fast unmöglich und sind auch nach wiederholten Anstrengungen nicht zu schaffen. So funktioniert zum Beispiel eine Übung, in der es darum geht, als Gruppe, die eigenen Körper benutzend, möglichst schnell eine geometrische Figur (Dreieck, Kreis, Quadrat) zu formen, absolut gar nicht. Andere Übungen, vor allem die zahlreichen Klatschkreise, hingegen verlaufen absolut unproblematisch und werden auf Anhieb verstanden und umgesetzt.

Verwundert frage ich mich, ob es mit dem ewigen Krieg zu tun haben kann, dass bestimmte Spiele klappen und andere nicht? Ist es möglich, dass jahrelanger Krieg bestimmte Fähigkeiten hervorhebt während andere verkümmern, eine Art von Kriegs-Lamarckismus also[44]? Den Kindern jedenfalls hat es Spaß gemacht, und wir entscheiden, dass ein Multiplikatorenworkshop für die Lehrerinnen sowie die Sozialarbeiterinnen von HAWCA die sinnvollste und nachhaltigste Aktivität darstellt, die wir auf die Beine stellen können. Wir treffen uns also zweimal die Woche zu einem Einführungsworkshop und stellen schnell fest, dass die Arbeit mit dem TdU einen unheimlich befreienden und bereichernden Effekt hat, der die Frauen darin bestärkt, dass ihre Arbeit für ein menschenwürdigeres Leben für Frauen in Afghanistan keine Wahl, sondern eine moralische Pflicht ist.

Eine moralische Pflicht wäre es auch, sich um das wachsende Drogenproblem in Afghanistan zu kümmern. Leider wird zumindest mit Blick auf die große Anzahl von heroinabhängigen afghanischen Männern und Frauen

[44] Lamarck war ein französischer Botaniker und Zoologe, der, unter anderem, die Idee des Verkümmerns bestimmter menschlicher Fähigkeiten als Folge von Nichtbenutzung aufstellte.

das Problem gerne tot geschwiegen, weshalb sich das TdU anbietet dieses Thema kritisch zu hinterfragen.

Die Drogenklinik Zendagi-Nawin (Neues Leben) - Das TdU als Ersatzdroge

Zwei zweistündige Probeworkshops mit jeweils sechs ehemaligen BewohnerInnen einer der wenigen Drogenkliniken, die alle kurz vor bzw. gerade aus der Klinik entlassen wurden: Sämtliche TeilnehmerInnen haben eine lange, oft schmerzliche Vergangenheit mit Heroin und anderen Drogen. Afghanistan. Weltberühmt für seinen Opiumanbau. Brennpunkt im Krieg gegen die Drogen. Von den Opfern dieser Politik hört man hingegen seltener. Dabei hat die allgemeine Drogenproblematik in den letzten Jahren leider dramatisch zugenommen.

Obwohl gesellschaftlich und religiös-bedingt abgelehnt, bleibt vielen Menschen gerade in ländlichen Gebieten ob der großen Armut keine andere Wahl, als Opium anzubauen bzw. sich durch den Konsum von Opium irgendwie am Leben zu halten. Selbst kleine Kinder bekommen von ihren Eltern oft Opium verabreicht, um den Hunger zu stillen. Auch ist Opium in Kabul an jeder Ecke für wenig Geld zu kaufen, weshalb das Stadtbild immer häufiger von heroinabhängigen Männern und selbst Kindern und Jugendlichen geprägt wird. Am bezeichnendsten für diese besorgniserregende Entwicklung ist das ehemalige russische Kulturzentrum, ein fast völlig zerstörter vormaliger Prachtbau nur wenige Meter vom Parlament entfernt.

Heute ist es Heimat ohne sanitäre Einrichtungen oder anderen Komfort für rund tausend Heroinabhängige, die in ihrem eigenen Kot leben und von der Gesellschaft total ignoriert werden, aber einen eigenen kleinen Markt besitzen, wo von sauberen Spritzen bis Joints alles gekauft werden kann, was das Herz begehrt. In meinen Gesprächen mit den dort lebenden Menschen, viele von ihnen Kriegsflüchtlinge, andere mit abgeschlossenem Studium und sogar Deutschkenntnissen, höre ich die herzzerreißendsten Lebensgeschichten, werde mir aber auch schnell bewusst, dass in der derzeitigen Situation im Land so unglaublich Vieles im Argen liegt, dass man eigentlich gar nicht weiß, wo man anfangen soll. Trotzdem scheint mir die katastrophale Situation dieser Männer der stärkste Beweis dafür zu sein, dass sich in Afghanistan seit 2001 nur sehr, sehr wenig getan hat. Wie soll das nur enden?

Foto 8: Das ehemalige russische Kulturzentrum in Ruinen

Es gibt natürlich auch Frauen, die mit Drogenproblemen zu kämpfen haben, auch wenn über dieses Thema gerne ein Mantel des Schweigens geworfen wird. Mein Besuch einer separaten Frauenklinik, in der die Frauen mit ihren oftmals schon während der Schwangerschaft mit abhängig gewordenen Kindern leben, gehört deshalb mit Sicherheit zu den traurigsten Erlebnissen meiner Zeit in Afghanistan. Nie werde ich die völlige Lethargie eines kleinen Mädchens vergessen, das kommt, um mir die Hand zu schütteln, während ich mit der Klinikdirektorin einen Theaterworkshop vereinbare.

Warum will ich mit heroinabhängigen Frauen Theater machen? Bei diesem Workshop geht es zunächst darum, zu erkunden, ob ein längerfristiges Theaterprojekt für die Beteiligten überhaupt Sinn macht, da es perspektivisch die Möglichkeit gäbe, ein größer angelegtes Projekt zum Thema Drogen in Afghanistan durchzuführen. Wir treffen uns daher in der Theaterhalle von FCCS und haben allen Teilnehmerinnen ein kleines Salär zugesagt, damit es sich für sie auch lohnt zu kommen bzw. sie die Anfahrt bezahlen können. Zu Beginn fällt es den Teilnehmerinnen extrem schwer, sich auf die Übungen einzulassen. Gerade was das Körperliche betrifft, bezeugen alle, dass sie diesem ihrem Körper in den letzten Jahren enormen Schaden zugefügt haben und gar nicht mehr wissen, wie sie ihn einsetzen können. Im Laufe des Morgens kommen die sechs schon etwas älteren Frauen aber immer besser in Fahrt. Gerade die Improvisationsübungen und das Statuentheater machen ihnen Spaß und sie sind mit äußerster Konzentration dabei. Eine aus meiner Sicht besonders erfolgreiche Übung ist "Umfeld", bei der die TeilnehmerInnen nach und nach verschiedene, komplementäre Tätigkeiten mimen, die in einem bestimmten Raum stattfinden können. Im Falle der Teilnehmerinnen unterscheidet sich deren Realität insofern nicht von der anderer, nicht mit Drogenproblemen behafteter, afghanischer Frauen, als diese sofort "klassische" Frauenbeschäftigungen mimen. Brotbacken, Wäschewaschen und andere häusliche Aktivitäten werden mit Leichtigkeit und absoluter Detailtreue dargestellt. "So leicht hätte ich mir die Arbeit mit dem Theater gar nicht vorgestellt. Spaß hat es gemacht", sagt eine der Teilnehmerinnen am Ende des Workshops.

Die Arbeit mit den Männern verläuft in einem ähnlichen Rhythmus. Nur der Konkurrenzgedanke scheint bei diesen etwas ausgeprägter zu sein. Selbst ein imaginäres Fußballspiel ohne Ball wird mit äußerster Konzentration und Ehrgeiz gespielt, und in der Arbeit mit dem Bildertheater wollen alle sofort wissen, welches Bild ich denn am schönsten finde. Dabei kann von Schönheit bei den von Armut und Ausgrenzung zeugenden Bildern keine Rede sein. Im Gegenteil. Die Bilder bereiten mir eine Gänsehaut, die fortan jedes Mal wieder hochkommt, wenn ich eine heroinabhängige Person auf der Straße sehe. Wie aber evaluieren die TeilnehmerInnen die Aktivitäten? Alles in allem sind alle von der Methodik angetan. Sowohl Frauen als auch Männer können sich - nicht zuletzt auch aus finanziellen Gründen - sie erhalten ein kleines Salär, vorstellen, die Theaterarbeit zu vertiefen und möglicherweise sogar mit einem Forumtheaterstück durch das ganze Land zu touren. Mit der deutschen Botschaft gibt es sogar bereits einen potentiellen Geldgeber. Leider aber findet dieses direkt mit drogenerfahrenen Menschen konzipierte Projekt wegen meiner Kündigung beim DED letztlich nicht statt. Dafür sehe ich einige der Männer ein paar Wochen später bettelnd auf der Straße sitzen. Auch das junge Mädchen sehe ich nach ein paar Monaten wieder. Im Fernsehen, in einem von der BBC gesponserten Dokumentarfilm über Drogensucht in Afghanistan. Noch immer hat sie dieselben leeren und traurigen Augen wie an jenem Tag in der Klinik.

Um einiges lebhafter sind die Augen der Kinder und Jugendlichen der Afghan National Association for the Deaf (ANAD), einer Organisation, die mich bis zum Ende meiner Zeit in Afghanistan begleiten soll. Theater mit gehörlosen Menschen? Wie soll das nun wieder funktionieren?

Wer nicht hören kann, muss spielen – Arbeit mit der Afghan National Association for the Deaf (ANAD)

Die 'Afghan National Association for the Deaf (ANAD)' ist eine afghanische Lokalorganisation, die sich seit 2001 für die Belange gehörloser Menschen in Afghanistan einsetzt. ANAD ist mit wenigen Ausnahmen vollständig mit gehörlosen MitarbeiterInnen besetzt und wird seit Jahren von einem extrem engagierten und couragierten jungen Mann geführt, der selber gehörlos und ferner dabei ist, zu erblinden.

Laut der Weltgesundheitsorganisation (WHO) sind in Afghanistan zwischen 7 und 10% der Gesellschaft körperlich behindert, was bei einer Bevölkerungszahl von rund 30 Million Menschen maximal 3 Millionen Menschen wären. Viele dieser Menschen sind kriegsversehrt, allerdings gibt es laut ANAD auch mehrere hunderttausend gehörlose Menschen, für die sowohl die internationale Gemeinschaft als auch die afghanische Regierung bis dato relativ wenig Interesse gezeigt haben. Es gibt noch nicht einmal ein eigenes Gehörlosenalphabet in den zwei offiziellen Landessprachen Dari und Paschto, weswegen man sich bisher hauptsächlich an der internationalen Gebärdensprache orientiert hat.

Oberstes Ziel von ANAD ist es daher gehörlosen Menschen zu helfen, ihre Lebenssituation zu verbessern sowie ihre in der Verfassung garantierten Rechte wahrzunehmen. Dies soll vor allem dadurch erreicht werden, dass ein eigenes Gehörlosenalphabet (AfSL-Afghan Sign Language) in den Landessprachen Dari und Paschto erarbeitet wird und für einen verstärkten Zugang zu Grundbildung, beruflichen Ausbildungsmaßnahmen sowie politischer Partizipation gekämpft wird. Erste Schritte hin zu einer Grundbildung für junge Gehörlose werden bereits in Form einer eigenen Schule verwirklicht, in der bis dato rund 200 Jungs und Mädchen unter schwierigsten Bedingungen lernen. Mein Kontakt mit ANAD kommt durch Parwin, eine freiwillige Mitarbeiterin von ANAD und eine der wenigen AfghanInnen mit Expertise im Bereich "Inklusive Pädagogik[45]" zustande. Nach einer kur-

[45] Die Inklusive Pädagogik beruht auf der Vielfalt in Bildung und Erziehung. Sie betont die Gleichberechtigung und Gemeinsamkeit aller Schülerinnen und Schüler. Inklusion berücksichtigt zahlreiche Dimensionen von Vielfalt: geistige oder körperliche Möglichkeiten und Einschränkungen, soziale Herkunft, Geschlechterrollen, kulturelle, sprachliche und ethni-

zen Unterhaltung biete ich an, je nach Interesse einen oder mehrere kurze Theaterworkshops durchzuführen, bei denen es hauptsächlich darum gehen würde, den Kindern und Jugendlichen die Möglichkeit zu geben, spielerisch aktiv zu werden, sowie den Lehrern zu ermöglichen, Aktivitäten kennen zu lernen, die sie dann im Unterrichtsalltag für ihre Zwecke einsetzen könnten. Parwin ist begeistert, und es werden zwei Miniworkshops vereinbart, einer für die gehörlosen Kinder und Jugendlichen, ein weiterer für bereits ausgebildete Lehrer im Bereich "Inklusive Pädagogik". Diese beiden Workshops sollten den Beginn einer langen Freundschaft darstellen.

Jenseits der Stille-Workshop mit den Kindern und Jugendlichen von ANAD

Meine Knie hören gar nicht mehr auf zu schmerzen. Immer wieder muss ich mich mit den Jungs Rücken an Rücken hinsetzen und gemeinsam wieder aufstehen. Daumen hoch. Alles klar? Rechte Hand an die Stirn. Danke. Selbst meinen eigenen Namen in Zeichensprache bekomme ich. Zeige- und Mittelfinger ans Kinn. Der mit dem Ziegenbärtchen. So schnell geht das.

Foto 9: Rücken an Rücken für ein neues Afghanistan mit ANAD

---

sche Hintergründe, sexuelle Orientierung, politische oder religiöse Überzeugung. (http://www.archenova-schule.de/inklusion.shtml)

Wie unglaublich bereichernd sind diese 2 ½ Stunden mit 30 gehörlosen Kindern und Jugendlichen sowie ihren ebenfalls gehörlosen LehrerInnen. ANAD ist wirklich eine inspirierende Organisation. Die Kinder sind sofort Feuer und Flamme für die Theaterübungen und wollen gar nicht mehr aufhören zu spielen. Vor allem "Katz und Maus", ein simples, aber enorm energiespendendes Fangen-Spiel mit einem Fänger (der Katze) und einer Gejagten (der Maus), die vor der Katze wegrennt und sich retten kann, indem sie sich an andere im Raum stehende MitspielerInnen anheftet, die dann selber zur Maus werden, sowie "Fliegende Masken", in dem die TeilnehmerInnen verschiedene Fratzen ("Masken") machen und an die MitspielerInnen weitergeben müssen, rufen große und geräuschvolle Begeisterung hervor.

Auch die LehrerInnen scheinen sich blendend zu amüsieren. Die Altersunterschiede sind groß, und insgesamt nehmen fast ebenso viele Mädchen wie Jungs teil, wobei die Mädchen auf den ersten Blick einen schnelleren und unbefangeneren Zugang zu den Übungen haben als die Jungs. Sie sind bei weitem nicht so ehrgeizig und vielleicht auch deshalb etwas kreativer. Trotzdem sind alle mit großem Elan dabei und scheinen enorm viel Spaß zu haben, was sich auch auf den strahlenden Gesichtern der Kinder zeigt. "Leider gibt es für gehörlose Kinder nur selten die Möglichkeit, ihrer Kreativität derart freien Lauf zu lassen. Es ist schön zu sehen, dass sie diese noch nicht verloren haben.", lächelt Parwin süß-sauer. Kein Frieden ohne Kreativität? Zumindest ist es wirklich toll mit anzusehen, welch herausragende Ausdrucksfähigkeit die Jungs und Mädchen haben. Es scheint, als ob ihre fehlenden verbalen Kommunikationsfähigkeiten ihre anderen Sinne um einiges verstärkt haben. Jedenfalls brauchen wir nach den wenigen Stunden Theater zum Abschied keine Worte mehr, um uns gegenseitig mitzuteilen, wie sehr es uns allen gefallen hat. Rechte Hand an die Stirn. Tashakor. Wunderschön.

Workshop mit den 'Inklusive Bildung' LehrerInnen

Einige Wochen später findet ob des Erfolges des ersten Workshops ein kurzer Einführungsworkshop mit 18 LehrerInnen, die gerade eine Fortbildung zum Thema 'Inklusive Pädagogik' machen, statt. 5 Männer, 13 Frauen, darunter 2 gehörlose und eine blinde Lehrerin, nehmen teil. Ziel ist es, die TeilnehmerInnen mit einigen Spielen und Übungen vertraut zu machen, so dass sie in ihren jeweiligen Klassenzimmern eine breitere Palette an Aktivitäten zur Verfügung haben. Wir beginnen den Tag mit einer Aufwärmübung 'Circle Dash', ein Spiel, das bislang in sämtlichen Gruppen äußerst populär gewesen ist. Das ist auch diesmal nicht anders. Die TeilnehmerInnen stehen im Kreis. Ein Freiwilliger kommt in die Mitte, und wer im Kreis steht, versucht nun, mit Hilfe von Zeichen, ohne dabei Worte zu benutzen, die Plätze zu tauschen. Die Person in der Mitte muss ihrerseits versuchen, schneller als die anderen auf einen der frei werdenden Plätze zu kommen. Es kommt unter viel Gelächter zu Zusammenstößen und kleinen Schummeleien. Das Eis ist somit schon früh gebrochen.

"Welche Fähigkeiten sind notwendig, damit dieses Spiel funktioniert?", frage ich. "Non-Verbale Kommunikation, Konzentration, körperliche Fitness, Risikobereitschaft, Respekt. Alles Dinge, die wir und unsere SchülerInnen in der Schule und im Leben brauchen" bemerken die LehrerInnen. "Katz und Maus" hingegen, das bei den ANAD-Kindern äußerst beliebt war, ist für die LehrerInnen eine große Herausforderung, da dieses Fangen-Spiel ständige Berührungen erfordert und die TeilnehmerInnen nur sehr bedingt zu diesem Körperkontakt bereit sind. Vielleicht ist das Vertrauen untereinander noch nicht ausgeprägt genug?

Ich biete eine vertrauensbildende Übung, Vertrauenslauf, an. "Versucht eure Augen geschlossen zu halten und lasst euch von eurer Partnerin durch den Raum führen, ohne die Augen zu öffnen. Konzentriert euch ganz auf eure anderen Sinne", erkläre ich die Übung. Alle geben ihr Bestes. Die Konzentration ist sämtlichen TeilnehmerInnen ins Gesicht geschrieben. Trotzdem fällt es vielen ungemein schwer, soviel Vertrauen zu entwickeln, um ihre Augen längere Zeit geschlossen zu halten. Immer wieder blinzeln sie, erklären aber hinterher, dass sie definitiv die ganze Zeit die Augen geschlossen hatten. Ein bisschen Schummeln gehört eben zum guten Ton. "Wie hat es sich angefühlt, blind zu sein?", frage ich die Gruppe. Ob dieser Wortwahl muss ich böse Blicke einstecken, da die Bezeichnung 'blind' (es gibt im afghanischen Persisch zwei Wörter für "blind") als politisch inkorrekt angesehen wird. "Für uns als Lehrer ist dies eine neue Erfahrung, die uns sicherlich dabei helfen wird, ein besseres Verständnis für unsere blinden SchülerInnen zu entwickeln", so eine der Lehrerin in der anschließenden Besprechung der Übung. Bei "Hommage an Magritte", einer Schauspielübung, bei der die MitspielerInnen eine leere Flasche in verschiedene Objekte verwandeln, gibt es hingegen keine Sprachschwierigkeiten. Ganz im Gegenteil. Statt einer Flasche lege ich diesmal eine afghanische Vase in die Mitte.

Diese Vase wird dann in kürzester Zeit in ein Telefon, einen Spiegel, einen Kamm, aber auch in eine Handgranate, ein Maschinengewehr oder eine

Mine verwandelt. "Dieses Spiel ist gut für Kreativität, Vorstellungskraft und Selbstvertrauen. Das werde ich bestimmt mit meinen SchülerInnen spielen.", erklärt uns eine der gehörlosen Teilnehmerinnen.

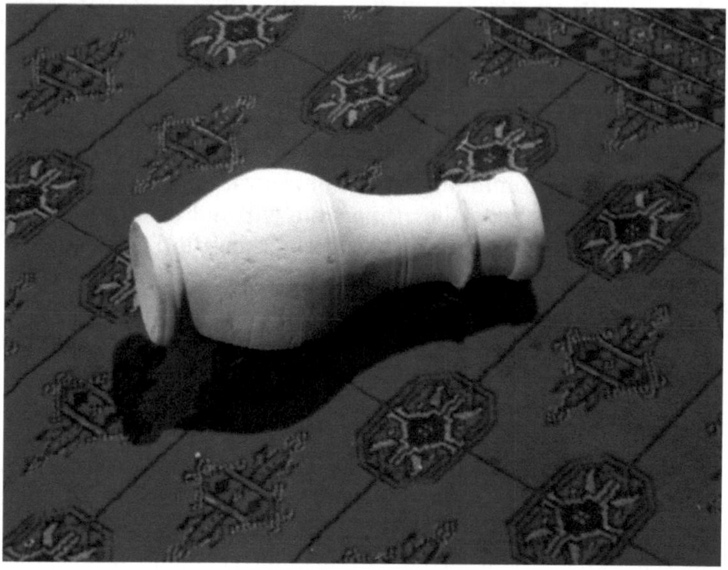

Foto 10: Eine Vase ist eine Vase ist eine Vase

Ebenfalls sehr gut angenommen wird das Spiel "Name, Geräusch, Bewegung", in dem die einzelnen MitspielerInnen ihre Namen mit Bewegung und Ton begleiten und die anderen diese kopieren. Natürlich muss gerade diese Übung zunächst an die spezifischen körperlichen Bedingungen der Gruppe angepasst werden, so dass alle teilnehmen können. Dann aber ist es sehr beliebt. Besonders eine der gehörlosen Kolleginnen kommt immer wieder in die Mitte, macht die extravagantesten Bewegungen und Geräusche und scheint sich köstlich zu amüsieren. Auch die anderen Kollegen sind von der Anwendbarkeit der Übung überzeugt. Wieder wird ein erhöhtes Selbstvertrauen in die eigenen Fähigkeiten als vielleicht wichtigster Effekt dieser Übung genannt, da das In-die-Mitte-kommen grundsätzlich als eine große Herausforderung betrachtet wird. Abgeschlossen wird der Tag mit einer Improvisationsübung "Eingangstür" sowie ein paar Minuten Statuentheater.

"Eingangstür" wird in Zweiergruppen gespielt. Es geht darum, dass einer der Mitspieler eine Rolle kreiert, die aus einer bestimmten Absicht in ein bestimmtes Gebäude gehen muss, während die andere Mitspielerin einen Grund findet, warum er/sie auf keinen Fall hereinkommen kann. Es kommt zu tumultartigen Improvisationen, und einige der Gruppen rennen wie wild durch den Raum. Auch die beiden gehörlosen Frauen haben eine sehr expressive und für mich als Zuschauer äußerst ästhetische Auseinandersetzung in Zeichensprache. Faszinierend. Ich lerne so viel von den TeilnehmerInnen.

Wir beenden den Tag mit ein paar Minuten Statuentheater, ohne dass wir genug Zeit haben, die Technik mit der nötigen Ruhe zu behandeln. Ein Bild, in dem ein gehörloser junger Mann innerhalb der eigenen vier Wände von der Familie versteckt wird, bleibt mir dabei besonders im Kopf hängen. Körperlich behinderte Menschen haben in Afghanistan nicht viel zu lachen und werden selbst innerhalb der eigenen Familie oft wie Aussätzige behandelt. "Die afghanische Bevölkerung weiß einfach nicht genug über die Gründe für körperliche Behinderung. Viele sehen diese immer noch als eine Strafe Gottes an und schämen sich für ihr Kind", resümiert eine Lehrerin mit einer gewissen Hilflosigkeit.

Der Workshop endet. Im Allgemeinen ist er recht gut gelaufen und die Spiele und Übungen scheinen für alle LehrerInnen eine gewisse Relevanz zu haben, was auch daran zu erkennen ist, dass sie sich ständig Notizen machen. Trotzdem habe ich den Eindruck, dass bei den LehrerInnen, sobald sie die Essenz einer Übung verstehen, die Motivation stark nachlässt und sie mehr oder weniger aufhören weiterzuspielen. Nach dem Motto: "Wir wissen jetzt, wie es funktioniert. Nächste Übung". Diese Attitüde geht natürlich auf Kosten einer Erkundung der eigenen Kreativität bzw. der eigenen Unterdrückungserfahrung, weshalb die Gespräche auch etwas oberflächlich bleiben.

Auch was die Konzentration und das Zuhören angeht, bin ich etwas überrascht, wie viel Schwierigkeiten dies den LehrerInnen bereitet. Mit dem Übersetzer sind sie teilweise sogar recht unwirsch, was in Afghanistan aus kulturellen Gründen eigentlich absolut unüblich ist. "Wo immer ich auf der Welt mit dem TdU gearbeitet habe, sind LehrerInnen die herausforderndste Gruppe gewesen", sagt ein Kollege später einmal zu mir. Dies scheint also ein universelles Problem zu sein. Nichtsdestotrotz kommen alle TeilnehmerInnen am Ende zu mir und bedanken sich höflich. Vor allem die blinde Frau bestätigt in einem exzellenten Englisch, dass Theaterspiele für

Kinder mit Behinderungen absolut wichtig sind, da diese ihnen das Vertrauen in den eigenen Körper zurückgeben können. Auch ist sie davon überzeugt, dass die Spiele ein hervorragendes Medium sind, um ein gewisses Verständnis, aber auch Solidarität zwischen Kindern mit und ohne Behinderung zu schaffen. "Wir haben einfach keine Mittel, um mit den besonderen Bedürfnissen unserer Kinder zu arbeiten. Die Theaterspiele werden uns mit Sicherheit helfen, einen neuen Zugang zu ihnen zu finden". Ich bin zufrieden. Unter keinen Umständen erwarte ich, dass dieses Medium sämtliche Menschen in Begeisterung versetzt. Aber solange immer ein, zwei Personen dabei sind, die die Arbeit mit dem TdU wirklich schätzen, habe ich Hoffnung, dass es sich in Afghanistan im Laufe der Zeit als nützliches Werkzeug für eine Reihe von Gruppen und Thematiken etablieren kann.

Dieselbe Hoffnung, nämlich Interesse am TdU zu wecken, hege ich auch bei einer der führenden "Peace Building" Organisationen in Afghanistan, der Sanayee Development Organization.

Theater in den Bergen - Sanayee Development Organization (SDO)

SDO ist eine der führenden überregional agierenden afghanischen NGOs, die sich vor allem im Bereich 'Peace Building' einen Namen gemacht hat. Ihre Mission ist, einen "Beitrag zu der Entwicklung einer friedlichen, entwickelten und selbstverantwortlichen afghanischen Gesellschaft zu leisten, indem Individuen, zivilgesellschaftliche Gruppen und Regierungsangestellte Weiterbildungen und Trainings in den Bereichen 'Peace Building', Entwicklung der Zivilgesellschaft, Bildung und Gesundheit erhalten, ohne dabei islamische Werte zu verletzen[46]".

Eines der interessantesten Projekte im Peace Building Bereich ist das 'Coexistence Programme', das in Zusammenarbeit mit dem Flüchtlingswerk der UNO (UNHCR) durchgeführt wird. Bei dieser Initiative handelt sich um den Versuch, in ihre Dörfer zurückkehrende Flüchtlinge so zu reintegrieren, dass ein erneutes Aufflammen von inter-ethnischen Konflikten vermieden und langfristig ein Beitrag zu einem friedlichen Zusammenleben geleistet werden kann. Zielgruppen sind sowohl Frauen als auch Jugendliche, weshalb ein wichtiger Aspekt des Projekts die "sozialen Aktivitäten" darstellt, mit denen die (männlichen) Jugendlichen der verschiedenen Volksgruppen zusammengeführt werden sollen. Eine dieser sozialen Aktivitäten ist nach Absprache mit einem deutschen Kollegen bei der SDO

[46] http://www.sanayee.org.af/

ein mehrstündiger Theaterworkshop, der in der Gemeinde Guldara, etwa eine Stunde nördlich von Kabul mitten im Gebirge, stattfindet.

TdU in Schnee und Moschee

Als ich gleich zu Beginn meiner Zeit in Afghanistan zum ersten Mal in Guldara war, hatte gerade der Frühling begonnen, und ich begleitete eine damalige DED-Kollegin, um ein von der SDO organisiertes Volleyballprojekt mit paschtunisch und tadschikisch-stämmigen Jugendlichen zu filmen und dann in einen kleinen Dokumentarfilm zu verwandeln. Ich war begeistert ob der natürlichen Schönheit des kleinen Bergdorfes. Alles war wunderschön grün, es roch nach Frühling, und der kleine Bergbach floss ruhig, aber stetig durch die Gemeinde. Allerdings fiel mir trotz dieser Idylle und der oberflächlich demonstrierten Friedensbereitschaft der Jugendlichen sofort auf, dass die gegenseitigen Ressentiments innerhalb der Volksgruppen nach wie vor extrem stark waren, was sich nicht zuletzt darin zeigte, dass man sich noch immer nicht gegenseitig zu Hause besuchen konnte bzw. wollte. Das Dorf war praktisch zweigeteilt. Wie also hatte sich die Situation in den letzten Monaten entwickelt? Waren vielleicht bereits einige Fortschritte zu spüren?

Ich jedenfalls nehme sofort an, als man mich fragt, ob ich nicht Lust hätte, in Guldara einen kleinen Theaterworkshop mit einer anderen Gruppe von jugendlichen Dorfbewohnern zu geben. Hier haben schon etliche Veranstaltungen stattgefunden, aber das Theater hatte sich in dieser Gemeinde noch nie in Form einer öffentlichen Aufführung oder Workshops gezeigt. Und nun wird hier also zum ersten Mal in der Geschichte der Gemeinde ein Kontakt mit dem Theater stattfinden. Ich frage mich, ob den Jugendlichen auch wirklich erklärt worden ist, dass von ihnen erwartet wird, für einige Stunden Theater zu spielen. Ob sie überhaupt wissen, dass ich komme. Schon einige Male zuvor habe ich realisieren müssen, dass die Theaterteilnehmer oft gar nicht wissen, wofür sie geladen sind, was dann jedes Mal für alle zu etwas frustrierenden Momenten geführt hat. Abwarten. Jedenfalls bin ich sehr gespannt, wie es laufen wird.

Auf dem Weg nach Guldara geht es an mehreren Militär-Checkpoints vorbei. Die Region hat vor kurzem Besuch von der Taliban bekommen, und es wird vermutet, dass diese sich noch irgendwo versteckt halten. Ich rufe mir noch einmal einige der aktuellen Probleme und Konflikte der Gemeinde Guldara ins Gedächtnis. Es ist gibt kaum Infrastruktur, keinen Strom, kein Abwasser. Die zurückgekehrten Flüchtlinge finden keine Arbeit, und in ihren ehemaligen Häusern leben mittlerweile andere Familien, oft der verfeindeten Volksgruppe angehörend. Auch um den Zugang zu dem durch das Dorf fließenden Bergbach, die für alle einzige Wasserquelle, gibt es Streit. Beide Volksgruppen beschuldigen sich gegenseitig, der anderen das Wasser zu stehlen. Die Spannung ist dementsprechend groß, und interethnische Gewalt wird wieder zu einer konkreten Gefahr. So oder noch schlimmer sieht es fast überall im Land aus. Es gibt Mikro-, Makro- und Metaprobleme. Letzteres bezieht sich für mich unter anderem auch auf die unterschiedlichen Sprachen, die in verschiedenen Teilen des Landes gesprochen werden. So gibt es nicht nur zwei Landessprachen, sondern noch zig andere regional dominante Sprachen, die die Kommunikation untereinander extrem schwierig machen. Reden die verschiedenen Volksgruppen überhaupt miteinander? Und wie werde ich mich mit den Teilnehmern unterhalten können? Ein Übersetzer ist mit dabei, aber das Thema Übersetzung ist immer ein äußerst zweischneidiges. Schauen wir mal kurz.

1+1=3: Woher nehmen und nicht stehlen?

TdU mit Kindern, mit Gehörlosen, mit Paschtunen, Tadschiken, Usbeken und Hazaras[47]. Mir ist während meiner Zeit in Afghanistan erneut bestätigt worden, dass das Theater der Unterdrückten in dem Sinne universal ist, als dass es eine eigene Art der Kommunikation, eine eigene Sprache darstellt, die unabhängig von der von den TeilnehmerInnen gesprochenen Sprache existiert, diese ergänzt und in vielen Fällen die Kommunikation untereinander erleichtert. Deshalb ist es wohl auch möglich, einen Theaterprozess zu leiten, wenn man selber nicht oder nur kaum in der Lage ist, die Landessprache(n) der WorkshopteilnehmerInnen zu sprechen. Trotzdem ist es natürlich absolut notwendig, mit einem Übersetzer zu arbeiten, was in Afghanistan gewisse Probleme mit sich bringt. Zum einen, weil es vor Ort zurzeit kaum professionelle ÜbersetzerInnen gibt, zum anderen, weil kein indigenes Theatervokabular existiert und viele Termini regelrecht erfunden werden müssen. Darüber hinaus ist es grundsätzlich so, dass die ÜbersetzerInnen selber überhaupt keine Erfahrung im Theaterbereich haben und trotz vorheriger "Einführung" viele Übungen und Spiele so erklären, wie sie sie verstanden haben, was immer wieder zu teilweise urkomischen Situationen führt, vor allem dann, wenn ein englisches Wort falsch verstanden und somit falsch übersetzt wird und die Übung zwar mit vollem Elan durchgeführt wird, aber fast nichts mehr mit der eigentlichen Übung gemein hat.

[47] Die vier größten Volksgruppen des Landes

Noch gewöhnungsbedürftiger ist, dass die Kommunikation in Afghanistan in den meisten Fällen sehr indirekt ist, Probleme oder Kritik also nicht direkt angesprochen, sondern zum Teil wunderschön um zehn Ecken kommuniziert werden. Das erschwert mir die Kommunikation während der Arbeit natürlich ungemein, da es mich gewissermaßen dazu zwingt, jedes Wort auf die Goldwaage zu legen, um niemanden zu nahe zu treten, was sich im Eifer des Gefechts hin und wieder schwierig gestaltet. Noch schwieriger wird dadurch auch die Rolle des Übersetzers, da so übersetzt werden muss, dass es für alle verständlich ist und ohne dass zu viel vom eigentlichen Inhalt verloren geht. Leider kommt es öfter dazu, das sich im Nachhinein herausstellt, dass die Übersetzer bewusst bestimmte Inhalte unterdrückt haben, weil diese ihnen peinlich sind oder aber sie nicht möchten, dass sie im vollen Umfang verstanden werden. Wenn man sich dann noch klar macht, dass die Übersetzer manche Passagen gar nicht übersetzen, weil sie meinen, diese seien nicht wichtig, oder Dinge hinzufügen, weil ihnen das, was von den TeilnehmerInnen gesagt wurde intellektuell nicht ausgereift genug ist, so muss ich für mich festhalten, dass es auf der einen Seite unheimlich spannend und lehrreich ist, ständig mit Übersetzung zu arbeiten, diese auf der anderen Seite aber wirklich gut vorbereitet werden muss, damit während der eigentlichen Theaterarbeit nicht zu viel Zeit verloren geht und die verschiedenen Themen wirklich so gründlich bearbeitet werden können, wie es ihre Komplexität verlangt.

Zurück nach Guldara. In einem kleinen Minibus sitzend, sinniere ich also so vor mich hin. Die stoische Ruhe der ewigen Berge hat einen beruhigenden Effekt. Sie macht nachdenklich und auch ein wenig melancholisch. Ich habe die AfghanInnen als nicht weniger fröhlich und lebensfroh kennen gelernt als andere Menschen, aber diese Mischung aus Nachdenklichkeit und Melancholie liegt ebenfalls immer in der Luft und zeigt sich vor allem in den tiefgründig blickenden Augen der Menschen. Auch die Poesie und Musik sind oft ansteckend schwermütig. Ich bin dieser Tage ebenfalls etwas melancholisch, müde und ausgelaugt. Die Arbeit vor Ort hinterlässt ihre Spuren, auch wenn oberflächlich betrachtet alles bestens läuft. Weiter geht es. Die asphaltierte Straße endet abrupt. Die letzten Kilometer sind purer Schlamm. Die letzten Tage waren eine Mischung aus Regen und Schnee. Der Minibus quält sich die letzten Meter hoch ins Dorf. Zurück in Guldara. "Chosh amaden". Willkommen. Der Workshop findet doch tatsächlich in der örtlichen Moschee, dem einzigen öffentlichen Raum im Dorf, statt. Wobei diese keine aufwendig konstruierte Moschee ist, sondern eine Art Gemeinderaum, in dem am heiligen Freitag gebetet wird. Aber trotzdem bin ich verwundert, dass uns erlaubt wird, einen Theater-Workshop in einer Moschee durchzuführen. So viel zum radikalislamischen Fundamentalismus der AfghanInnen. Rund 36 Teilnehmer, alles junge Männer, nehmen teil. Die meisten kommen glücklicherweise in typischer lokaler Kleidung, weit und gemütlich, perfekt für die Arbeit mit dem TdU. In Kabul tragen viele Männer heutzutage Krawatte und Anzug und kommen dann auch so zum Theaterworkshop, weil sie, so ihre Worte, denken, dass ein von einem Ausländer geleiteter Workshop sicher westliche Kleiderordnung verlangt. Die Diskussion über afghanische oder westliche Kleidung soll noch häufig ein Thema werden.

36 Augenpaare sind also gespannt auf mich gerichtet. Als ich mich auf Dari vorstelle, sind alle glücklich. "Hey. Der Charidji spricht ja Dari. Salam Aleykum". Die Anspannung ist weg. Es kann losgehen. Wir beginnen mit Circle Dash[48], einer körperlichen Übung zum Thema Non-Verbale Kommunikation, merken aber schnell, dass die Räumlichkeit viel zu klein ist, da wir uns ständig über den Haufen rennen. Eine Lösung muss her, und wir beschließen unter freiem Himmel, genauer gesagt auf einem Obstfeld, zu arbeiten. Leider kommt erschwerend hinzu, dass es plötzlich anfängt, heftig zu schneien. Was der aufgekratzten Stimmung aber keinen Abbruch tut. Im Gegenteil, mehr Raum bedeutet mehr Platz zum Arbeiten, und bei einigen Übungen sind die Teilnehmer nur noch mit dem Fernglas zu sehen. Problematisch ist hingegen, dass der von der SDO bereitgestellte Übersetzer sowohl kränklich als auch allgemein eher unmotiviert ist. Ihm scheint das TdU suspekt zu sein. Trotzdem kann ich ihn nicht einfach austauschen, weil das extrem unhöflich wäre. Die Jugendlichen jedoch sind super. Mit großer Energie sind sie bei allen Spielen dabei, und bei den anschließenden Reflexionsrunden wollen alle gleichzeitig sprechen. Besonders "Circle Dash" stimuliert eine intensive Diskussion zum Thema verschiedene Kommunikationsformen. Auch die Statuenbilder sind wie immer sehr stark und wie so häufig von Gewalt geprägt. Das Kreieren der Statuen produziert dabei zum Teil extreme Lachanfälle, was die beiden Dorfältesten auf den Plan ruft, die uns aber glücklicherweise nicht allzu skeptisch bei unserem Tun zuschauen und sich sogar für eine Weile dazugesellen und natürlich auch um ihre Meinung gefragt werden, was das eine oder andere Bild wohl bedeuten könnte.

[48] "Circle Dash" beginnt mit sämtlichen MitspielerInnen auf Stühlen sitzend in einem Kreis und einer Person, die in der Mitte des Kreises steht. Ziel ist, für zwei MitspielerInnen aus dem Kreis die Stühle zu wechseln, bevor die Person in der Mitte sich auf einen dieser Stühle setzen kann.

Zum Abschluss des Workshops gibt es noch ein Mittagessen und einen Spaziergang durchs Dorf. Schön war's. Insgesamt muss ich mich aber doch fragen, inwiefern ein Kurzworkshop, zu dem man zwei Stunden fahren muss, um zwei Stunden zu arbeiten, wirklich Sinn macht. Nachhaltigkeit ist sowieso von vornherein kein Thema, aber selbst wenn dieses Ziel nicht immer im Vordergrund stehen muss, sollte doch zumindest eine gewisse Sinnhaftigkeit explizit erkennbar sein. Auf der anderen Seite muss ich natürlich aufpassen, meine eigenen Ansprüche nicht auf andere zu projizieren, weshalb ich festhalten muss, dass die Arbeit mit dem TdU für die Jugendlichen laut ihrer eigenen Aussagen eine tolle Erfahrung gewesen ist und sie für ein paar Stündchen aus ihrem monotonen Alltag entlassen wurden. Auch bin ich mir sicher, dass die Teilnehmer sich durch die Übungen einander ein Stück näher gekommen sind, was in der Zukunft hoffentlich dazu beitragen wird, dass die Spannungen zwischen den beiden Bevölkerungsgruppen etwas abgebaut werden können und es nicht wieder zu gewaltsamen Auseinandersetzungen kommt. Steter Tropfen höhlt den Stein.

Neue Führer braucht das Land: Die Friedrich-Ebert Stiftung und das Young Leaders Forum

Die SPD-nahe Friedrich-Ebert Stiftung (FES) ist eine von drei deutschen politischen Stiftungen, die zurzeit in Afghanistan mit eigenem Büro und Aktivitäten präsent sind[49]. Sie ist seit 2002 in Afghanistan aktiv und hat sich zum Ziel gesetzt, demokratische Institutionen sowie die afghanische Zivilgesellschaft zu stärken. Der Fokus liegt dabei auf dem Austausch von Ideen zu folgenden Themen: Politics, Parliament, Political Parties; Gender, Women; Civil Society, NGOs, Trade Union; Youth, Young Leaders Forum (YLF); Media, Young Journalists Network (YJN)[50]. Im Zuge meiner Kontaktaufnahme mit mehreren nationalen und internationalen Akteuren vor Ort, ist die FES eine der ersten Organisationen, die sich sofort für eine Zusammenarbeit im Bereich TdU interessiert. Aus diesem Grund einigen wir uns auch schnell, dass das von der FES ins Leben gerufene YLF das wohl geeignetste Projekt für einen ersten Versuch mit dem Theater ist. Im YLF geht es hauptsächlich darum, eine neue Generation zukünftiger politischer und zivilgesellschaftlicher Führungskräfte zu fördern, indem die jungen Männer und Frauen für ein Jahr die Möglichkeit bekommen, an zahlreichen von der FES veranstalteten Workshops und anderen Aktivitäten teilzunehmen. Un-

[49] Die beiden anderen Stiftungen sind: Konrad-Adenauer Stiftung (CDU) und Heinrich Böll Stiftung (Die Grünen).

[50] http://www.fes-afghanistan.org/

ser TdU Workshop soll eine dieser Aktivitäten darstellen und den TeilnehmerInnen das TdU als Mittel der kreativen Konfliktlösung vorstellen.

Die Taliban als Drachentöter - Erster Theaterworkshop mit dem YLF

"Wenn ich morgen einen riesen Sonnenbrand habe, bist du schuld", beschwert sich einer der Teilnehmer, allerdings mit einem verschmitzten Lächeln. Bei glühender Hitze im Garten der FES muss ich zugeben, dass mir der Begriff "Young Leaders" zunächst einiges Unbehagen bereitet, da ich den Eindruck habe, dass bei der Entwicklungszusammenarbeit im Allgemeinen und speziell bei den konkreten Projekten in Afghanistan trotz aller schönen Rhetorik häufig die Eliten bzw. durch ihre Herkunft, Abstammung oder andere Gründe privilegierte AfghanInnen unterstützt und so bestimmte diskriminierende Gesellschaftsstrukturen noch verstärkt werden.

Da das Projekt "YLF" sich explizit zum Ziel gesetzt hat, potentielle afghanische Führungspersönlichkeiten zu fördern, tue ich mich deshalb zunächst etwas schwer mit der Vorstellung, einen Workshop mit diesen jungen Menschen zu leiten, zumal die derzeitigen politischen Eliten des Landes mit wenigen Ausnahmen eher nicht den Eindruck erwecken, sich im geringsten für das Wohl des Volkes einzusetzen. Neue Führungskräfte werden vonnöten sein, um Afghanistan eine neue Ausrichtung zu geben. Auch möchte ich gerne an der Hoffnung festhalten, dass junge Menschen für radikal neue Ansätze möglicherweise noch empfänglich sind bzw. sie noch nicht den Grad an Egoismus und Zynismus erreicht haben, der einem sowohl in der internationalen Entwicklungszusammenarbeit als auch bei vielen afghanischen Politikern und NGO MitarbeiterInnen immer wieder auffällt. Für mich als Ausländer ist es natürlich auch äußerst spannend, ja eine Ehre, durch die Arbeit mit dem Theater der Unterdrückten mit einer Vielzahl verschiedener Menschen zusammenzuarbeiten, ihre Art und Weise zu denken und leben zu entdecken und dabei immer etwas von ihnen zu lernen.

Trotzdem ist es im spezifischen Fall des YLF wohl eher so, dass der Begriff der Unterdrückung auf die Teilnehmer des Workshops nur bedingt zutrifft. Allerdings haben in 30 Jahren ununterbrochenen Krieges wohl alle Menschen, unabhängig von ihrer wirtschaftlichen Situation, die fürchterlichen Folgen von Gewalt und Zerstörung auf irgendeine Weise am eigenen Leib erfahren, selbst wenn sie, wie viele der Young Leaders, während des Krieges in Deutschland, den USA oder in Frankreich gelebt haben. Ich bin gespannt.

Bei bereits um 9.00 Uhr sengender Hitze sehe ich mich nun einer Gruppe von rund 24 jungen Männern und Frauen im Alter von 17-29 Jahren gegenüber. Wenn man sich vergegenwärtigt, dass der Workshop aus Mangel an Alternativen, viele TeilnehmerInnen arbeiten bereits für verschiedene Ministerien bzw. nationale und internationale NGOs, am heiligen Freitag stattfindet, ist es schon erstaunlich, dass so eine große Gruppe zusammengekommen ist, um zu erfahren und erleben, wie Theater und Konfliktbearbeitung in Einklang gebracht werden können.

Ich beginne also mit einer kurzen theoretischen Einführung und versuche dabei von Anfang an klarzumachen, dass es sich beim Theater der Unterdrückten nur im weitesten Sinne um eine Methode aus dem Westen handelt, dass es sich also nicht wie sonst so häufig um ein aus reichen, privilegierten Ländern stammendes Werkzeug handelt, sondern dass das TdU als brasilianisches Eigengewächs in gewissem Sinne in einem Land mit vergleichbaren Schwierigkeiten wie Afghanistan geboren wurde und daher auch eine weniger koloniale, von oben aufgestülpte Essenz besitzt. Letzteres ist eine gegenüber dem Westen immer wieder aufkommende Kritik bei vielen AfghanInnen. Eine gewisse Skepsis scheint mir bei einigen TeilnehmerInnen allerdings trotzdem da zu sein, weshalb die ersten Theaterspiele auch gleich zu einer Trennung zwischen denjenigen, die sich sofort für die Methodik begeistern können, und einigen wenigen, die eher skeptisch sind, führt und eine weibliche Teilnehmerin den Workshop sogar frühzeitig verlässt[51]. "Die Übungen sind kulturell unangebracht. Ich fühle mich unwohl, gemeinsam mit jungen Männern so offen umzugehen." Schade drum und selbstredend eine bedenkenswerte Kritik.

Auf der anderen Seite muss ich mir als TdU-Fanatiker wohl eingestehen, dass das TdU zwar theoretisch für alle Menschen geschaffen wurde, dies in der Praxis aber noch lange nicht heißt, dass es auch für alle Menschen wirklich zugänglich ist, insbesondere in einem so sensiblen kulturellen Kontext wie in Afghanistan. Sei es drum. Ansonsten sind sämtliche TeilnehmerInnen trotz der starken Sonne mit außerordentlichem Enthusiasmus dabei, und es kommt zu viel Gelächter und vielen tiefgründigen Diskussionen. Und das, obwohl die meisten AfghanInnen eine absolute Vorliebe für möglichst weiße Haut haben. Was die einzelnen Aktivitäten betrifft,

---

51 Interessanterweise sollte diese Frau während meiner Zeit in Afghanistan nur eine von zwei Personen sein, die jemals eine Theateraktivität aus theaterrelevanten Gründen vorzeitig verlies.

so gehört die "Kolumbianische Hypnose[52]", eine Übung, in der es um die negativen Aspekte körperlicher und intellektueller Automatisierung geht, wie so häufig zu den beliebtesten und zugleich anspruchsvollsten Übungen: Alle TeilnehmerInnen nutzen den gesamten Raum des Gartens, um ihre PartnerInnen in die absurdesten Positionen zu "hypnotisieren" und sie an Blättern riechen zu lassen oder in Dornenbüsche zu führen. Bei der Besprechung der Übung kommt es dann erwartungsgemäß zu recht intensiven Diskussionen über Macht und ihren Missbrauch sowie über die kritische Rolle von Führungsperson sowohl in der Familie als auch der Gesellschaft im Allgemeinen. "Unser Land braucht eine neue Generation von politischen Führern. Die alten, heute vom Westen unterstützten Führungseliten haben bei den gewöhnlichen Menschen keinen Kredit mehr", ist der allgemeine Tenor.

Weiter geht es mit dem "Klangwald", einer vertrauensbildenden Übung, in der einige TeilnehmerInnen mit geschlossenen Augen mit Hilfe von Geräuschen ihrer jeweiligen SpielpartnerInnen durch den Raum geführt werden. Mit Hundegebell, Seufzen und Räuspern verwandelt der Garten der FES sich schnell in einen wahren Klangdschungel; allerdings werden die TeilnehmerInnen sofort sehr ernst, als sie sich vergegenwärtigen, dass für die Übung notwendige Konzepte wie anderen Menschen zu vertrauen, bzw. die Verantwortung für andere Menschen zu übernehmen, in Afghanistan fast völlig verloren gegangen sind. "Der Mut, anderen Menschen zu vertrauen, ist eines der größten Opfer von so vielen Jahren Krieg", sagt eine Teilnehmerin traurig. Alle nicken. Diesen Satz sollte ich über die Jahre immer wieder hören. Das Vertrauen zueinander ist weg. Überall wird der Feind gewittert, selbst in der eigenen Familie. Natürlich hilft es nicht, dass allen AfghanInnen klar ist, dass sämtliche Großmächte in Zeiten des Krieges ihre Spione vor Ort haben und der afghanische Geheimdienst bestückt ist mit Menschen, die ihre Ausbildung beim KGB erhalten haben. Wie aber soll bei solch gegenseitigem Misstrauen jemals ein mündiges und herrschaftskritisches Volk entstehen? Wie kann sich eine den Namen verdienende Zivilgesellschaft bilden, wenn sich die Menschen untereinander so fremd sind, dass gemeinsame politische Aktionen fast unmöglich sind?

Die nächste Übung heißt "Magnetic Image". Es geht es darum, nach einer kurzen Phase von Selbstreflexion mit geschlossenen Augen, eine persönli-

[52] In der kolumbianischen Hypnose arbeiten die MitspielerInnen in Zweiergruppen, wobei eine Person die Rolle des Hypnotiseurs, die andere die des Hypnotisierten übernimmt und ersterer mit ausgestreckter Hand den Partner nach Gutdünken durch den Arbeitsraum führt und in die unmöglichsten Positionen bringt.

che Unterdrückungssituation mit dem eigenen Körper zu zeigen. Alle TeilnehmerInnen sitzen nebeneinander auf dem Rasen und ein spürbares Unwohlsein dominiert die Atmosphäre. Einige kichern, andere öffnen ständig die Augen. Die meisten aus der Übung entstehenden Statuen sind trotzdem unheimlich beeindruckend und bilden fortan die Basis für die Entwicklung von vier kurzen Forumszenen, die sich allesamt mit für die TeilnehmerInnen wichtigen gesellschaftlichen Themen auseinandersetzen.

Nicht überraschend geht es um Themen wie häusliche Gewalt, Korruption und die von der Taliban auferlegten kulturellen Einschränkungen. Letzteres wird in einer ästhetisch wunderschönen Szene zum Thema Drachenfliegen dargestellt. Das Drachenfliegen ist eine afghanische Leidenschaft, und vor allem in den Sommermonaten ist der stets wolkenlose Kabuler Himmel voller Drachen in den wunderschönsten Farben. In der Forumszene geht es um eine Gruppe Jugendlicher, die von mit der Taliban sympathisierenden Nachbarn aufgefordert werden, das Drachenfliegen zu unterlassen, da es unislamisch sei. Als die Jugendlichen sich wiederholt der Aufforderung widersetzen, wird ein lokaler Taliban-Führer, von den Workshop-TeilnehmerInnen mit langem Bart und Turban verkleidet, gerufen, der sie sofort auf gewalttätige Art und Weise zwingt aufzuhören. Die Szene endet. "Wer hat eine Idee, wie die Jugendlichen es schaffen könnten, weiterhin friedlich ihre Drachen fliegen zu lassen?", frage ich die anderen TeilnehmerInnen. Sofort schießen einige Hände in die Höhe. Ein junger Mann kommt auf die Bühne und übernimmt die Rolle eines der Jugendlichen. Sich eloquent auf den Koran beziehend, versucht er den Nachbarn zu überzeugen. Dieser aber lässt nicht mit sich diskutieren und verweist auf den lokalen Mullah, einen Taliban, als einzige echte Autorität in Sachen Koran. Etwas frustriert verlässt der junge Mann die Bühne. "Mit solchen Männern kann man nicht diskutieren. Die wissen doch gar nicht, wovon sie reden, und folgen blind allem, was man ihnen sagt".

Ich kann seine Frustration natürlich verstehen und versuche ihm und den anderen Mut zu machen: "Manchmal lernen wir am meisten von Interventionen, die nicht funktionieren, weil es uns hilft zu wissen, welche Handlungsalternativen aus verschiedenen Gründen nutzlos sind". Alle nicken. Das ist das Schöne beim Forumtheater. Es gibt keine schlechte Intervention, und selbst wenn es nicht zu einer Lösung des Konflikts kommt, so kommt es zumindest immer zu einem authentischen Dialog. Die TeilnehmerInnen sind zufrieden, und der Workshop neigt sich dem Ende entgegen.

Bei der abschließenden Evaluierung ist es dann auch nicht völlig überraschend, dass die gesamte Gruppe einen sehr positiven ersten Eindruck des Theaters der Unterdrückten hat und viele bestätigen, dass dieses Medium für sie eine definitiv vielversprechende Zukunft in Afghanistan haben könnte. Natürlich sind sich alle einig, dass das Forumtheater für sich allein keine Konflikte nachhaltig lösen kann und es zeitgleich zu anderen friedensfördernden Aktivitäten kommen muss. Nichtsdestotrotz sind die TeilnehmerInnen davon überzeugt, dass das TdU eine wichtige Rolle in der Bearbeitung von Konflikten spielen kann, da es auf symbolische, aber sehr konkrete Art und Weise Räume schafft, in der sensible Themen überhaupt erst besprochen werden können. Abschließend bleibt noch zu sagen, dass mir die FES-Landesdirektorin, als ich ein paar Wochen später wieder zu Besuch bei der FES bin, nicht ohne ein gewisses Staunen mitteilt, dass ihre YLF-JüngerInnen seit dem Workshop ein im Vergleich zu vorher viel intimeres Verhalten zueinander zeigen und viele der TeilnehmerInnen ihr mitgeteilt hätten, dass sie einige der Theaterübungen an ihren jeweiligen Arbeitsplätzen bereits ausprobiert hätten, um das oft sehr trockene Arbeitsklima ein wenig aufzupeppen. Dieser "messbare" Erfolg des Workshops macht die Arbeit mit dem TdU dann auch zu einem alljährlichen Bestandteil für die YLF-Mitglieder, weshalb ich ein Jahr später, mittlerweile nicht mehr beim DED, erneut vor einer Gruppe von "Young Leaders" stehe.

Immer im Mai-Zweiter Theaterworkshop mit dem YLF

Erneut ist das Ziel dieses eintägigen Workshops, die TeilnehmerInnen in die Theorie und Praxis des Theaters der Unterdrückten einzuführen und ihnen eine Reihe von Spielen und Übungen zu präsentieren, um theatralische Diskussionen über verschiedene Konflikte in Afghanistan zu führen und diese in mehrere kurze Forumszenen zu verwandeln und aufzuführen. Nach den Erfahrungen des letzten Jahres geht es diesmal aber auch explizit darum, ein verstärktes Gruppengefühl bei den TeilnehmerInnen des YLF zu fördern. Allerdings sind heuer nicht nur MitgliederInnen des neuen Jahrgangs, sondern auch einige ehemalige 'Young Leaders' dabei, damit es auch unter den verschiedenen YLF-Generationen zu einer stärkeren Vernetzung kommt. Aufgrund der Sonnenbrände beim letzten Mal wird heuer ein nach außen offenes Zelt in den Garten gestellt, so dass in etwas schattigerer Atmosphäre gearbeitet werden kann. Rund 22 Personen, darunter 8 Frauen, sind zugegen, von denen einige bereits beim letzten Mal teilgenommen haben und dieses Mal aufgrund verstärkten Interesses erneut dabei sind.

Zu Beginn stelle ich also wieder kurz das Theater der Unterdrückten vor. Bemerkenswert ist, dass die TeilnehmerInnen extrem hungrig auf Theorie sind. Sicher, die meisten sind StudentInnen, aber im Laufe der Zeit muss ich feststellen, dass wirklich viele der Menschen, mit denen ich arbeite, ein gesteigertes Interesse an der Theorie bzw. der Philosophie des TdU haben. Insbesondere sein historischer Hintergrund, nämlich die Tatsache, dass das TdU während einer Periode zahlreicher Militärdiktaturen in Lateinamerika gegründet wurde, ist für viele faszinierend, und immer wieder kommt es zu langen Diskussionen über die Rolle kultureller Aktivitäten in Zeiten von Gewalt.

Nach der Theorie geht es dann aber sofort an die konkrete Theaterarbeit, wobei zu bemerken ist, dass es vielen TeilnehmerInnen zunächst leichter fällt, die Übungen analytisch auseinanderzunehmen, als sie aktiv zu erleben. Einige, vor allem weibliche, TeilnehmerInnen geben zu, sich ein wenig zu schämen bzw. den Sinn einiger Übungen erst im Nachhinein, bei der Besprechung, zu erkennen. Auch fehlendes Selbstbewusstsein und ein Gefühl der allgemeinen Unsicherheit werden als Gründe genannt, warum die Übungen zunächst nur schwer zugänglich sind. Im Laufe des Tages ändert sich dies jedoch zusehends, und immer häufiger werden die Übungen genutzt, um kollektive und individuelle Entdeckungen zu machen, die so manchen Teilnehmer überraschen. "Diese Übungen sind wirklich nützlich, um das Sprechen vor anderen zu üben." "Unser Land ist so unheimlich vielfältig. Es wäre schön, wenn diese Vielfalt sich endlich auch als Einheit präsentieren könnte." Letzterer Kommentar basiert auf einer Afghanistan-Maschine, in der die einzelnen MitspielerInnen mit ihren eigenen Körpern jeweils einen Aspekt der afghanischen Gesellschaft illustrieren und dabei einen korrespondierendes Geräusch machen. Es gibt Opium rauchende Jugendliche, gewalttätige Ehemänner, auf das Volk schießende Taliban, aber auch glückliche Hochzeitspaare, tanzende Menschen, das Land wiederaufbauende Arbeiter und gemeinsam essende Familien. Dabei sprechen die TeilnehmerInnen in ihren verschiedenen Sprachen und bitten einen Teilnehmer, der Afghanistans Nachbarn und die internationale Gemeinschaft darstellt, endlich aufzuhören, sich in die Angelegenheiten des Landes einzumischen.

In "Das Bild der Stunde" nenne ich eine bestimmte Uhrzeit oder einen besonders relevanten afghanischen Feiertag wie das afghanische Neujahrsfest "Nauroz" und die TeilnehmerInnen müssen, jeder für sich, in einer Statue darstellen, welchen Aktivitäten sie normalerweise zu diesem Zeitpunkt machen. Dabei sind vor allem die späten Abendstunden und der Freitag besonders instruktiv, weil die Männer mittlerweile nur noch in den Fernseher schauen, ein Buch lesen oder gemütlich im Bett liegen, während die Frauen weiterhin kochen, putzen und allgemein arbeiten. "Die afghanischen Männer werden sich von allein nie ändern.", ist eine der weiblichen Teilnehmerinnen in einer Mischung aus Resignation und Kampfeslust überzeugt. Die Männer lächeln verschmitzt.

Trotzdem ist es für afghanische Verhältnisse erstaunlich, mit welcher Leichtigkeit die Männer und Frauen während dieses Workshops zusammenarbeiten. Zwar arbeiten wir immer dann, wenn es zu Körperkontakt kommen könnte, getrennt, aber ansonsten gehen die TeilnehmerInnen sehr offen miteinander um. "In den bisherigen Aktivitäten des YLF kam es sehr häufig automatisch zu Grüppchenbildung innerhalb traditioneller Geschlechterrollen, aber heute kann man wirklich von einer Gesamtgruppe sprechen. Das ist für Afghanistan wirklich unüblich", freut sich der afghanische Projektmanager der FES. Vielleicht sind diese zumindest temporären Brüche mit traditionellen Konventionen mit einer Überwindung dessen, was Paulo Freire Grenzsituationen genannt hat, zu vergleichen. Für Freire haben alle Menschen bestimmte Hindernisse zu überwinden, an denen sie aber immer wieder scheitern, bis sie eines Tages erfolgreich sind und in eine neue Dimension der Freiheit vorstoßen können[53].

Das TdU mit seiner Möglichkeit des Probehandelns für die Wirklichkeit scheint mir ein geeignetes Medium zu sein, um diese persönlichen und kollektiven Grenzsituationen auszutesten, ohne für diesen Akt der Rebellion gegen kulturelle Normen und Einschränkungen sofort bestraft zu werden, da es sich um einen Versuch im theatralischen Raum und noch nicht im wirklichen Leben handelt. Neben der Arbeit mit den verschiedenen Theaterspielen ist das Forumtheater für diese Grenzerweiterung sicherlich das geeignetste Medium.

Im Laufe des Tages entwickelt die Gruppe dann auch vier unterschiedliche Forumszenen. Es handelt sich um Szenen zu Meinungsfreiheit, Gender, Korruption sowie ethnischer Diskriminierung. Insbesondere die Themen Korruption und ethnische Diskriminierung erscheinen den meisten sehr relevant. In der Korruptions-Szene versucht eine Witwe, den Besitz ihres Mannes auf ihren Namen zu überschreiben, wird aber letztlich von der afghanischen Bürokratie und ständig eingeforderten Geld-Geschenken zum Aufgeben gezwungen. Die Szene zum Thema ethnische Diskriminierung

---

53 Siehe Paulo Freires "Pädagogik der Unterdrückten"

hingegen handelt von einer Schura, einer traditionell afghanischen Form der Konfliktlösung, in der sich die Gemeindeältesten zusammensetzen und im Konsens eine Lösung für interethnische Diskriminierung suchen[54]. Das Problem dieser spezifischen Schura ist, dass sie sich aus Mitgliedern verschiedener Volksgruppen zusammensetzt und es von Anfang an zu versteckten Formen von Vorurteilen und Diskriminierungen kommt, so dass die Verhandlungen drauf und dran sind, abgebrochen zu werden.

Letztere Szene wird als Forum in der gesamten Gruppe analysiert. Gibt es Handlungsalternativen? Wie kann dieses konkrete und allen bekannte Problem angegangen werden? Das Forum ist lebhaft, und es kommt zu zahlreichen Interventionen, wobei eine von der Gruppe besonders heftig applaudiert wird, und zwar jene, in der es nach langer Debatte zu einer Einigung kommt, dass das Stammesdenken in Afghanistan endlich ein Ende finden müsse und man sich darauf konzentrieren sollte, eine gemeinsame afghanische Identität zu kreieren. Eine weitere Utopie? Zumindest bei der Arbeit mit dem TdU scheint es möglich zu sein, dass Menschen aus den vier großen Volksgruppen einen Tag lang gemeinsam verschiedene nationale Konflikte konstruktiv und vor allem in der Praxis zu bearbeiten.

Am Ende des Forums kommt es außerdem zu einer Art Konsens, dass definitiv gewisse Optionen für einen gesamtgesellschaftlichen Wandel existieren, diese aber von einem jeden verlangen, den Mut aufzubringen, die eigenen Überzeugungen auch wirklich offen zu leben, was zum derzeitigen Zeitpunkt mit großer Wahrscheinlichkeit negative Konsequenzen haben würde. "Wie viele Opfer müssen wir noch bringen, damit wir endlich in Frieden leben können?", fragt eine junge Teilnehmerin fast verzweifelt. Die Frage trifft uns alle ins Mark. Mehrere Millionen Tote haben die verschiedenen Konflikte der letzten dreißig Jahre gefordert, und es kommen tagtäglich neue hinzu. Die Antwort auf die Frage der weiblichen Teilnehmerin ist also leider allzu klar. Das Morden in Afghanistan geht weiter, ob es den normalen Menschen nun passt oder nicht.

Zum Abschluss des Tages kommt es noch zu einer kurzen Evaluation, in der die meisten TeilnehmerInnen ihre Zufriedenheit über das Gelernte ausdrücken, wobei immer wieder hervorgehoben wird, wie wichtig die Übungen für ein - zumindest vorübergehend - höheres Selbstwertgefühl sind und zu einer intensiveren Auseinandersetzung mit Körper und Geist geführt haben. Auch ein verstärktes Gruppengefühl wird hervorgehoben,

[54] In der Regel gibt es separate Männer und Frauen-Schuras.

weswegen es sich für mich erneut bestätigt, dass zumindest im afghanischen Kontext selbst ein relativ kurzer, nicht auf Nachhaltigkeit konzentrierter TdU-Workshop durchaus seine Daseinsberechtigung hat, auch wenn sowohl Joker als auch TeilnehmerInnen natürlich keine Wunder erwarten dürfen.

So. Das war es also endgültig beim DED. Wie bereits weiter vorn im Text erwähnt, habe ich in der Zwischenzeit bei UN-HABITAT angeheuert, um das ursprünglich in Kollaboration mit FCCS und dem DED angedachte und letztlich gescheiterte Theatertraining trotzdem durchzuführen. Nach dem DED geht es jetzt also zu den Vereinten Nationen, die trotz aller öffentlchen Kritik natürlich eine fast sagenumworbene Aura haben. Wie aber sieht die Realität aus?

Junge Menschen als Motoren des Wandels: UN-HABITAT und das Youth Empowerment Programme (YEP)

Wir glauben, dass das Fördern und Pflegen von jungen Menschen die Grundlage menschlichen Fortschritts bildet[55] *(Vereinte Nationen)*

UN-HABITAT ist das Siedlungsprogramm der Vereinten Nationen und arbeitet in Afghanistan in enger Kooperation mit der afghanischen Regierung. Ein Beispiel einer solchen Zusammenarbeit ist das Youth Empowerment Programme, ein vom afghanischen Ministerium für Kultur und Jugend ins Leben gerufenes Projekt, das sich zum Ziel gesetzt hat, die Partizipation junger AfghanInnen bei Wiederaufbau und Entwicklung des Landes auf nationaler, provinzieller und Gemeindeebene zu stärken. Konkret handelt es sich um die Durchführung eines "Civic Education Programme", in der das nötige theoretische und praktische Wissen erworben wird, um aktiv an der Gestaltung des Landes teilzunehmen. Thematisch geht es bei diesem Programm um Trainings in den Bereichen lokale Regierungsführung, Entwicklungsplanung, Fundraising, Projektentwicklung, Projektmanagement, Networking und überraschenderweise auch Stop & Act Theater, ein anderer Name für Forumtheater. Dabei wird das YEP zunächst als eine Art Pilotprojekt in sechs Provinzen[56] des Landes, darunter auch Kandahar, getestet, um es dann bei Erfolg auf das ganze Land auszuweiten. UN-HABITAT ist dabei der Partner, der bei der Umsetzung des Projekts die Hauptverantwortung trägt. Mit Ausnahme einer ausländischen Projektberaterin sind sämtliche Mitarbeiter AfghanInnen. Meine Rolle ist es, das zweimonatige "Civic Education"-Modul zum Thema Stop & Act Theater zu leiten. Für mich stellt diese Aufgabe den ersten wahrhaftigen Versuch dar, Multiplikatoren im Medium TdU zu fördern. Wie wohl wird sich dieser Versuch gestalten?

Gegen den Strom schwimmen mit dem TdU - Das Training of Trainers (ToT)

"Es tut uns leid, aber keiner von uns weiß genau, worum es sich bei dieser Form von Theater handelt und wieso das Modul Stop & Act Theater überhaupt Teil unseres Lehrplanes ist". So recht glauben kann ich nicht, was ich da gerade gehört habe. Wie so oft scheint es der Fall zu sein, dass irgendein ausländischer Experte für kurze Zeit eingeflogen wurde, um ohne große Einbindung der Lokalbevölkerung schnell ein Projekt zusammenzuschus-

[55] http://www.unicef.org/about/who/index_introduction.html
[56] Eine afghanische Provinz ist mit einem deutschen Bundesland zu vergleichen

tern und eine Unmenge Gehalt zu kassieren, um dann das Land schleunigst wieder zu verlassen. Anders kann ich es mir einfach nicht erklären, dass absolut niemand auch nur das geringste Wissen über dieses im Civic Education Programme verankerte Modul besitzt.

Geht es nicht darum, ein Trainingsprogramm, ein Training of Trainers (ToT), also eine Art Multiplikatorenworkshop für Stop & Act Theater für die Erwachsenen-KoordinatorInnen des YEP zu entwickeln, damit diese ein ähnliches Training mit jungen Männern und Frauen in ihren jeweiligen Provinzen durchführen und diese wiederum die Methode in ihre Gemeinden einführen? Dieser sogenannte Wasserfallansatz ("Cascading") wird in der internationalen Entwicklungszusammenarbeit für die verschiedensten Trainings- und Ausbildungsprogramme benutzt, um die jeweiligen, oft technischen, Fähigkeiten zunächst auf nationaler, dann auf regionaler und zuletzt auf kommunaler Ebene zu entwickeln. "Machen Sie ruhig. Wir vertrauen Ihnen. Nach dem, was Sie uns über das Stop & Act Theater erzählt haben, hört sich das eigentlich ganz gut an. Wir sind willig zu lernen", ermutigt mich der Projektleiter.

Nach dem Motto: "Wo ein Wille ist, ist auch ein Weg" mache ich mich also an die Arbeit, einen detaillierten Trainingsplan sowie ein Theaterhandbuch in Englisch, Dari und Paschto[57] zu entwickeln, da es in Dari keine Theatermaterialien gibt, diese für eine nachhaltige Arbeit mit dem Theater der Unterdrückten aber natürlich unabdingbar sind. Bevor es zum eigentlich Training kommt, arbeiten meine KollegInnen und ich also tagelang mit dem Handbuch bzw. der Übersetzung vom Englischen ins Dari und Paschto. Zur besseren Veranschaulichung entscheiden wir uns außerdem, das Manual mit Karikaturen zu den einzelnen Theaterübungen zu bereichern. Dies sorgt immer wieder für viel Gelächter, da ich ob sprachlicher Probleme (der Zeichner spricht nur Paschto, während ich mit meinem brüchigen Dari daherkomme) sämtliche Karikaturen körperlich vormachen bzw. in einer Art von Statuentheater ein paar KollegInnen als Models missbrauchen muss. Dabei schaut uns schnell das gesamte Büro, rund 20 Leute, fasziniert zu, und eine Zirkus-ähnliche Atmosphäre stellt sich ein. Brot und Spiele bei der UNO. Wie aber läuft das eigentliche Training?

---

[57] Die zwei offiziellen Landessprachen in Afghanistan sind Dari und Paschto. Dabei ist Dari die inoffizielle Amtssprache, wenn auch die Mehrheit der afghanischen Bevölkerung Paschto spricht. Aus diesem Grund gibt es immer wieder Zwistigkeiten zwischen den verschiedenen Volksgruppen.

Der Multiplikatorenworkshop dauert sechs Tage und hat insgesamt 20 TeilnehmerInnen, jeweils zwei Personen (einen Mann und eine Frau) aus den sechs Provinzen und sechs UN-HABITAT Kabul MitarbeiterInnen. Bereits während der Vorbereitung hatten wir entschieden, dass Männer und Frauen aus kulturellen Gründen getrennt arbeiten würden und die einzelnen Tage deshalb in einen morgendlichen und einen nachmittäglichen Trainingsworkshop zu unterteilen. Für mich bedeutet dies natürlich doppelte Arbeit, da ich für beide Gruppen exakt die gleichen Aktivitäten anbieten muss. Auf der anderen Seite verspricht die getrennte Arbeit mehr Intimsphäre und die Möglichkeit, zu vergleichen, ob dieselben Übungen je nach Geschlecht unterschiedliche Reaktionen hervorrufen.

Nicht überraschend stellt sich schnell heraus, dass die weiblichen Teilnehmerinnen der Arbeit mit dem Theater viel offener gegenüberstehen und sie die Möglichkeit genießen, durch die verschiedenen Theaterübungen das streng patriarchalische System Afghanistans zu untersuchen und zu kritisieren. Darüber hinaus wird natürlich viel gelacht, allerdings auch ebenso viel geweint, vor allem, als die Arbeit mit dem Statuentheater beginnt und ich feststellen muss, dass sämtliche Teilnehmerinnen persönliche Erfahrungen mit häuslicher Gewalt gemacht haben und diese ohne Schwierigkeiten in Bilder umsetzen können.

Abbildung 4: „Gewalt gegen Frauen", gezeichnet von Parisa.

Meistens ist es der Ehemann, der für die Gewaltakte verantwortlich ist. Scheidung ist aber trotzdem für keine der Frauen ein Thema. Das würde ihre Situation nur verschlimmern, weshalb sie lieber die Zähne zusammenbeißen. Wie aber kann solch eine Situation überhaupt angegangen werden? Werden es weiter die afghanischen Frauen sein, die Opfer bringen müssen oder muss der Wandel vor allem in den Köpfen der Männer geschehen?

Zwischendurch gibt es außerdem immer wieder die Möglichkeit, die konkrete Anwendung der einzelnen Übungen für die jeweilige Arbeit in den Provinzen zu besprechen. Bei diesen Gesprächen bestätigt sich häufig, wie liberal die Hauptstadt Kabul doch ist, weil viele der Frauen (und auch der Männer) aus den konservativeren Provinzen davon überzeugt sind, dass sie einige der Übungen, vor allem diejenigen, die irgendeine Art von körperlicher Berührung beinhalten, niemals in ihren Provinzen werden durchführen können. Ich versichere allen TeilnehmerInnen, dass sämtliche Übungen je nach Bedarf verändert werden bzw. zur Not auch einfach weggelassen werden können. Während eines einige Wochen später stattfindenden Evaluierungstreffens stellt sich dann jedoch heraus, dass allen Befürchtungen zum Trotz fast sämtliche Theaterübungen auch in eher konservativeren Provinzen wie Kandahar und Farah gut funktioniert haben, solange ein physisch wie emotional genügend sicherer Raum geschaffen wurde.

Wie bereits erwähnt, ist dieser sichere Raum absolute Voraussetzung, um durch die Kreation einer von gegenseitigem Respekt und Vertrauen geprägten Atmosphäre sensible persönliche und gesellschaftliche Dinge zu besprechen. Wie aber erschaffe ich einen aus Respekt und Vertrauen bestehenden Raum, in dem unterschiedliche, oft sogar verfeindete, Menschen gemeinsam Theater machen sollen?

Bei der Arbeit mit dem TdU in Afghanistan (und nicht nur dort) sind es normalerweise die unterschiedlichen vertrauensbildenden Theaterübungen, die diese Atmosphäre ermöglichen. So ist z.B. "Blinde Magneten" eine Übung, welche vor allem bei den männlichen Teilnehmern des Multiplikatorenworkshops ungemein heftige Emotionen hervorruft. In diesem Spiel geht es darum, mit geschlossenen Augen durch den Raum zu gehen und sich, je nach Anweisung des Jokers, wie ein Magnet an die anderen MitspielerInnen anzuheften bzw. abzustoßen. Schon während der Übung kommt es zu Tränen und Momenten extremer Anspannung. Bei der darauffolgenden Besprechung kommen dann die leider immer wieder ähnlichen Lebenserfahrungen fast aller AfghanInnen zu Tage. Der Verlust geliebter Familienmitglieder, die Suche nach menschlicher Nähe in Zeiten von Grausamkeit, aber auch, im Falle der selben Übung mit den weiblichen Teilnehmerinnen, das sich von der Familie ausgestoßen fühlen, nur weil sie einer täglichen Arbeit nachgehen. Viele der TeilnehmerInnen geben offen zu, wie schwierig es für sie war, die Augen geschlossen zu halten und den anderen, aber auch sich selber zu vertrauen.

Vertrauen? Hatten wir dieses Thema nicht gerade erst bei den Young Leaders diskutiert? "Diese Übung hat mir gezeigt, dass ich anderen Menschen vertrauen muss, um das Chaos des Krieges zu überleben. Nur wenn wir uns wieder vertrauen, können wir vielleicht Frieden schaffen", sagt der Teilnehmer aus Bamiyan, der die meiste Zeit seines Lebens in einem afghanischen Flüchtlingslager im Iran verbracht hat, dort aber ständigen Diskriminierungen eines Teils der iranischen Bevölkerung ausgesetzt war. Das alles macht doch sehr nachdenklich, und ich frage mich schon nach Ende des ersten Tages, inwiefern dieses sogenannte Training of Trainers für die TeilnehmerInnen wohl eher zu einer sechstägigen Reise in die eigene, unverarbeitete Vergangenheit und Gegenwart sein wird. Sicherlich sollte jeder immer versuchen, seine Erfahrung mit dem TdU so persönlich wie möglich zu gestalten, das ist ja gerade der Ansatz. Trotzdem wird mir im Laufe des Trainings immer klarer, dass das TdU von den TeilnehmerInnen nur sehr bedingt objektiv im Sinne einer Weiterbildung wahrgenommen wird, sondern dass zunächst einmal die Selbstanalyse der eigenen Verletzungen eine Grundvoraussetzung für die spätere Arbeit mit dem TdU ist. Genau dies wird mir später im Laufe der weiteren Multiplikatorenarbeit in den Provinzen von den nun selbst als Joker fungierenden TeilnehmerInnen auch bestätigt. Eine dieser Reisen in die Provinzen führt mich ins sagenumworbene Bamiyan in Zentralafghanistan.

TdU unter den Augen Buddhas: Multiplikatoren-Workshop in Bamiyan

Eine kleine Träne läuft mir die Wange hinunter. Soeben habe ich von den Workshopteilnehmern Abschied nehmen müssen und nun sitze ich wieder im Auto auf dem Weg zum, aus einer Geröllstart- und Landebahn bestehendem, Bamiyaner Flughafen. Drei Tage haben wir intensiv gearbeitet, die rund 20 jungen Männer, sowie mein afghanischer Kollege Gholami als Joker und ich als Supervisor. Derselbe Kollege hatte mich am letzten Tag des ursprünglichen Trainings in Kabul fest in den Arm genommen und mir gesagt, dass er sich noch nie so gut und selbstbewusst gefühlt hätte wie im Laufe der sechs Tage ToT. Nun ist er zum ersten Mal ein Joker und macht mit den gierig partizipierenden jungen Männern einen tollen Job. Was haben wir gelacht und Spaß gehabt! Beide Gruppen (es findet zeitgleich ein Training mit einer Gruppe von etwa 20 jungen Frauen, geleitet von einer weiblichen Kollegin, statt) haben fantastisch mitgearbeitet und, so scheint es, jeden Moment der Übungen und Spiele genossen. Wie wild sind die Jungs durch das Trainingsgelände gerannt, haben Tiere imitiert, sind bei einer Improvisationsübung über die Mauer ins Nachbarterrain abgetaucht und haben bei einer Klatschkreisübung einen neuen Geschwindigkeitsrekord aufgestellt. Auch kommt es zu einer Mammutversion von "Blindes Auto". 21 Personen, alle mit geschlossenen Augen, und ein einziger "Fahrer", der sämtliche Teilnehmer über das riesige, aber unebene Arbeitsgelände manövriert. Und das alles bei traumhaftem Wetter auf fast 2500 Meter Höhe. Wir haben die meiste Zeit sogar an der frischen Luft arbeiten können, immerzu beobachtet von dem, was von den Taliban zerstörten Buddha-Statuen noch übergeblieben ist: die riesigen kraterähnlichen Höhlen.

Foto 11: Das TdU verleiht Flügel

In Bamiyan lebt die Volksgruppe der schiitischen Hazaras[58], die sich selbst als direkte Nachfahren des ehemals hier lebenden Dschingis Khan sehen. Alles ist irgendwie entspannter und ruhiger. Die Atmosphäre nicht so rau wie in Kabul. Die Luft viel sauberer. Der Himmel sternenklar. Und dann sind da noch die Menschen, die irgendwie anders, pauschal ausgedrückt offener für neue Dinge, sind als die Mehrheit der anderen Volksgruppen. Stellvertretend dafür ist vielleicht, dass die Provinz Bamiyan die einzige im Land ist, die eine Frau als Gouverneurin hat. Aber warum ist das so? Ist es ihre Sozialisation, die viele Einwohner während ihrer langen Jahre in den Flüchtlingslagern des Iran erfahren haben? Ist es die Tatsache, dass die Hazaras als die historisch gesehen wohl am meisten verfolgte Volksgruppe in Afghanistan auch heute noch gewissen Vorurteilen ausgesetzt sind? Sicher bin ich mir nicht, aber dass die Tage für uns alle ein unvergessliches Erlebnis waren, beweisen die extrem herzlichen Umarmungen am Ende der drei Tage. Zwischenmenschliche Zuneigung nennt man so etwas wohl.

Das zweimonatige Theatermodul neigt sich seinem Ende zu. Auch wenn von den UN-HABITAT MitarbeiterInnen zu Beginn des Projektes niemand überhaupt wusste, warum dieses Modul Teil des Ausbildungsprogramms ist, so haben diese Wochen intensivster Theaterarbeit für sie nach eigener Aussage doch gelohnt; und alle sind sich einig, dass das Theatermodul den bisher interessantesten und für die Menschen des Landes relevantesten Inhalt hatte. Ob innerhalb von UN-HABITAT bzw. des YEP auf nachhaltige Weise weiter mit dem Theater gearbeitet wird, möchte ich allerdings stark bezweifeln. Bei den Verantwortlichen zumindest hat trotz des extrem guten Feedbacks niemand ein ernsthaftes Interesse gezeigt, diese Methode weiter zu unterstützen. Sie ist wohl lediglich Teil eines von oben verordneten Ausbildungsprogramms, was nicht unerwartet ein paar Monate später eingestellt wird. Persönlich freue ich mich ja, dass das TdU als Medium so gut angenommen wird, aber damit es authentisch afghanisch wird und nachhaltig wirken kann, müssen es fraglos afghanische Menschen sein, die es sich zu eigen machen. Ist das nicht das oft verkündete Ziel der internationalen Entwicklungszusammenarbeit? Hilfe zur Selbsthilfe? Und dann hat selbst bei der UNO keiner ein Interesse, dass diese Emanzipation auch stattfindet? Wenn ich ehrlich bin, ist mir schon häufiger der Verdacht gekommen, dass die meisten EntwicklungshelferInnen zwar irgendwie helfen wollen, sie sich bei erfolgreicher Arbeit aber auch selbst überflüssig, d.h.

58 Die große Mehrheit der Afghanen ist sunnitischen Glaubens, weswegen es bis heute immer wieder zu Spannungen und auch gewalttätigen Auseinandersetzungen zwischen den verschiedenen religiösen Gruppierungen kommt.

arbeitslos, machen. "Ich will unbedingt in die EZ. Wenn ich erstmal drin bin, habe ich für den Rest meines Lebens einen Job", sagte eine Kollegin einst zu mir. Mmh. Könnte es sein, dass der einen oder anderen Person die eigenen Interessen wichtiger sind als alles andere und die Lokalbevölkerung deshalb nach einer Phase der Unterstützung seitens der EZ nur selten die Aktivitäten wirklich unabhängig weiterführt? Schließlich bedeutet erfolgreiche Entwicklungsarbeit ganz konkret, in die (ungeliebte, langweilige?) Heimat zurückkehren oder sich - im Sinne eines entwicklungspolitischen Wanderzirkus - in ein anderes, zumindest aus eigener und eigennütziger Sicht, hilfebedürftiges sogenanntes Entwicklungsland aufmachen zu müssen. "Ich will nicht nach Deutschland zurück", sagt ein anderer Kollege. "In Ländern wie Afghanistan ist das Leben doch viel spannender. Außerdem würde ich es in Deutschland nie so gut haben". So ist es wohl, außer dass natürlich eine große Anzahl der AfghanInnen zumindest in der heutigen Zeit viel, viel lieber im herrlich langweiligen Deutschland verweilen würden.

Und wie sieht es bei mir selber aus? Offengestanden bin ich zu diesem Zeitpunkt drauf und dran, dieses wunderschöne Land mit seinen imponierenden Menschen wieder zu verlassen. Diese ganze EZ ist für mich ein absolut zweischneidiges Schwert. Werde ich mir selber noch in die Augen schauen können, wenn ich Teil dieses Systems bleibe? Rund neun Monate bin ich jetzt in Afghanistan; eine kurze, aber unglaublich intensive Zeit. Die Erfahrungen mit dem DED und UN-HABITAT waren etwas enttäuschend, dafür lehrreich; die Arbeit mit dem TdU aber hat in kürzester Zeit Wirkung gezeigt. Bis vor wenigen Monaten war das TdU in Afghanistan meines Wissens noch völlig unbekannt, und nun haben bereits Hunderte Männer und Frauen in mehreren Provinzen des Landes mit großer Freude und dem Willen zu mehr Partizipation und Mitbestimmung mit diesem Medium gearbeitet.

Wie soll es weitergehen? Gerne würde ich versuchen wollen, weiter daran zu arbeiten, dass das TdU eine dauerhafte, von Afghanen geleitete Nische im Kampf für eine Veränderung der afghanischen Gesellschaft findet. Aber wie, wenn die für nachhaltige Multiplikatorenarbeit notwendigen Ressourcen nicht wirklich aufzutreiben sind? Eine Aufführung ist selbstverständlich immer attraktiv und daher gut zu verkaufen, aber ein langwieriges und relativ teures Training? Was tun? Wer könnte daran interessiert sein, ein etwas ambitionierteres Projekt auf die Beine zu stellen?

Plötzlich erinnere ich mich, dass ich wenige Monate zuvor, noch während meiner Zeit beim DED, einen eintägigen Einführungsworkshop für afghanische MitarbeiterInnen der United Nations Assistance Mission in Afghanistan (UNAMA) und der Unabhängigen Afghanischen Menschenrechtskommission (AIHRC) mit rund 30 MitarbeiterInnen durchgeführt habe. Es war ein kurzer, etwa 5-stündiger Workshop, in dem die Methodik eingeführt wurde, um danach gemeinsam beurteilen zu können, ob es wirklich Sinn machen könnte, ein konkretes Projekt durchzuführen. Aus diesem Grund entschied ich mich, den TeilnehmerInnen einen allgemeinen Überblick über die Methoden zu geben und dann den Schwerpunkt auf die Arbeit mit dem Bildertheater zu legen. Die Stimmung war von Beginn an sehr gut, und wir hatten schon nach der ersten Übung, einem simplen Klatschkreis, tiefe Diskussionen über die Notwendigkeit von Zusammenarbeit und die Bedeutung eines jeden Einzelnen in der gesellschaftlichen Kette. Auch die Übungen mit dem Statuentheater fanden großen Anklang. Insbesondere, als wir begannen, Bilder von Krieg und Frieden zu kreieren, verwandelte sich die bis dato eher freudige Atmosphäre in schwermütiges, aber zukunftsgerichtetes Nachdenken.

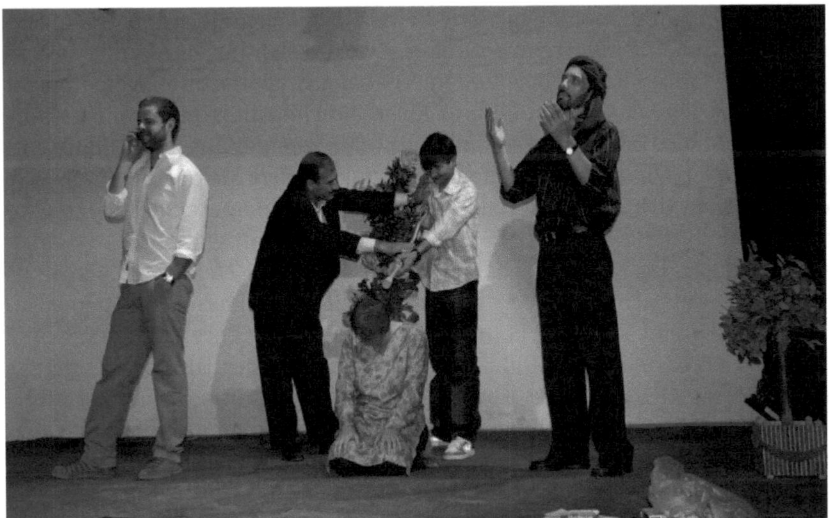

Foto 12: Handy, Knarre und Koran - Die Komplexität des Krieges

Die anschließende Beurteilung zeigte, dass eine große Mehrheit der TeilnehmerInnen der Meinung war, dass das TdU ein sehr nützliches Medium für die afghanische Bevölkerung sein könnte, weil es keine alphabetisierten TeilnehmerInnen braucht, aus einer Mischung aus Aktion und Reflexion besteht, unterprivilegierten Menschen eine Stimme gibt und im Allgemeinen die Menschen eher anspricht als die ewigen formellen Diskussionsrunden. Auch äußerten viele der TeilnehmerInnen den Wunsch, ein längerfristiges Theater-Projekt zu entwickeln. Konkret schlugen sie das Thema Vergangenheitsaufarbeitung, im Englischen schick Transitional Justice genannt, vor.

Transitional Justice? Daran hatte ich schon zu Beginn meiner DED Zeit arbeiten wollen und sogar schon ein aus Nordirland stammendes konventionelles Theaterstück, AH 6905[59], als Thema entdeckt. Gemeinsam mit zwei UNAMA bzw. AIHRC Kolleginnen, Daria Davitti und Deborah Nonhoff, und ihren jeweiligen afghanischen Mitarbeitern setzen wir uns also zusammen und besprechen verschiedene Möglichkeiten. Wir entscheiden uns für eine Kombination aus TdU und dem konventionellen Theaterstück AH 6905. Letzteres soll ins Dari und Paschto übersetzt, an den afghanischen Kontext angepasst werden und dann in verschiedenen Orten des Landes touren.

Hauptschwerpunkt bzw. Zielgruppe beider Projekte sollen die verschiedenen afghanischen Opferorganisationen sein, die sich für eine Aufarbeitung von dreißig Jahren Krieg einsetzen und dabei auch vor großen Namen nicht haltmachen, was das Leben einiger ihrer Führungspersonen sehr gefährlich gemacht hat. Da dieses Projekt mehr oder weniger aus dem Nichts entsteht, müssen wir außerdem noch das notwendige Geld auftreiben. Die verschiedenen UNAMA-Regionalbüros sind bereit, kleinere Summen beizusteuern. Auch der DED, für den die Kollegin Nonhoff via AIHRC arbeitet, wäre vielleicht bereit, etwas beizusteuern. Letzteres stellt sich allerdings wie erwartet als schwierig heraus, da der DED nicht gut auf mich zu sprechen ist und daher zunächst keine Gelder für Projekte bereitstellen möchte, an denen ich beteiligt bin. Glücklicherweise willigt der DED aber schließlich doch ein, weil der ZFD-Koordinator das Projekt an sich für unterstützungswert hält. Viel Geld ist trotzdem nicht da, aber mit einer organisierten Opfervereinigung zu arbeiten und dazu noch ein konventionelles Theaterstück auf die Bühne zu bringen, hört sich toll an. Das TdU als Medium der Vergangenheitsaufarbeitung? "Berem". "Los geht's".

[59] Siehe späteres Kapitel zu AH 6905 bzw. AH 7808

Kein Frieden ohne Gerechtigkeit: Transitional Justice (TJ) - Was ist das überhaupt?

Es war noch nicht genug, die Toten zu vergessen.
Jetzt vergessen wir die Morde. Vergessen wir die Mörder[60].
(Simone de Beauvoir)

Der im August 2008 verstorbene palästinensische Dichter Mahmoud Darwish nannte den Konflikt zwischen Israelis und Palästinensern "einen Kampf zwischen zwei Erinnerungen", in dem das palästinensisch historische Gedächtnis mit dem jüdisch historischen Gedächtnis kollidiert und Frieden nur dann erreicht werden kann, wenn jede Seite die Erinnerungen der andern Seite versteht. Im Falle Afghanistans gibt es nach drei Jahrzehnten Krieg wohl kaum jemanden in der Bevölkerung, der nicht direkte Erfahrungen mit Gewalt gemacht und zumindest ein oder gar mehrere Familienmitglieder verloren hat. Nichtsdestotrotz ist es unter den verschiedenen afghanischen Volksgruppen nach wie vor so, dass die eine Gruppe das Leid der anderen nicht anerkennt und sich alle gerne gegenseitig die Schuld in die Schuhe schieben, was vermutlich ein ganz wesentlicher Faktor dafür ist, dass auch unabhängig von externen Einflüssen die AfghanInnen einfach nicht zueinander finden, weiterhin Ressentiments und Chauvinismen geschürt werden und es hin und wieder sogar zu konkreter physischer Gewalt kommt. Das dient wiederum der internationalen Gemeinschaft als Argument für die Annahme, dass bei einem Abzug der ausländischen Truppen genau diese zurzeit in der Regel unterschwelligen Konflikte wieder vollends zum Ausbruch kommen würden, weshalb die Präsenz ausländischer Truppen weiterhin notwendig bleibe.

Wie aber wird die Vergangenheit in Afghanistan aufgearbeitet? Seitens der afghanischen Regierung und ihrer internationalen Geldgeber hat es seit 2001 leider nur einige halbherzige Versuche gegeben, zumindest den Anschein zu erwecken, die zum Teil grausame Vergangenheit sowohl juristisch als auch faktisch-historisch aufarbeiten zu wollen: so z.B. der von der afghanischen Regierung vorgelegte Aktionsplan für Frieden, Gerechtigkeit und Versöhnung, der sich in der Praxis aber als klarer Papiertiger herausstellt. Noch problematischer ist das von Präsident Karzai und dem afghanischen Parlament verabschiedete Amnestiegesetz, das eine allgemeine Straffreiheit mit Bezug auf die Vergangenheit fest zementiert und sämtlichen Versuchen, zumindest einige der schlimmsten Übeltäter zu belangen,

[60] De Beauvoir. Die Mandarins von Paris, 1955, S. 645

einen Riegel vorschiebt. Dennoch wird in diesem äußerst schwierigen Kontext weiterhin versucht, die letzten dreißig Jahre aufzuarbeiten, wobei vor allem auf Graswurzelebene agierende organisierte Opfervereinigungen einen kleinen, aber eminent wichtigen Beitrag leisten. Transitional Justice (TJ) nennt sich diese Vergangenheitsaufarbeitung - Übergangsjustiz. Worum genau geht es dabei eigentlich?

Transitional Justice bezieht sich auf den Versuch, mit Hilfe verschiedener Methoden schwere Menschenrechtsverletzungen, Massenmord oder andere Formen systematischer Gewaltanwendung (Genozid, Bürgerkrieg, Diktatur) zu analysieren und dadurch einen Beitrag zur Errichtung einer demokratischen, gerechten und friedlichen Zukunft beizutragen[61]. Als Konzept existiert TJ seit den späten 80er bzw. frühen 90er Jahre des letzten Jahrhunderts, als im Zuge politischer Veränderungsprozesse in Lateinamerika, Osteuropa und Südostasien die Notwendigkeit eines systematischen Instruments für die (juristische) Aufarbeitung totalitärer Gesellschaftsverhältnisse erkannt wurde. Letztlich geht die Idee allerdings bereits auf die Zeit unmittelbar nach dem Ende der Naziherrschaft zurück, als die Nürnberger Prozesse und Entnazifizierungskampagnen eine bewusste, wenn auch in den Augen einiger nicht immer gerechte, Auseinandersetzung mit der Vergangenheit förderten.

Etymologisch hat TJ bestimmte Charakteristika. Zum einen geht es um eine Phase des Übergangs (Transition) oder eines umfassenden politischen Wandels, z.B. einen Systemwandel von autoritärer hin zu demokratischer Politik, oder ein Übergang von Konflikt und Gewalt hin zu Frieden und Stabilität. Zum anderen geht es um ein neues Konzept von Gerechtigkeit, und zwar nicht ausschließlich im Sinne von strafrechtlicher Verfolgung, sondern auch im Sinne von Entschädigungszahlungen oder allgemeiner Wahrheitsfindung. Unter dieser Prämisse gilt es daher, neue und kreative Wege zu finden, um eine gewalttätige Vergangenheit aufzuarbeiten. Grundüberzeugung ist, dass eine moralische und auch juristische Pflicht besteht, die Wahrheit der Vergangenheit (Truth of the Past) als absoluten und unverzichtbaren Wert anzuerkennen, und unter Einbezug der Spezifika des lokalen Umfeldes einen Beitrag zu einem Ende von Straffreiheit für Verbrechen der Vergangenheit, einer Stärkung der Beziehung zwischen Staat und Bürgern sowie zur Schaffung von demokratischen Institutionen zu leisten.

---

[61] The Encyclopedia of Genocide and Crimes against Humanity. Eigene Übersetzung.

Die sechs am stärksten verbreiteten TJ Ansätze sind:

- Die strafrechtliche Verfolgung von TäterInnen auf nationaler oder supranationaler Ebene (z.B. dem Internationalem Strafgerichtshof (ICC))
- Die Etablierung historischer Fakten als Teil einer Wahrheitskommission oder anderer nationaler Strategien, wie z.B. Geschichtsforschung oder der Zusammenstellung von persönlichen Berichten (Oral Histories)
- Die Schaffung offizieller Reparationsmechanismen in Form von Entschädigungszahlungen oder symbolischen Handlungen, etwa einer offiziellen Entschuldigung gegenüber den Opfern von Gewalt
- Die Förderung von öffentlicher Mahnung und Erinnerung, Würdigung von Opfern durch Monumente und Museen, wie etwa das Denkmal zu Ehren der Opfer des Holocaust in Berlin
- Die Entwicklung von Versöhnungsinitiativen
- Die Reform staatlicher Institutionen (z.B. des gesamten Sicherheitsapparats), die eine Geschichte missbräuchlichen Verhaltens gegenüber der eigenen Bevölkerung haben, um zu verhindern, dass sich eine regelrechte Kultur des Missbrauchs entwickelt[62]

Diese Liste ist keineswegs komplett und eher als eine Reihe von besonders relevanten Aktivitäten zu betrachten. Viele andere Ansätze existieren. Außerdem ist es in der Regel so, dass im konkreten Fall mehrere Aktivitäten komplementär miteinander verbunden werden müssen, da die Praxis zeigt, dass keine einzelne Aktion die oft extrem komplexen Probleme der Vergangenheit darzustellen und aufzuarbeiten in der Lage ist. Ansatzübergreifend müssen aber grundsätzlich die Interessen und Perspektiven der Opfer mit einbezogen werden, da sie es sind, die am meisten unter der Gewalt der Vergangenheit gelitten haben und deshalb auch eine tragende Rolle spielen sollten. Auch kann nur die Beteiligung der Opfer vermeiden, dass sich eine einseitig geprägte Siegerjustiz durchsetzt.

So viel zur Theorie: in der Praxis ist es natürlich so, dass unterschiedliche Länder bzw. ihre Regierungen, unterschiedliche Aspekte von TJ aufgreifen, wobei es normalerweise jene Ansätze sind, die ihnen gerade nützlich erscheinen bzw. die, die den geringsten Widerstand innerhalb der Bevölkerung erwarten lassen. Gerade was die nationale strafrechtliche Verfolgung angeht, gestaltet sich diese (obwohl immer wieder von den Opfern ver-

[62] www.ictj.org, eigene Übersetzung

langt) im Regelfall schwierig, da die TäterInnen und ihre Angehörigen oft noch beträchtliche Unterstützung seitens bestimmter Bevölkerungsgruppen haben und diese es natürlich nur schwer akzeptieren können, einen der Ihren hinter Gittern zu sehen.

Des Weiteren ist es natürlich grundsätzlich unmöglich, sämtliche TäterInnen vor Gericht zu bringen. Sollte man sich daher vielleicht nur auf die Hauptverantwortlichen, die intellektuellen Täter, konzentrieren, die aber wahrscheinlich nie selbst Hand angelegt haben? Welchen Sinn haben "Truth-Telling"-Mechanismen oder Wahrheitskommissionen? Sind es nicht oft nur schön klingende Worthülsen, die in der Praxis gänzlich ohne Wirkung bleiben? Wenn Reparationen ausgezahlt werden, ohne dass es zu gleichzeitigen Verurteilungen oder Wahrheitskommissionen kommt, sind diese Reparationen dann nicht nur eine Art von Schweigegeld für die Opfer und Angehörige? Auch stellt sich die Frage, ob es überhaupt dem Frieden zuträglich ist, wenn man weiter in den Wunden der Vergangenheit bohrt, ein Argument, welches sowohl in Deutschland bezüglich der Nazizeit oder der deutschen Teilung als auch in Afghanistan immer wieder genannt wird. Es gibt demnach viele Gründe, die einem zumindest zum Nachdenken anregen sollten, ob TJ-Initiativen überhaupt einen Sinn machen. Transitional Justice in der Praxis gestaltet sich also extrem schwierig.

Mit dieser Problematik im Hinterkopf geht eine sich mit TJ beschäftigende Theaterarbeit natürlich davon aus, dass es grundsätzlich notwendig und sinnvoll ist, sich mit der Vergangenheit auseinanderzusetzen, das Konzept Transitional Justice also eine inhärente Daseinsberechtigung hat. Im spezifischen Fall der Theaterarbeit in Afghanistan ist ohnehin weniger meine eigene Überzeugung in dieser Frage ausschlaggebend als die der organisierten Gruppen von Opfern, die sich alle, teils unter Einsatz ihres eigenen Lebens, dagegen sträuben, dass die Vergangenheit in der Versenkung verschwindet, und denen es nicht nur um konkrete Verurteilungen von Straftätern geht, sondern auch um eine Würdigung dessen, was geschehen ist und was nie wieder vorkommen soll.

Trotzdem frage ich mich natürlich, welche Rolle sowohl das Theater der Unterdrückten als auch ich selbst in einem solchen Prozess spielen können. Was das TdU betrifft, bin ich davon überzeugt, dass es tatsächlich einen wertvollen Beitrag leisten kann, sowohl auf symbolische als auch ganz konkrete Weise die Vergangenheit nicht nur nicht zu vergessen, sondern, ganz im Sinne der Boalschen Probe für die emanzipatorische Veränderung von Gesellschaft, auch aktiv daran zu arbeiten, diese Vergangenheit in eine bessere und weniger gewalttätige Zukunft zu verwandeln. Was meine eigene Person betrifft, so denke ich, dass die Arbeit mit dem Theater der Unterdrückten einem eine bestimmte Verantwortung auferlegt, handeln zu müssen, sobald bei einer Gruppe, die normalerweise keine oder kaum eine Möglichkeit hat, sich Gehör zu verschaffen, der Wunsch entsteht, mit diesem Medium zu arbeiten, bzw. sobald es sich um eine Thematik handelt, die eine konkrete Form von Unterdrückung als Schwerpunkt hat. Im Fall von TJ-Theater mit Opfervereinigungen in Afghanistan sind meines Erachtens diese Voraussetzungen erfüllt, weshalb ich mich schließlich entscheide, gemeinsam mit den bereits erwähnten ausländischen Kolleginnen Deborah Nonhoff und Daria Davitti eine Theater und TJ-Initiative in die Wege zu leiten. Diese sollte für viele der im Laufe der Zeit Teilnehmenden lebensverändernd werden und eine Gruppe von Afghanen schließlich sogar bis ins ostafrikanische Ruanda führen, um dort ihre Erfahrungen zum Thema Vergangenheitsaufarbeitung mit Genozid-Überlebenden auszutauschen. Zunächst einmal aber sitzen wir im bitterkalten Kabuler Winter in einem unterkühlten Konferenzsaal der UNAMA, um unser TJ Theaterprojekt einer organisierten Opfergruppe vorzustellen.

Tears into Energy - Das TdU als Medium der Vergangenheitsaufarbeitung

Weißt du, Vater, der Schmerz schmilzt entweder und rinnt aus den Augen oder er wird zu einem Dolch und legt sich auf die Zunge oder aber er verwandelt sich in deinem Innern in eine Bombe. Eine Bombe, die eines Tages hochgeht und dich zerbersten lässt[63]
(Rahimi)

Schmerzhafte Stille. Absolute Trauer. Was die uns gegenüber sitzenden Frauen von uns erwarten, können wir ihnen einfach nicht geben. Ich fühle mich schwach. Wie ein Schwätzer. Gerechtigkeit? Die Mörder ihrer Söhne und Ehemänner hinter Gitter bringen? Alles, was wir anzubieten haben, ist Theater. Nicht mehr. Ein Medium, um Raum zu schaffen, ein Forum für einen authentischen und aufrichtigen Dialog von unten, ein Werkzeug für individuelle und kollektive Reflexion und vielleicht auch Aktion. Aber Gerechtigkeit? In einem Land, das sich seit 30 Jahren im Kriegszustand befindet? In einer Gesellschaft, die Millionen ihrer Kinder, Ehemänner und -frauen, Väter und Mütter verloren hat, ohne dass jemals irgendjemand für seine Taten hat büßen müssen? In einem Land, wo es von Wölfen im Schafspelz, sprich ehemaligen Warlords, nur so wimmelt, nachdem sie 2001 von der internationalen Gemeinschaft an die Macht gehievt wurden und heute ein Teil der afghanischen Administration sind, als Minister, Parlamentarier, Landesfürsten, Stammesführer?

Ich bin emotional total überfordert. Am liebsten würde ich abhauen. Schließlich sind wir es, die die beiden Repräsentantinnen einer Vereinigung von Opfern, Angehörigen von Menschen, die in den letzten Jahrzehnten ermordet wurden oder spurlos verschwunden sind, eingeladen haben. Wir taten dies, weil wir naiverweise dachten, dass wir ihnen eine Möglichkeit bieten könnten, öffentlich ihre Stimme zu erheben. Vielleicht einen kleinen Beitrag zu leisten zu einem Prozess der kollektiven Diskussion, wie mit einer extrem gewalttätigen Vergangenheit umgegangen werden soll, vor allem in Anbetracht dessen, dass die afghanische Regierung eine Generalamnestie für alle diejenigen verkündet hat, die während der letzten dreißig Jahre Gräueltaten begangen haben. Ja natürlich, wir arbeiten für die UNO. Wir haben einen absurd großen Einfluss. Auch arbeiten wir mit der Unabhängigen Afghanischen Menschenrechtskommission (AIHRC) zusammen, die bereits einige ihrer Mitarbeiter ob ihrer anhaltend kritischen

[63] Rahimi, Erde und Asche, 2002, S. 35

Arbeit ermordet sehen musste. Aber Gerechtigkeit? Nein. An Gerechtigkeit im juristischen Sinne ist zurzeit nicht zu denken. Absolut unmöglich, auch wenn es für die Opfer unheimlich schmerzhaft ist, sich dies einzugestehen. Ich blicke auf die beiden unglaublich starken Frauen, die trotz des Verlusts ihrer Lieben und der ständigen Gefahr, die ihre Arbeit bedeutet, nicht aufgeben und unverzagt dafür kämpfen, dass sie ihre Leben weiterleben können im Wissen, dass die Toten in Frieden ruhen.

Jetzt muss ich also etwas sagen. Ich nehme einen Schluck grünen Tee und atme tief durch. "Salam Aleykum. Wir haben Sie eingeladen, um Ihnen den Vorschlag zu machen, mit uns an einem Theaterprojekt zu arbeiten". Erneute Stille. Die beiden Frauen sehen mich ungläubig an. Ich spreche weiter, erläutere ein wenig das Theater der Unterdrückten, seine Geschichte, seine Ziele und was wir gemeinsam mit ihm anfangen könnten. Ganz langsam weicht ihre Skepsis und sie zeigen sich ein wenig neugierig und beginnen Fragen zu stellen. "Sie sind sich bewusst, dass ein großer Teil der afghanischen Gesellschaft fast sämtliche kulturelle Aktivitäten als unmoralisch und als Beleidigung des Islam ansieht? Sie wissen doch sicher auch, dass wir keine Schauspielerinnen sind? Wir hatten ja kaum die Möglichkeit, jemals Kind zu sein".

Meine Übelkeit kehrt zurück. "Wir verstehen, dass ein Theaterprojekt oberflächlich gesehen nicht viel mit dem zu tun hat, wofür Sie sich seit Jahren einsetzen, aber wir sind davon überzeugt, dass in Anbetracht der derzeitigen Lage, in der jegliche Auseinandersetzung mit der Vergangenheit äußerst gefährlich und fast unmöglich ist, das Theater eine sehr interessante, effektive und nützliche Waffe sein könnte, um einen geschützten und sicheren Raum zu schaffen, in dem Sie sich sowohl individuell als auch kollektiv mit den Geistern der Vergangenheit auseinandersetzen können und folglich möglicherweise ihre öffentliche Stimme zurückgewinnen werden. Auch denken wir, dass das Theater für Sie als Vereinigung sehr nützlich sein könnte, da es vielleicht dazu beitragen wird, dass Sie sich mit diesen für Sie wichtigen Themen auf eine andere, unkonventionelle Weise auseinandersetzen, und als Resultat eine andere Perspektive von dem was passiert ist und wohin Sie gehen möchten, entwickeln können. Dabei garantieren wir Ihnen, dass die Form des Theaters, von der wir sprechen, ihrer Gruppe ermöglichen wird, die absolute Kontrolle über den kreativen Prozess zu haben. Wir stellen Ihnen nur das theatralische Werkzeug zur Verfügung, und dann haben Sie die absolute Freiheit, den Prozess so zu steuern, wie Sie es bevorzugen". Nach diesem fast verzweifelten, aber authentischen Wortschwall schauen sich die beiden Frauen kurz an, lächeln und bitten um eine Frist von einer Woche, um zusammen mit ihrer Gruppe zu diskutieren, ob unser Vorschlag einen Beitrag zu ihrem Anliegen nach Gerechtigkeit leisten könnte. Sie verabschieden sich und wir, die Repräsentanten von UNAMA und der AIHRC, bleiben im Raum und schauen uns fragend an. Wiedermal regiert die Stille.

Und hier sitzen wir nun, direkt nach unserem Gespräch mit den beiden Frauen, und überlegen, ob was für uns funktionierte, für die beiden und ihre Gruppe möglicherweise gar keinen Sinn macht. Ist die Arbeit mit dem TdU vielleicht doch nur ein Luxusgut, welches im Endeffekt nicht mehr als ein netter Zeitvertreib ist, aber nichts Konkretes bewegt? Wenige Tage später klingelt das Telefon, und eine der beiden Frauen teilt uns mit, dass sich die Gruppe entschieden hat, dem TdU eine Chance zu geben. Unsere Freude ist riesig. Am liebsten würde ich die ganze Welt umarmen. Wir verabreden also, einen einwöchigen Workshop zu organisieren, an dem rund 20 Personen aus den verschiedenen Konfliktperioden teilnehmen werden. Es werden demnach Personen kommen, die zu Zeiten des Widerstandes gegen die pro-sowjetische Regierung, während des afghanischen Bürgerkrieges zu Beginn der 90er Jahre, der Talibanzeit und der heutigen, von Selbstmordattentaten und NATO-Kollateralschäden dominierten Epoche Familienangehörige verloren oder am eigenen Leib Gewalt erfahren haben.

Wir einigen uns darauf, dass die Gruppe den Prozess jederzeit abbrechen kann, gerade auch deshalb, weil die Mehrzahl der Gruppe Frauen sein werden, die ohne die explizite Erlaubnis eines männlichen Mitgliedes der Familie teilnehmen werden. Außerdem entscheiden wir gemeinsam, dass wir uns am Ende der Workshopwoche erneut zusammensetzen werden, um zu eruieren, ob eine weitere Woche, dann mit dem Ziel ein Forumtheaterstück zu entwickeln, Sinn macht. Zum Schluss gilt es noch einige technische Fragen zu klären: Den Ausrichtungsort, der Workshop muss aus Sicherheitsgründen an einem sicheren Ort, d.h. unter absolutem Ausschluss der Öffentlichkeit stattfinden, sowie die Ausrichtung des täglichen Mittagessens und die Zahlung einer Aufwandsentschädigung für die TeilnehmerInnen. Diese Art Gehalt, absolut üblich bei der großen Mehrheit aller von internationalen Organisationen durchgeführten Workshops und Trainings, ist für mich immer ein Dilemma. Warum müssen die TeilnehmerInnen dafür bezahlt werden, dass sie an einem mehrtägigen Workshop teilnehmen und darüber hinaus noch üppig verpflegt werden? Andererseits kommen zumindest in der Arbeit mit dem TdU die meisten TeilnehmerInnen aus finanziell extrem angespannten Verhältnissen, weshalb schon die An- bzw. Rückfahrt mit dem billigsten Transportmittel für die meisten unerschwinglich ist und daher die Teilnahme an einem Theaterworkshop unrealistisch macht. Außerdem stellen solche Zahlungen für viele TeilnehmerInnen die einzige Möglichkeit dar, irgendwie an Geld zu kommen, um ihre Grundbedürfnisse notdürftig zu stillen. Trotzdem sind es häufig die großen internationalen Organisationen, die nicht wissen, wohin mit ihrem Geld, und deshalb Workshops mit großzügigen Aufwandsentschädigungen ausrichten, die dann auch für sämtliche kleinere, meist lokale Organisationen die Kosten in die Höhe schnellen lassen. In unserem Fall siegt der Pragmatismus über die Ideologie, und wir einigen uns schließlich auf eine Zahlung von drei US Dollar pro Tag und Person. Eine gewisse Erleichterung macht sich breit. Wir haben es geschafft, gemeinsam eine Entscheidung zu treffen. So weit, so gut.

Wie aber geht es nun weiter mit der Organisation des Workshops? Vor allem die Frage des Ortes ist ein echtes Problem. Wirkliche Theater gibt es nur eins, das alte, fast vollständig zerstörte Nationaltheater. Auch sonst gibt es kaum angemessene und sichere Orte, um einen Workshop mit zwanzig Personen, mir als Joker, sowie zwei Übersetzern, je einen aus den beiden ausrichtenden Organisationen, durchzuführen. Da wir ein Budget haben, das das Anmieten eines Raumes beinhaltet, denken wir, dass das Geld am besten an eine afghanische Organisation gehen sollte, die sowohl den Raum als auch die Fähigkeit hat, eine solche Veranstaltung zu organisieren. Für einen Workshop im eisigen Winter Kabuls (die Temperaturen werden um minus 20 Grad liegen) brauchen wir ein gemütliches, warmes Ambiente mit Elektrizität. Wie schon gesagt, ist Strom bald ein Jahrzehnt nach der "Befreiung" durch die US-Truppen ein extrem seltenes Glück. Erneut frage ich mich, wie es angehen kann, dass trotz angeblich Millionen investierter Dollar, die Stromleitungen, die von Usbekistan bis nach Kabul gebaut wurden, noch immer nicht regelmäßig funktionieren? Könnte es vielleicht daran liegen, dass das meiste Geld wieder in die Taschen der hochbezahlten EntwicklungshelferInnen geht?

Gucken wir mal. Ein Lehrer sowie fast alle öffentliche Funktionäre verdienen um die 60-80 Euro pro Monat. Dafür kriegt ein Fahrer für eine internationale NGO rund 200 Dollar. Dessen afghanischer UNO-Mitarbeiter verdient zwischen 400 und 1000 Dollar. Und ein Entwicklungshelfer, nur weil er Ausländer ist, bekommt Tausende von Dollar, Euro oder Pfund. Absurd? Absolut, und einer der Gründe, warum die Menschen immer mehr von den HelferInnen und RepräsentantInnen einer internationalen Gemeinschaft enttäuscht sind, die viel verdienen, aber wenig leisten und darüber hinaus noch Angst haben, auf die Straße zu gehen und mit ganz normalen Afghanen das Gespräch zu suchen. Dass sicherlich niemand scharf darauf ist, entführt oder in die Luft gesprengt zu werden, ist ja ganz klar, aber bei einigen "Charidjis" scheint die Angst, auch nur einen Schritt auf die Straße zu machen, so groß zu sein, dass man sich fragen muss, warum sie nicht den Weg zurück in die Heimat antreten. Einige der Gründe dafür habe ich ja schon erwähnt.

Zurück zu unserem Workshop. Im Sinne einer konstruktiven Vergangenheitsaufarbeitung entscheiden wir uns, die Theaterhalle von meinem ehemaligen Arbeitgeber FCCS anzumieten. Unsere Scheidung war zwar äußerst unrühmlichen verlaufen, doch Schwamm drüber. FCCS braucht das Geld, wir brauchen den Raum. Pragmatisch, praktisch, gut. FCCS akzeptiert. Alle sind happy. Jetzt muss nur noch der Inhalt des Workshops geplant werden. Wir haben sechs Tage, mit mindestens 6 Stunden pro Tag zur Verfügung. Die Zeit für die Übersetzung muss mit eingerechnet werden, auch dass viele der Theater-Übungen für den afghanischen Kontext abgeändert werden müssen. Schwierig, schwierig. Positionen, die irgendwie lächerlich oder unmoralisch erscheinen könnten, sind tabu. Für einen Moment kehrt meine einstige Übelkeit in Gestalt von Panik zurück. Nachdem ich einige Zeit damit verbringe, die Übungen zu modifizieren, ist mein Selbstvertrauen jedoch wieder da, und ich bin zuversichtlich, dass der Workshop erfolgreich sein wird.

Der Workshop beginnt und der Gruppe gelingt es, von vornherein ein sehr positives und intensives Arbeitsklima zu schaffen. Natürlich entwickelt jede(r) TeilnehmerIn einen eigenen Zugang zu den Übungen, manchmal aktiv teilnehmend, manchmal einen weniger expliziten Beitrag leistend, aber im Allgemeinen muss ich sagen, dass die Gruppe während des gesamten Workshops einen unglaublichen Level an Partizipation zeigt. Dies liegt mit Sicherheit auch daran, dass der gesamte Prozess unheimlich flexibel bleibt, d.h. dass ich und meine beiden Assistenten Hadi und Javid das Programm ständig an die Bedürfnisse der Gruppe anpassen, da insbesondere der zeitliche Rahmen und damit auch die Reihenfolge der Theaterübungen immer wieder durcheinandergebracht wird. Vor allem die auf die Theaterspiele folgenden Diskussionen sind extrem intensiv. Wir diskutieren Themen wie Korruption, ethnische Diskriminierung, Gewalt gegen Frauen, Folter und fehlende Meinungsfreiheit. Trotzdem scheint es vielen TeilnehmerInnen leichter zu fallen, ihre fürchterlichen Erinnerungen in Bildern darzustellen, als Wörter zu finden, um jene Momente zu beschreiben. Gewalt, Gewalt, Gewalt. Worte scheinen nicht auszureichen, um den gelebten Horror zu beschreiben. In einer dieser Übungen, die ich seitdem "Wandmalerei des

Schmerzes" nenne, kreiert die Gruppe eine kollektive Wand des Grauens, in dem sich rund die Hälfte der TeilnehmerInnen, eine(r) nach dem/der anderen, den eigenen Körper benutzend, der Breite nach an eine der Raumwände stellt und ein Bild von dreißig Jahren Krieg in Afghanistan illustriert. Tod, Armut, Vergewaltigung und Menschen auf der Flucht zieren am Ende das grauenhafte Gesamtbild. Die Gruppe entscheidet sich, dieses Bild "Die Folter des Krieges" zu nennen.

Trotz der überwiegend ernsten Thematiken im Laufe der sechs Tage wechselt das Ambiente mit auffallender Häufigkeit. Momente der Trauer, der Vergnügtheit und der Wut wechseln sich ab. In "Schritt für Schritt ins Paradies" wird in Zweiergruppen gearbeitet, beide Partner erinnern sich an einen real existierenden, für sie schönen und wichtigen Ort, den sie ihrem Partner dann auf einer imaginären Reise durch den Workshopraum näherbringen. Dabei vergessen zwei der männlichen Teilnehmer zwar die geforderte Realitätsnähe, dafür reisen sie Arm in Arm durch die gesamte Welt, besuchen Bolivien, Italien und Deutschland, Bekannte und Verwandte, um am Ende irgendwo in Australien zu entspannen und das Leben zu genießen. Schauspielerisch fantastisch dargestellt, der Rest der TeilnehmerInnen lacht sich fast kaputt. Von Schmerz über Freude zu Trauer und Träumerei - so nahe liegen in Afghanistan Freud und Leid beisammen.

Bei weitem am häufigsten aber kommt es zu Momenten der Stille. Stille, die sowohl eine gewisse Ohnmacht als auch Respekt für die Erfahrungen jedes Einzelnen zu implizieren scheint. In einem dieser Momente anhaltender Stille, nach einer Improvisationsübung, in der alle TeilnehmerInnen eine konkrete Unterdrückungssituation aus dem eigenen Leben improvisiert haben, ergreift ein Mann das Wort, der sich von Beginn an als eine Art Sprachrohr der Gruppe präsentiert hat und die meisten Diskussionen leider auch ein wenig dominiert. Dieser ehemalige politische und gefolterte Gefangene, Dr. Sharif, hat im Laufe der dreißig Jahre Krieg sechs seiner Brüder verloren und möchte uns nun mitteilen, wie er die ersten Tage des Theaterworkshops erlebt hat. Er berichtet, dass er zu Anfang sehr skeptisch war, da er einen weiteren jener Workshops erwartet habe, die die internationale Gemeinschaft mit Vorliebe organisiert: Ein Workshop, gefüllt mit großen Worten, vielen guten Intentionen und sehr wenig Substanz. Eine weitere Zeitverschwendung, die die TeilnehmerInnen letztlich desillusioniert und lähmt. Glücklicherweise, so Dr. Sharif, hat sich seine Skepsis nicht bestätigt und er hat im Theater eine unheimlich effektive Waffe mit immens viel emanzipatorischem Potential gefunden, die in der Lage ist, die schmerzhaften Tränen der Trauer und Wut in Energie, für eine bessere Zukunft zu kämpfen, zu verwandeln. Das Theater als Luft zum Atmen. Wieder herrscht absolute Stille. Alle stimmen ihm mit einem stummen Kopfnicken zu. Tränen verwandelt in Energie. Tears into Energy. Welch wunderschöner Ausdruck.

Foto 13: Tears into Energy - Ohne die Menschen kein Frieden

Am Ende der Woche entscheidet sich die Gruppe tatsächlich dafür, noch weitere sechs Tage anzuhängen, um gemeinsam ein Forumtheaterstück zu entwickeln, das sich sowohl mit aktuellen als auch historisch relevanten Themen auseinandersetzen soll. Der ungefähre Inhalt dieses Stückes wird noch am letzten Tag der ersten Woche als Resultat einer Statuentheaterübung, "Magnetic Image", festgelegt. Für diese Übung reisen alle TeilnehmerInnen zurück in die Vergangenheit, zurück zu dem vielleicht traumatischsten Moment ihres Lebens, um auf dem in diesem Moment am intensivsten erlebten Gefühl basierend, mit dem eigenen Körper eine Statue dieser Emotion zu illustrieren. Vier Freiwillige treten vor, um ihre Statue mit dem Rest der Gruppe zu teilen. Insbesondere ein Bild bleibt in Erinnerung: Das eines Mannes auf Knien, mit verbundenen Augen und auf dem Rücken zusammengebundenen Händen, wie in einer Folter- und Verhörszene.

Auch die anderen Bilder sind für alle Beteiligten überwältigend und erneut laufen Tränen der Trauer und Wut über viele Gesichter. In solchen Momenten der Trauer frage ich mich häufig, ob wir TdU-Menschen wirklich das Recht haben, unsere vom Krieg geschädigten TheaterteilnehmerInnen einzuladen, ihre vielleicht gerade in einem Heilungsprozess befindenden Wunden wieder aufzureißen? Als unverantwortliche "Therapie ohne Grenzen" wird dieses Handeln von Kritikern oft bezeichnet; eine ernstzunehmende Kritik. Trotzdem bin ich mir nicht sicher, ob sie angebracht ist in einem Land, in dem ein Wort wie Trauma als indigenes Konzept gar nicht existiert und die meisten Menschen seit Jahrzehnten immer wieder Mittel gefunden haben, im Gegensatz zu vielen EuropäerInnen zum Beispiel, nicht zu verzweifeln und aufzugeben, sondern weiter für ein besseres Afghanistan zu arbeiten.

Manchmal denke ich, dass wir bewusst die Existenzen der Lokalbevölkerung pathologisieren, damit wir unsere eigene Interventionen in Kriegsländern rechtfertigen können. Schließlich verlangt eine kranke Gesellschaft nach einem gehörigem Schluck Medizin, die die meist von primär wirtschaftlichen Interessen geleiteten westlichen Regierungen und transnationalen Firmen natürlich gerne bereitstellen, ob als heilsamer Demokratiecocktail oder transgenes Saatgut (neuerdings auch in Afghanistan). Schwierig. Eine abschließende Antwort auf dieses Dilemma habe ich für mich jedenfalls noch nicht gefunden, aber natürlich ist es wichtig, dass alle, die mit diesen Techniken arbeiten, sich dieses Thema immer wieder ins Bewusstsein rufen, da es definitiv nicht einfach ignoriert werden kann. Basierend auf meiner Erfahrung mit Kriegsopfern in Afghanistan, bin ich allerdings mehr und mehr davon überzeugt, dass es für einen TdU-Prozess wichtig ist, darauf zu vertrauen, dass wir Menschen als Kollektiv stark genug sind, um auch extrem schmerzhafte Emotionen gemeinsam anzugehen. Einfach verschwinden tut der Schmerz sowieso nicht, ob allein zuhause auf dem "Toschak"[64] oder auf einer Freudschen Couch.

Dieser schmerzlindernde Kollektivismus begegnet mir in den verschiedenen Aktivitäten mit Kriegsopfern immer wieder. Ein gemeinsames Gebet, eine kollektive Umarmung, der stets präsente gemeinsame Tee, all dieses Teilen scheint bei den Opfern eine zumindest oberflächlich heilende Wirkung zu haben. Natürlich soll dies nicht heißen, dass westliche Psychologie oder sogenannte psychosoziale Betreuung nicht einen enorm wichtigen Beitrag zur emotionalen Genesung der Opfer leisten können. Ganz im Ge-

[64] Ein afghanisches Sitzkissen

genteil. Trotzdem würde ich mir seitens dieser wünschen, dass viele von ihnen auch den potenziellen Nutzen emanzipatorischer Theaterarbeit zumindest nicht von vornherein ablehnen und sie sich mit den verschiedenen Methoden ausführlich beschäftigen würden, was in letzter Zeit häufiger auch schon getan wurde. Die Diskussion geht weiter.

Es wird eine schwere und schmerzhafte zweite Woche, aber schließlich schaffen wir es, gemeinsam vier Forumszenen zu entwickeln, die sich mit den von den TeilnehmerInnen konkret erlebten Themen Unterdrückung der Frau, fehlende Meinungsfreiheit, Bürgerkrieg, Rachedurst sowie den tragischen Momenten der Flüchtlingszeiten beschäftigen; Themen, die in Ländern, die aus einer Epoche extremer Gewalt hervorkommen nur allzu gut bekannt sind.

In der ersten Szene geht es um den konkreten Fall einer jungen Frau, die gern in die Schule gehen würde, was ihr Vater und ihr Bruder ihr allerdings verbieten, weshalb sie letztlich heimlich dort hin geht. Als sie von einem Taliban auf der Straße erwischt und nach Hause gezerrt wird, entscheiden die Eltern sie gegen ihren Willen zu verheiraten. Die Szene endet mit dem Entschluss des Mädchens, sich zu vergiften.

In der zweiten Szene verkündet ein Universitätsprofessor trotz vorheriger Warnung weiter seine systemkritischen Ideen und wird von einem seiner Studenten an den afghanischen Geheimdienst verraten, der ihn festnehmen und von einem ehemaligen Freund foltern lässt.

Die dritte Szene handelt von drei jungen Mujaheddin[65], die in ein Haus einbrechen, um ein junges Mädchen zu entführen, um für sie Lösegeld zu verlangen. Einer der drei Männer weigert sich, an dieser Aktion teilzunehmen, wird aber von seinem Vorgesetzten dazu gezwungen und angehalten, ein sich wehrendes Mädchen zu töten. Dessen Mutter macht sich daraufhin auf den Weg, um den Mörder ihrer Tochter zu finden.

Die vierte und letzte Szene beschreibt die in Afghanistan millionenfach bekannte Erfahrung, die eigenen vier Wände vor der zunehmenden Gewalt verlassen und sich auf den Weg in ein weit entferntes Flüchtlingscamp machen zu müssen. Die Flucht ist geprägt von ständigen Belästigungen, Hunger und Überfällen sowie der eigenen Verrohung.

[65] Die Mujaheddin waren die vom Westen unterstützten islamischen Widerstandskämpfer während der Zeit der sowjetischen Besatzung.

Trotz der deprimierenden Thematiken der verschiedenen Szenen ist die Atmosphäre während der Ausarbeitung in der Regel außerordentlich heiter. Vor allem die verschiedenen Probetechniken sorgen immer wieder für anhaltendes Gelächter, gerade wenn äußerst gewalttätige Szenen plötzlich mit zuckersüßen Worten und zärtlichen Gesten (Analyse und Probe einzelner Emotionen) oder als total überdrehtes indisches Bollywooddrama bzw. pathetische italienische Oper (Probe unterschiedlicher Stile) gespielt werden. Manchmal müssen wir unsere Arbeit sogar für mehrere Minuten unterbrechen, weil so viel gelacht wird. Tränen des Schmerzes, Tränen des Lachens. Wer einen solchen Prozess einmal persönlich erlebt und mit anderen geteilt hat, dem wird es danach schwer fallen, anderen Menschen Leid anzutun.

Die TeilnehmerInnen sind allmählich davon überzeugt, dass sie tatsächlich innerhalb weniger Tage zu SchauspielerInnen geworden sind, und erklären sich bereit, ihre Fähigkeiten und konkreten Lebensumstände auch mit einem größeren Publikum zu teilen. Wer hätte das nach unserem ursprünglichen Treffen gedacht? So kommt es also zu einer (halb-)öffentlichen Forumtheateraufführung.

Abbildung 5: „Das Forumtheater", gezeichnet von Geety Natiq.

Die Vorbereitung auf diese Aufführung relativiert das neuentdeckte Selbstbewusstsein allerdings wieder ein wenig. Die Gruppe bittet bei der Auswahl des Publikums um sehr viel Vorsicht; vor allem deshalb, weil einige ihrer Mitglieder in der Vergangenheit bereits bedroht worden sind und sie nun befürchten, die Aufführung könnte möglicherweise von Leuten besucht werden, die ihnen in der Zukunft Schwierigkeiten bereiten könnten. Aus diesem Grund einigen wir uns schließlich darauf, neben einigen MitarbeiterInnen von UNAMA und der AIHRC nur Familienangehörige und Freunde der TeilnehmerInnen einzuladen. Auch wird entschieden, dass während der Vorstellung keine Fotos gemacht werden dürfen, um die Gefahr zu reduzieren, dass diese eines Tages irgendwo auftauchen und die SchauspielerInnen dadurch möglicherweise in Gefahr bringen.

Am Tag der Aufführung ist die Spannung spürbar. Nichtsdestotrotz erscheint die Gruppe mit viel Energie, bereit sich zum ersten Mal in ihrem Leben vor anderen auf einer Bühne zu präsentieren. Einige haben sogar eigens Kostüme angefertigt bzw. sich einen Bart ins Gesicht gemalt, um alles möglichst realistisch zu gestalten.

Die Aufführung wird ein großer Erfolg. Rund sechzig ZuschauerInnen, einige von weit her gekommen, sitzen im Publikum und alle scheinen das, was sie sehen, sehr zu schätzen. Erneut gibt es eine Menge Tränen, aber auch viel Gelächter während der fast dreistündigen (!) Aufführung inklusive Forum. Die Angst, dass die Menschen die Idee des Forumtheaters vielleicht ablehnen könnten, ist schnell wie weggeblasen. In allen Szenen kommt es zu vielen innovativen und vor allem mutigen Interventionen. Besonders die Szene mit der Zwangsverheiratung ruft einen enormen Veränderungswillen hervor. Vater und Bruder werden zurechtgestutzt, den Taliban wird vehement widersprochen. Auch was das Thema freie Meinungsäußerung angeht, kommt es zu aktivem Widerstand und dem klaren Bekenntnis zum Märtyrertod als bessere Alternative zum Schweigen. Realistisch? Heute vielleicht noch nicht, aber die Reaktionen der ZuschauerInnen beweisen, dass ihnen dieses Thema wichtig ist und sie ein konkretes Interesse an Veränderungen haben. Das TdU als eine Probe für die Realität. Tränen in Energie verwandelt in der Praxis! Wir hätten wohl den ganzen Tag weitermachen können. Der Hunger nach einem interaktiven und konkreten Dialog hat die Angst, sich vor anderen zu präsentieren, besiegt! Welch unbändige Freude. Die WorkshopteilnehmerInnen schütteln mir die Hand und bedanken sich mit einem Blumenstrauß. Rund 2 ½ Wochen ununterbrochener Arbeit mit dem TdU sind zu Ende, und die nächste Phase des Projekts kann beginnen. Oder etwa nicht?

Nur wenige Tage später fragt mich eine finnische Kollegin, ob die Gruppe bereit wäre, ein Teil des Stücks auf einer vom International Center for Transitional Justice (ICTJ) gesponserten Konferenz zum Thema Vergangenheitsaufarbeitung aufzuführen. Nach Absprache mit der Gruppe sage ich zu, wohlwissend, dass diese im Grunde öffentliche Aufführung die Gruppe in große Schwierigkeiten bringen könnte. Sie wird sich vor einem unbekannten, hauptsächlich aus afghanischen Männern bestehenden Publikum präsentieren, die die Tatsache, dass eine Gruppe von Frauen sich so öffentlich zeigt, höchstwahrscheinlich ablehnen und möglicherweise sogar sanktionieren wird. Eine mehrheitlich weibliche Theatergruppe, die vor einem Publikum aus fremden Männern auftritt? In Afghanistan? Das ist in der neueren afghanischen Geschichte mit Sicherheit noch nicht dagewesen, wenn selbst im afghanischen Nationaltheater weiterhin Männer die Frauenrollen übernehmen. Im Publikum sitzen schließlich rund 100 Personen, fast durchgängig Männer, die in ihren Gemeinden das Sagen haben und ziemlich konservativ und misstrauisch wirken. Wir bitten darum, die Vorhänge zuzuziehen und Fotokameras vorübergehend zu konfiszieren. Die Truppe schaut sich nervös an. Hadi und Javid, unsere beiden Joker, sind sich sicher, dass niemand auf die Bühne kommen wird. Auch ich habe ein mulmiges Gefühl. Wir sind kurz davor, die Vorführung abzublasen, aber dann kommen die MitspielerInnen doch auf die Bühne.

Erfreulicherweise demonstriert das Forumtheater erneut seine Fähigkeit, die Menschen, die einer Aufführung beiwohnen, zu stimulieren und zum Handeln anzuregen. Erneut schaffen wir es nicht, das Forum zu beenden, weil sich die ursprüngliche Skepsis der Zuschauer schnell in absoluten Enthusiasmus verwandelt. Die Stimmung ist wie in einem Fußballstadion. Mehrere "Stopps" gleichzeitig sind zu hören, die Männer stürmen geradezu auf die Bühne, um die Zwangsheiratsszene in ihrem Sinne zu verändern. Sämtliche Interventionen werden laut kommentiert, einige wild beklatscht, andere mehr oder weniger von der Bühne gebuht. Als ein Mann auf die Bühne kommt und den Taliban "erschießt", lachten zunächst alle, dann wird es ruhig im Saal. "Und jetzt? Was passiert als nächstes?", fragt Hadi. Schulterzucken. "Denken Sie, dass es eine Lösung ist, Gewalt mit Gegengewalt zu beantworten?". "Eine Lösung wohl nicht, aber es hat sich wunderschön angefühlt, den Scheiß-Taliban endlich mal die Grenzen aufzuzeigen". Großer Applaus im Publikum. Ich hingegen weiß nicht, ob ich lachen oder weinen soll. Die Aufführung ist ein toller Erfolg. Ich bin glücklich und stolz auf meine Truppe. Auf der anderen Seite stimmt mich diese letzte Intervention natürlich sehr nachdenklich. Ich bin definitiv kein Pazifist und kann im afghanischen Kontext absolut nachvollziehen, dass für viele, die ihr Leben lang nur Gewalt kennen gelernt haben, diese ganz selbstverständlich auch ein legitimes Mittel zur Konfliktlösung darstellt. Trotzdem fühle ich, wie eine unglaubliche Traurigkeit in mir wächst. Wie kann dieses Land jemals in Frieden leben? Wie können den USA und der NATO ihre eigenen Sicherheitsbedürfnisse über die der AfghanInnen gehen? Wie kann die afghanische Bevölkerung konkrete Alternativen zum Krieg entwickeln, wenn das Konzept des Friedens, wenn überhaupt, nur als Galtungscher "negativer Frieden"[66], also der Abwesenheit von Gewalt, existiert? Ein positiver Friedensbegriff jedenfalls scheint für diejenigen AfghanInnen, die ich kenne, etwas für Träumer und Utopisten zu sein, und diese gibt es seit der verunglückten Utopie des Kommunismus in Afghanistan nur noch ganz wenige.

Gleich nach der Aufführung kommen die Organisatoren der Konferenz auf uns zu, gratulieren uns und zeigen sich beeindruckt ob der Fähigkeit des Theaters, mit einem extrem sensiblen Thema so progressiv und vor allem lösungsorientiert umzugehen. "So etwas habe ich in Afghanistan noch nie gesehen", sagt die Landesdirektorin von ICTJ. "Vielleicht können wir in Zukunft gemeinsam etwas auf die Beine stellen?" Ja, das können wir, und rund ein halbes Jahr später beginne ich meine Arbeit für ICTJ, diesmal mit einem viel größer angelegten Projekt. Vorher allerdings kommt es noch zum zweiten Teil unseres TJ-Theaterprojekts, der Adaption des nordirischen Theaterstückes AH 6905 und einer Tour durch weite Teile des Landes.

[66] Im Sinne Galtungs bedeutet Negativer Frieden eine Abwesenheit von Gewalt, während Positiver Frieden nicht nur eine Abwesenheit von Gewalt, sondern auch ein Wiederbeleben zwischenmenschlicher Beziehungen beinhaltet.

'AH 7808'- Ausflug in ein konventionelles Theaterprojekt

"Es gibt Momente, in denen bestimmte Ereignisse unsere Fähigkeiten, diese zu deuten, außer Kraft setzen"[67] *(Bakhtin)*

AH 7808 (in Anspielung an die Dauer des Krieges von 1978 bis 2008) ist die Adaption eines nordirischen Theaterstückes (AH 6905), das im Rahmen des dortigen Friedensprozesses von Theatermacher Dave Duggan geschrieben und inszeniert wurde. Das Stück, ein rund 80-minütiger Monolog, handelt von Vergangenheitsbewältigung im Sinne von Transitional Justice[68] und weist erschreckende Ähnlichkeiten mit der Situation in Afghanistan auf.

Unser Ziel ist, das Stück an die afghanischen Verhältnisse anzupassen und sowohl auf Dari als auch auf Paschto zur Aufführung zu bringen, um, ähnlich wie bei dem "Tears into Energy"-Forumstück, einen Beitrag zu leisten, das Thema Vergangenheitsbewältigung zumindest wieder öffentlich diskutieren zu können. Ich selber schlüpfe dabei in die Rolle des Regisseurs und Bühnenbildners. Sowohl die Adaption als auch die Aufführungen stellen uns aber vor Herausforderungen und Hindernisse. Schon bei der Übersetzung kommt es zu heißen Wortgefechten.

"Dieses Wort gibt es im afghanischen Persisch gar nicht. Es ist zu intellektuell und kommt 100% aus dem Iran. So etwas können wir den ZuschauerInnen nicht präsentieren!" "Das stimmt doch gar nicht. Dieses Wort wird im afghanischen Sprachgebrauch selbstverständlich ganz häufig benutzt. Immer diese Anschuldigungen, dass wir Hazaras irgendetwas mit dem Iran zu tun haben." So oder so ähnlich quälen meine Kollegen und ich uns wochenlang Wort für Wort mit der Übersetzung des etwa zwanzigseitigen Skripts in die beiden Landessprachen. Am Ende sind immer noch nicht alle zufrieden, mittlerweile sitzt uns allerdings der Zeitdruck im Nacken. In drei Wochen muss das Stück stehen und in Kabul uraufgeführt werden. Danach sollen elf Provinzen des Landes mit diesem Ein-Mann-Stück bereist werden. Ein gewaltiger logistischer Aufwand, und bei der Thematik natürlich auch nicht ungefährlich.

In Doppelschichten proben wir die beiden Versionen, in Dari am Morgen, in Paschto am Nachmittag. Die beiden Schauspieler sind der bereits be-

[67] Bakhtin, Rabelais and His World, 1984, S. 6.
[68] Siehe Abschnitt über Transitional Justice weiter vorne im Text

kannte Dr. Sharif (für die Paschto Version) und ein aus derselben Opfergruppe stammender junger Mann, Shekeb (für die Dari-Fassung), der einige Zeit später, zum Teil auch wegen seiner Teilnahme an diesem Theaterprojekt, fast umgebracht wird und ins europäische Exil flüchtet[69]. Beide haben mit Ausnahme des TdU-Workshops keine bzw. nur sehr geringe Theatererfahrung. Trotzdem scheinen sie als Kriegsopfer und politische Aktivisten am besten geeignet, die Rolle des von traumatischen Erinnerungen und Selbstzweifeln geplagten Mannes, Sardar, zu spielen. Sardar versucht verzweifelt einen Weg zu finden, mit den schmerzhaften Folgen des Krieges umzugehen, und entscheidet sich deshalb, sich diejenigen Körperteile, die besonders von der Erinnerung verpestet wurden, herausoperieren zu lassen, um endlich einen Weg zu finden, in Frieden weiterzuleben. Starker Tobak und leider absolut relevant für den afghanischen Kontext.

Während der Proben kommt es dann ob der konkreten Verlust- bzw. Kampferfahrung der beiden Männer auch zu vielen schaurigen Momenten. So gibt es bereits zu Beginn des Stückes eine Folterszene, in der Sardar gefesselt und mit einem Sack über dem Kopf aufwacht. Die Gänsehaut des Doktors, der zur Zeit des Sowjetregimes in politischer Gefangenschaft war und gefoltert wurde, werde ich nie vergessen. "Genauso war es bei mir damals. Noch heute, fast dreißig Jahre später, habe ich manchmal Alpträume", sagt er.

Die Proben gehen weiter. Zwanzig Seiten Skript bedeuten eine Ewigkeit alleine auf der Bühne. Das können selbst die professionellsten SchauspielerInnen nur mit großen Schwierigkeiten. Die beiden aber machen einen unglaublichen Job. Nebenbei gilt es noch, schnell das Bühnenbild zu entwickeln. Es muss überall relativ leicht aufzubauen sein und der Tatsache, dass sämtliche Aufführungen an symbolischen, meist zerstörten, Orten stattfinden werden, Rechnung tragen. Ich entscheide mich für ein Bild mit vielen symbolischen Elementen. Maschinengewehre, Stacheldraht, einen Gebetsteppich, eine Landkarte Afghanistans, ein Märtyrergrab, echtes Blut und einige Stücke Fleisch, die die herauszuoperierenden Körperteile symbolisieren sollen. Für Musik und eine Einleitung (in Form eines theatralisierten iranischen Gedichts von Forough Farrokhzad) muss auch noch gesorgt werden. Einladungen sind erforderlich.

[69] Shekeb lebt bis heute im europäischen Exil und würde sehr gerne wieder nach Afghanistan zurückkehren. Seine Situation als (anerkannter) Flüchtling ist nicht einfach und er hat sehr mit der Einsamkeit und dem Leben in einer anderen Kultur zu kämpfen. (Stand Februar 2013)

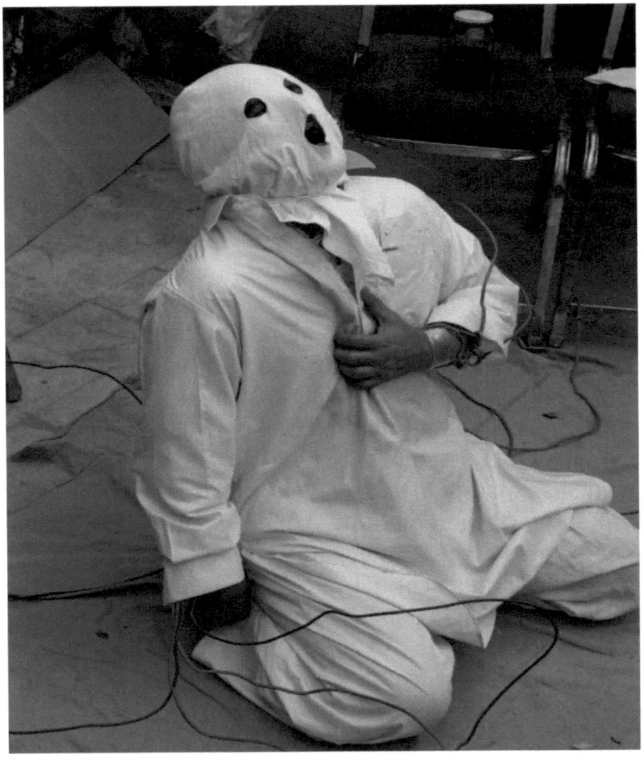

Foto 14: AH 7808 - Das Theater als friedliche Waffe des Wandels

Für all diese technischen Dinge ist Salim hauptverantwortlich. Salim ist für mich eines der schönsten Beispiele, wie die Arbeit mit dem Theater das Leben einer Person ganz konkret verändern kann. Salim ist zunächst als technischer Assistent eingestellt, spricht mich die ersten Tage nur mit "Sir" an und guckt dabei verschämt nach unten. "So musste ich es bei anderen internationalen NGOs immer machen", erklärt er mir, als ich ihn regelrecht auf Knien anflehe, mich einfach nur beim Namen zu nennen. Salim arbeitet vom ersten Tag an unermüdlich, weigert sich aber partout, an den Theaterübungen teilzunehmen, die wir jeden Tag als Aufwärmprogramm für die Proben machen. "Ich kann kein Theaterspielen. Dazu habe ich kein Talent". Schließlich nimmt er dann doch einmal teil, freundet sich Stück für Stück mit dem Theater an und wird innerhalb weniger Monate zu einem der positiv fanatischsten Theatermacher, die ich mir vorstellen kann. "Es gibt ein vor und nach dem Theater in meinem Leben", sagt er, diesmal mit erhobenem Kopf. Ansonsten haben die am Projekt beteiligten sechs KollegInnen und ich unsere sowieso schon lange Sechs-Tage-Woche in eine 24 Stunden am Tag / 7 Tage die Woche Routine verwandelt. Wir arbeiten zusammen, essen zusammen, und immer häufiger schlafen wir auch gemeinsam in einem Raum, zumindest die männlichen Beteiligten. Transitional Justice Theater nonstop. Wenige Wochen später geht es endlich los.

Der Himmel zieht sich zu, es ist kurz vor Sonnenuntergang. Die kleine Stadt etwa 1 ½ Stunden nördlich von Kabul wird in wenigen Minuten völlig im Dunkeln liegen. Wir sind auf dem Weg zu Radio Solh, Radio Frieden, einem lokalen Radiosender, der von UNAMA und der AIHRC unterstützt wird, um mit dessen Betreiber, dem Ehemann einer im eigenen Bett ermordeten Menschenrechtsaktivistin, ein Gespräch über unsere bevorstehende Theateraufführung in der Stadt zu führen. Das Städtchen ist bekannt als Hochburg des zumindest bei den afghanischen Tadschiken als Volkshelden verehrten Ahmad Shah Massoud, dem Löwen von Panjshir, der sich sowohl als Mujaheddin-Kämpfer gegen die Rote Armee als auch im Kampf gegen die Taliban einen Namen als gewiefter militärischer Stratege, allerdings auch gnadenloser Feldherr, gemacht hat und am 9. September 2001, zwei Tage vor den Terroranschlägen in den USA, von al-Qaida ermordet wurde.

Bekannt ist das Städtchen auch für seine extrem grünen Täler in einer Region, in der sonst eher der ewige Staub eine wortwörtlich zweite Haut des Menschen bildet. Leider ist es auch in dieser Region so, dass die Menschen immer noch fast durchgehend im Dunkeln sitzen, da es nach wie vor keine erwähnenswerte Stromversorgung gibt, die den Menschen Aktivitäten nach Sonnenuntergang ermöglicht. Das Absurde ist, dass nur wenige Kilometer entfernt, für alle BewohnerInnen hervorragend sichtbar, die US-Militärbasis Bagram in voller Beleuchtung steht, und den Menschen so signalisiert, wer in Afghanistan das Sagen hat. Die Basis ist bekannt für ihr Gefängnis, in dem sich noch heute mehrere hundert unter Terrorismusverdacht stehende, aber nur sehr selten angeklagte Gefangene festhalten lassen müssen, und in dem Gerüchten zufolge die Gefangenen regelmäßig gefoltert werden. Ferner weiß man aus Soldatenaussagen, dass auf dem riesigen Areal der Militärbasis die Soldaten und Funktionäre mit einem bei der lokalen Hertz-Filiale gemieteten Auto von Ort zu Ort fahren und unterwegs auch gerne einmal einen Zwischenstopp bei Burger King oder Subway einlegen[70]. Winning hearts and minds made in the USA. Absurder geht es kaum.

---

[70] http://cptnighthawk.blogspot.com/2005/10/bagram-airfield-and-puzzle-palace.html

Letzteres bestätigt auch einer meiner afghanischen Kollegen vor Ort, der erbost die fehlenden Fortschritte der letzten Jahre Entwicklungszusammenarbeit anprangert und neben der Korruption der Regierung Karzai auch die Internationale Gemeinschaft mitverantwortlich macht. "Ohne euch Ausländer geht es nicht, aber mit der Sorte Ausländer, die zurzeit hier im Land sind, wird das nie etwas. Die sind sich selbst am nächsten wie das Beispiel Bagram verdeutlicht." Andere Menschen vor Ort reagieren eher resignierend. "Ob Russen oder Amis, solange wir von Ausländern regiert werden, wird es in Afghanistan nie Frieden geben", teilt mir ein Polizist vor Ort mit. Auch der Besitzer der Radiostation sieht seine Arbeit für Gerechtigkeit eher als Kampf gegen die Windmühlen, bei dem er sich weder bei den Charidjis noch bei den afghanischen Autoritäten viel Hoffnung auf ernsthafte Unterstützung macht. Das ist schon alles sehr deprimierend.

In dieser Region also wird in Kürze eine Aufführung von 'AH 7808' stattfinden. Als Schauplatz wird der total zerstörte Palast des ehemaligen Königs, Amanullah Khan, gewählt, ein Ort, der symbolischer nicht sein könnte für die dauerhafte Zerstörung eines Landes, das seit Jahren nach Frieden schreit, bei den afghanischen Warlords und den internationalen Großmächten aber damit offenkundig auf taube Ohren stößt. AH 7808 ist erst vor kurzem in dem ebenfalls zerstörten, ehemaligen russischen Kulturzentrum Kabuls uraufgeführt worden und hat dort bereits für den ersten Eklat gesorgt, als die Frau eines bekannten und sehr konservativen Ministers, außerdem Direktorin des afghanischen roten Halbmonds, laut reklamierend die Aufführung verlassen und uns beim Hinausgehen als Feinde Afghanistans beschimpft hat, da wir das Land "einfach nicht zu Frieden kommen lassen und weiter in den Wunden der Vergangenheit herumstochern wollen". Vielleicht sollte ich noch hinzufügen, dass dieselbe Dame sich schon vor Beginn der Aufführung über den 'abartigen Gestank', im ehemaligen Kulturzentrum beschwert hat. Sie selber wohnt - Dank des wirtschaftlichen Aufstieges ihres Mannes - in einer der opulenten, nach pakistanischer Art gebauten Villen, in denen sich in den letzten Jahren die afghanische Oberklasse infrastrukturell schöne Stunden gegönnt hat. "So stellen sich die da oben also Frieden vor", bemerkt eine der Zuschauerinnen, die als Mitglied einer organisierten Victim's Group im Publikum sitzt. Ein Kommentar erübrigt sich.

Nun also befinden wir uns im ehemaligen Königspalast und bauen mit eigenen Händen, Stein für Stein, eine Bühne, die der Symbolik des Palastes gerecht werden soll. Bilder von verstorbenen Familienmitgliedern unserer TdU-Opfergruppe zieren die wenigen verbliebenen Mauern. Auch die Einladung ist eine Collage verschiedener Männer und Frauen, die in den letzten dreißig Jahren ihr Leben lassen mussten. Darüber hinaus gibt es eine kleine Fotoausstellung zum Thema Menschenrechte, fotografiert von einer jungen afghanischen Fotografin. Erwartet werden mehrere Hundert ZuschauerInnen, selbst der Gouverneur[71] der Provinz hat seinen Besuch zugesagt. Ob der ehemalige Warlord weiß, worauf er sich einlässt? Konventionelles Theater wird in Afghanistan oft mit Comedy gleichgesetzt, weil sich im afghanischen Privatfernsehen in den letzten Jahren mehrere Komödianten theatralisch verstärkt in Szene gesetzt haben. Der Gouverneur wird sich wundern.

Foto 15: Site-specific theatre - Theater an symbolträchtigen Orten

Am Tag der Aufführung ist das Wetter leider äußerst windig und unsere im Freien improvisierte Bühne fliegt uns schon vor Ankunft der ZuschauerInnen im wahrsten Sinne des Wortes um die Ohren. Das sorgt natürlich dafür, dass sämtliche Beteiligten etwas nervös sind. Auch die Aufführung beginnt wegen mehrerer technischen Probleme - die Stereoanlage funktio-

[71] Vergleichbar mit einem deutschen Ministerpräsidenten

niert nicht, der Strom fällt aus - unglücklich. Trotzdem bleiben fast alle der etwa 300 Zuschauer samt des Gouverneurs und unzähliger schwerbewaffneter Polizisten bis zum bitteren Ende. Die von uns anvisierte Abschlussdiskussion findet aber nicht mehr statt, da sich das Oberhaupt der Region schlagartig und vor allem erbost erhebt und, gefolgt von fast allen Zuschauern, den Palast verlässt. Über die Verbrechen der Vergangenheit zu sprechen war ihm dann wohl doch etwas zu brenzlig.

Es macht sich ein wenig Niedergeschlagenheit bei uns breit. Die Tatsache, dass wir in einer problematischen Provinz ohne Zwischenfälle aufführen konnten, ist bemerkenswert, dass die Vergangenheit allerdings nicht wirklich diskutiert werden kann, zeigt uns, wie steinig der Weg hin zu einer Form von Gerechtigkeit noch ist. Das letzte, noch verbliebene Grüppchen von ZuschauerInnen sind Angehörige von Menschen, die in dieser Region ihr Leben lassen mussten. Sie bedanken sich, dass ihre persönlichen Schicksale durch die Aufführung endlich einmal symbolisch aufgearbeitet wurden, und bitten uns mit traurigen Augen, sie nicht zu vergessen. Auch teilen sie unsere Frustration, dass der Gouverneur nicht für die geplante Diskussionsrunde geblieben ist. "Uns hat noch nie jemand zugehört. Die, die früher Mujaheddin oder Taliban waren, sind heute Demokraten und reden von Menschenrechten. Von ihnen ist keine Hilfe zu erwarten." Es tut mir und meinen KollegInnen weh, solche Worte der Hoffnungslosigkeit zu hören, aber sie scheinen die derzeitige Lage des Landes leider gut wiederzugeben. Choda Hafiz, ihr Lieben. Passt auf euch auf.

Wieder einmal hadere ich mit mir. Wie stelle ich sicher, dass diese Kriegsopfer nicht zu reinen "KlientInnen" unserer Arbeit werden, die für uns nichts weiter sind als eine Nummer, die wir hinterher den Geldgebern präsentieren? Auch frage ich mich, was wir vielleicht zusätzlich tun könnten, damit die Aufführung nicht zu einem reinen Kurzbesuch wird, der für uns wichtiger ist als für die Menschen, für die das Projekt eigentlich gedacht ist. Was kann man überhaupt Konkretes mit Theater bewirken, wenn die Bedürfnisse der Menschen so riesig sind, dass eigentlich nur ein Wunder sie stillen könnte? Um neuen Mut zu schöpfen, vergegenwärtige ich mir ein Gedicht von Bertolt Brecht in leicht umgeänderter Fassung:

Wird es in finsteren Zeiten noch Theater geben? Natürlich, es wird Theater über die finsteren Zeiten geben.

Doch, dieses Theater ist wichtig. Es mag zurzeit nur einer kleinen Gruppe von Menschen wirklich wichtig sein, aber ich bin davon überzeugt, dass Afghanistan und seine BewohnerInnen in naher Zukunft davon profitieren werden, dass dieses Medium existiert und Räume schafft, die eine Begegnung mit sich selbst ermöglichen, um basierend auf dieser Selbsterfahrung einen Prozess des radikalen Wandels einzuschlagen, ob dies den politischen Eliten nun passt oder nicht.

So neigt sich ein weiterer Tag dem Ende entgegen, und das kleine Städtchen versinkt im Dunkeln, während sich die Soldaten von Bagram auf eine lange Nacht vorbereiten. Mehr und mehr kann ich diejenigen AfghanInnen verstehen, die wieder kurz davor sind, eine Waffe in die Hand zu nehmen, um gegen die "Ungläubigen" zu kämpfen. 30 Jahre Krieg, und immer wieder sind ausländische Interessen ausschlaggebend dafür, dass die Gewalt nicht aufhört. Natürlich sind auch die Afghanen nicht schuldlos. Wie schon gesagt, ist Gewalt hier etwas ganz Natürliches, aber wenn man sich allein die Nachbarstaaten ansieht: Iran, Pakistan, drei zum Teil von beinharten Diktatoren regierte ehemalige Sowjetrepubliken, China, Indien und Russland gleich um die Ecke, wird einem schnell klar, dass auch eine absolut friedliebende afghanische Bevölkerung sich keine großen Hoffnungen machen dürfte, weil irgendeine mit Nuklearwaffen ausgestattete Großmacht sich wohl immer einbilden wird, dass Afghanistan für die eigenen Zwecke irgendwie nützlich und daher zu besetzen ist.

Diese Aufführung im ehemaligen Königspalast soll für fast ein Jahr die letzte sein, die ich live miterlebe. In den nächsten Monaten wird das Stück von tausenden Menschen in verschiedenen Teilen des Landes aufgeführt. Darunter auch in unmittelbarer Nähe der zerstörten Buddha-Statuen in Bamiyan[72]. Meine Zeit als Berater für UNAMA und die AIHRC ist jedoch vorbei. Die sechs Monate Arbeit mit TdU und AH 7808 sind wie im Flug vergangen, und eine Vertragsverlängerung ist seitens der UNO leider nicht möglich. Die Gelder für weitere Menschenrechtsaktivitäten sind knapp und außerdem waren die Theateraktivitäten sowieso nur dank meiner ebenfalls Afghanistan verlassenden Kollegin Daria akzeptiert worden. Da hat Theaterarbeit leider keine Priorität.

Trotzdem sind es die bislang schönsten Monate meiner Zeit in Afghanistan gewesen. Die Zusammenarbeit mit den beiden Opfervereinigungen, meinen afghanischen Kollegen und Schauspielern sowie den Kolleginnen Deborah und Daria war wunderschön und eine tolle Erfahrung in Sachen Team-

[72] Ein BBC-Video über diese Aufführung gibt es auf news.bbc.co.uk/2/hi/7509451.stm zu sehen

work. Aus meiner Sicht sind wir während dieser Zeit zu einer echten Einheit, einer Familie, verschmolzen. Bei Dr. Sharif und seiner Familie, seiner Frau und zwei Kindern, gehe ich ein und aus, bekomme sogar ein eigenes Zimmer (es gibt nur zwei Räume) und werde schon bald zum einzigen anerkannten "Onkel" in den Worten seines dreijährigen Sohnes. Mit Ausnahme der Zeit, die ich allein mit Deborah und Daria verbringe, bin ich mittlerweile zu 90% mit Afghanen und Afghaninnen zusammen, habe afghanische Freunde gefunden und unterwerfe mich ob meiner Freiberuflichkeit auch keinen Sicherheitseinschränkungen mehr. Ich laufe entspannt auf der Straße herum, und auch mein Dari, obwohl immer noch nicht wirklich flüssig, wird langsam, aber sicher besser. Die KollegInnen und TheaterteilnehmerInnen freuen sich zumindest immer, wenn ich ein paar Theaterspiele auf Dari erkläre.

Foto 16: Aus KollegInnen werden FreundInnen – Shekeb und Co.

Afghanistan und vor allem Kabul sind zu einer Art von Heimat geworden. Kann die von mir so kritisch hinterfragte Entwicklungszusammenarbeit also doch funktionieren? Meiner Familie in Deutschland und Bolivien geht es dagegen nicht so toll. Zu viele Negativschlagzeilen macht das Land, und die Tatsache, dass immer mehr AusländerInnen entführt werden und die Selbstmordanschläge vor allem gegen NATO-Konvois ständig zunehmen, macht die Sorgen der Eltern und Verwandten natürlich von Tag zu Tag größer.

Und jetzt? Mein Vertrag ist ausgelaufen, das Theater, obwohl noch nicht nachhaltig und vollständig von AfghanInnen geführt, hat sich als starkes und mobilisierendes Medium für die Arbeit mit äußerst sensiblen Themen gewissermaßen etabliert, und aus reinem Eigennutz von Projekt zu Projekt bzw. NGO zu NGO zu wechseln, liegt mir trotz drei Arbeitgebern in 15 Monaten nicht wirklich. Sollte es Zeit sein, meine Zelte abzubrechen?

Ich würde gerne bleiben, aber dann müsste wirklich etwas Größeres angepackt werden. Mit meinem UNAMA-Kollegen und Freund Hadi, einem der zwei Joker der letzten Monate, habe ich schon mehrmals die Gründung einer afghanischen NGO besprochen, die wir gerne als eine von AfghanInnen geführte Plattform für partizipative Theaterarbeit in Afghanistan etablieren würden. Dies ist für mich natürlich ein äußerst reizvoller Gedanke, da eine Afghanisierung des TdU die ewige Problematik des selbstbestimmten Handelns und der Nachhaltigkeit ein für alle Mal angehen würde. "Ich will ehrlich mit dir sein, Hjalmar Jan", sagt Hadi plötzlich. "Als du zum ersten Mal von partizipativem Theater gesprochen hast, habe ich gedacht, dass so etwas in Afghanistan nie funktionieren würde. Jetzt habe ich am eigenen Leib erlebt, wie die vielleicht am stärksten marginalisierten Menschen Afghanistans, Kriegsopfer, Witwen und Frauen aller Altersklassen und Lebenslagen, von der Regierung vergessene Menschen, mit dem Theater zu neuen Menschen geworden sind, die sich die ständige Ausgrenzung nicht weiter gefallen lassen. Das ist wirklich unglaublich." Das ist es wirklich. Auch ich hätte mir eine derart positive Reaktion auf die Arbeit mit dem TdU nicht träumen lassen.

Die Gründung einer afghanischen Theater-NGO scheint fast eine Notwendigkeit. Aber woher das Geld nehmen? Ich verspreche, mit Hadi im Kontakt zu bleiben und finanzielle Möglichkeiten von Deutschland aus zu erkunden, entscheide mich zunächst aber, Afghanistan nach rund 15 Monaten intensivster Theaterarbeit zu verlassen. Ich finde eine Nachmieterin für mein Haus, packe meine Sachen, gebe eine rauschende Abschiedsparty und sitze wenig später, noch ein wenig ungläubig, im nächsten Flieger nach Deutschland. Tashakor, Afghanistan. Sehen wir uns wieder?

Tränen sind ein Teil unseres Lebens: ICTJ und die ersten Schritte in die Selbstständigkeit

Solange Handeln eine lebendige Realität ist,
solange man an Ziele glaubt,
hat das Wort Gerechtigkeit einen Sinn.[73]
(De Beauvoir)

Ich sitze in Hamburg und weiß absolut nichts mit mir anzufangen. Rund einen Monat ist es nun her, dass ich Afghanistan verlassen habe. Die Erinnerung an die schöne Zeit mit Land und Leuten lässt mich nicht los, und zur selben Zeit fällt es mir schwer, anderen irgendwie mitzuteilen, wie und was ich dort alles erlebt habe. Zu intensiv und vor allem zu körperlich sind meine Erinnerungen. Körperliche Erinnerungen? Seit einigen Jahren hat sich die Idee durchgesetzt, dass wir Menschen ein körperliches Erinnerungsvermögen haben, soll heißen, dass wir unsere Erinnerungen nicht nur in unseren Köpfen speichern, sondern dass der gesamte Körper als Festplatte fungiert und sich verschiedene Momente unseres Lebens in bestimmten Teilen dieses Körpers einnisten und von dort aus unser Leben mitbestimmen. Dieses Phänomen ist mir schon bei der Arbeit mit der Opfervereinigung in Kabul, z.B. in den unterschiedlichen Übungen des Statuentheaters, immer wieder aufgefallen, und ich bin davon überzeugt, dass diese Verbindung zwischen Körper und Erinnerung möglicherweise erst durch ein Medium wie dem Theater zu ihrer vollen Entfaltung kommt. Mir machen die Erinnerungen jedenfalls zu schaffen. Könnte ein in den USA stattfindender Fortbildungsworkshop zum Thema "Playback-Theater und TdU" mich vielleicht neu inspirieren?

Ich verfolge das Playback-Theater (PT), eine Form des partizipativen Improvisationstheaters, in dem die ZuschauerInnen persönliche Momente, Anekdoten und Erfahrungen mitteilen und diese dann von einer Gruppe SchauspielerInnen auf der Stelle improvisiert werden, schon seit geraumer Zeit intensiv und habe auch schon ein klein wenig damit herumexperimentiert. Es scheint mir eine potentiell ermächtigende und zum TdU komplementäre Theaterform zu sein, die gerade in Ländern wie Afghanistan mit großer Sicherheit von Nutzen sein könnte. Ich fliege also in die USA, nehme an dem Training teil und lerne den Begründer dieser Theaterform, Jonathan Fox, kennen. Dieser verspricht mir sofort seine Unterstützung, sollte ich irgendwann die Möglichkeit haben, mit dem PT in Afghanistan zu ar-

[73] Simone De Beauvoir, Die Mandarins von Paris, 1955, S. 931

beiten. Marc Weinblatt, einer der beiden Trainingsleiter und alter TdU-Hase, ist auch sofort daran interessiert, mehr über die Theaterarbeit in Afghanistan zu erfahren, und bietet sich an, nach Afghanistan zu kommen, sollte dies je gewünscht sein. Das PT Fortbildungstraining wird also zum Networking-Spektakel. Inspiriert kehre ich nach Hamburg zurück. In der Zwischenzeit hat sich die Landesdirektorin von ICTJ per Email gemeldet. Sie möchte gerne wissen, ob wir nicht gemeinsam ein partizipatives Theaterprojekt mit einer Opfervereinigung in Kabul durchführen wollen und ob ich eine Idee habe, wie dieses Projekt konkret aussehen könne. Falls ja, könne es in wenigen Wochen losgehen. Wow. So schnell geht das manchmal.

Aber wie würde dieses Projekt im Detail aussehen? Ehrlich gesagt habe ich kein wirkliches Interesse, lediglich einen weiteren TdU-Workshop mit dem Ziel, eine Forumtheateraufführung zu organisieren, durchzuführen. Nicht, dass mir die Arbeit keinen Spaß machen würde, aber die bereits mehrmals erwähnte Problematik des sich immer wieder neue Aufgaben erfindenden Entwicklungshelfers möchte ich wirklich lieber vermeiden. Ich habe absolut kein Interesse, der "Shakespeare von Kabul" zu werden. So hatte sich ein Kollege einmal wegen seiner Theaterarbeit im ehemaligen Jugoslawien ("Der Shakespeare vom Balkan") beschrieben. Aber halt mal! So muss es ja gar nicht sein. Im Endeffekt hat mich die ICTJ Landesdirektorin ja darum gebeten, ein konkretes Projekt zu entwickeln. Könnte dies nicht die Möglichkeit sein, Hadi dabei zu unterstützen, seine eigene Organisation zu gründen und die afghanische Theaterplattform in die Wege zu leiten? Das ist es. Ich erarbeite ein in drei Phasen unterteiltes zwölfmonatiges Projekt, das nach einer von ICTJ verlangten Pilotphase, in der die Effektivität der Methodik noch einmal genauer unter die Lupe genommen werden soll, in den nächsten zwei Phasen den Schwerpunkt auf konkrete Trainingsworkshops für interessierte AfghanInnen legt, mit dem konkreten Ziel, die Gründung einer von AfghanInnen geführten partizipativen Theaterplattform zu unterstützen. Die notwendigen Gelder müssen für alle drei Phasen separat eingeworben werden, was heißt, dass eine Art von konstantem Fundraising betrieben werden muss. Gebongt. ICTJ ist einverstanden. Wo muss ich unterschreiben? Schnell noch wird Hadi eingeweiht, der ein paar Monate später entschließt, seinen Job bei UNAMA zu verlassen und seine eigene Organisation, die Afghanistan Human Rights and Democracy Organization (AHRDO) zu gründen. Fantastisch! Und ein bewundernswerter Schritt, da sein Gehalt bei UNAMA recht gut ist und er damit sein Fernstudium finanziert und seine Familie ernährt. Bei einer neugegründeten, dazu noch afghanischen NGO ohne internationalen Geber wird er wahrscheinlich eher noch Geld mitbringen müssen. Aber ich will mich nicht zu weit in die Zukunft begeben. Erst einmal ist der Pilotworkshop mit einer weiteren Kabuler Opfervereinigung an der Reihe. Neben einem weiteren TdU-Workshop habe ich zum ersten Mal auch die Arbeit mit dem Playback-Theater zum Thema Transitional Justice in die Projektaktivitäten aufgenommen. Ich bin super aufgeregt. Afghanistan, ich komme wieder!

Schritt für Schritt in die Freiheit - Der ICTJ Pilotworkshop mit einer Kabuler Opfervereinigung

Salam Aleykum, Afghanistan. Man besyor chosh hastom ke pasamadom[74]. Ich bin gerade erst gelandet, da werden direkt vor meiner Nase zwei ausländische DHL-Mitarbeiter auf offener Straße erschossen. Kurz danach wird ein französischer Entwicklungshelfer entführt. Und in der Woche zuvor ist eine Südafrikanerin auf dem Weg zur Kabuler Universität von den Taliban mit einem Kopfschuss hingerichtet worden. Der Grund? Sie habe angeblich versucht, Afghanen zum Christentum zu bekehren. Kaum bin ich also da, schon bekomme ich einen Anruf der mittlerweile von Brüssel aus agierenden ICTJ Landesdirektorin. "Solltest du dich nicht sicher fühlen, teile es mir bitte sofort mit. Du kannst das Land jederzeit verlassen". Ein wenig mulmig ist einem in solchen Momenten ja schon. Auf der anderen Seite lässt der erste Tee mit Dr. Sharif, Hadi und den anderen ehemaligen Kollegen sämtliche Sorgen um das eigene Wohl sofort verfliegen. "Chosh amaden, Hjalmar Jan". Willkommen. So fühle ich mich wirklich.

Ein neuer Arbeitgeber also. The International Center for Transitional Justice. Ein großes Tier weltweit, aber hier in Afghanistan eher unauffällig unterwegs. Viele kleinere TJ-Aktivitäten werden unterstützt, und das derzeitige Landesbüro vor Ort besteht aus einem bei einer Radiostation angemieteten Raum, meinem afghanischen ICTJ Kollegen Azaryoun, einem mir begeistert Persisch beibringenden Fahrer und meiner Wenigkeit. Darüber hinaus soll noch jemand kommen, der mich bei der Theaterarbeit unterstützen kann. Ausgewählt wird eine junge Frau, die sich in den nächsten Wochen als wichtige Mitarbeiterin auszeichnen soll, allerdings auch temporäres Opfer afghanischer Traditionen wird, da ihr von einigen Workshop-TeilnehmerInnen aus unterschiedlichen Anlässen unafghanisches Benehmen vorgeworfen wird, was sie mehrmals an den Rand der Tränen bringt.

[74] Guten Tag, Afghanistan. Ich bin sehr glücklich, wieder zurück zu sein.

Zunächst einmal aber verbringen wir beiden eine Woche, für alle auf dem Grundstück ansässigen Büros und ihre MitarbeiterInnen sichtbar in einem kleinen Gartenstück, wo ich ihr die Philosophie und Praxis des TdU erkläre und wir an Vokabelfragen arbeiten. Ich erwähne die Öffentlichkeit dieser Arbeit deshalb, weil es für eine afghanische Frau immer noch tragische Folgen haben kann, alleine mit einem Mann in einem Büroraum zu sitzen. Der Garten hingegen ruft nur etwas seltsame Blicke hervor, da wir einige der Theaterübungen konkret ausprobieren und es dabei zu der einen oder anderen seltsam anmutenden Verrenkung kommt. "Mir gefällt die Idee, dass im TdU alle Menschen Schauspieler sein können", sagt meine Kollegin schließlich. Auch die Idee der Kultur des Dialogs im Gegensatz zu einer Kultur, in der nur eine Minderheit das Sagen hat, findet sie äußerst interessant.

Als Nächstes müssen wir nun mit der Gruppe reden, die sich bereit erklärt hat, mit uns auf eine zehntägige TdU-Reise zu gehen, eine zweite in Kabul agierende Opfervereinigung, deren Direktorin aus Sicherheitsgründen mittlerweile im Exil lebt. Da zu erwarten ist, dass die meisten TeilnehmerInnen noch keine Erfahrung mit dem Theater gemacht haben, laden wir einige TeilnehmerInnen des vorherigen Projekts mit der anderen Opfervereinigung ein, damit diese ein wenig aus dem Nähkästchen plaudern können und es den potentiellen TeilnehmerInnen vielleicht etwas leichter gemacht wird, eine Entscheidung zu treffen, ob sie an dem Workshop teilnehmen möchten oder nicht. Neben diesen verbalen Erklärungen spielen wir außerdem noch eine Runde das vertrauensbildende Spiel "Blindes Auto" und erreichen damit, dass sich sämtliche siebzehn TeilnehmerInnen (elf Frauen und sechs Männer) endgültig entscheiden, dem TdU eine Chance zu geben. Selbst drei Schauspielstudenten werden dabei sein. Nach der Klärung einiger logistischer Details geht es ein paar Tage später dann los. Ich bin gespannt.

Sind das dieselben Gesichter wie vor ein paar Tagen bei der Einführungsveranstaltung? Ich kann mich vor allen Dingen an zwei Gesichter überhaupt nicht erinnern. Beides sind Frauen in den frühen bis späten Siebzigern und schnell stellt sich heraus, dass die eine kaum hören kann und die andere keine Zähne mehr hat. Willkommen zum TdU-Workshop. Was das wohl wird. Kurz darauf die nächste Überraschung. "Ich habe mich noch nie so beleidigt gefühlt. Wenn die Gruppe sich nicht entschuldigt, höre ich sofort auf". Meine Kollegin und Übersetzerin ist schockiert und in Tränen. Soeben wurde sie von einem der männlichen Teilnehmer als "Hjalmars Frau" bezeichnet, weil wir, aus Platzmangel, aber sichtbar für alle, gemeinsam in einem separaten Raum Mittag gegessen haben. Am Nachmittag dann noch die dritte Überraschung. Ob der vielen körperlichen Übungen ist die Luft stickig und ich öffne die Tür zum Hinterhof um zu lüften. Ein süßlicher, mir stark bekannt vorkommender Geruch zieht parfümiert meine Nase. Und richtig: Sieben Marihuana-Pflanzen wuchern dort in Ruhe vor sich hin. "Das Gebäude gehörte vorher einem wichtigen Politiker, der sich Hals über Kopf aus dem Staub gemacht und die Pflanzen sich selbst überlassen hat", erzählt mir die Vize-Direktorin später. Sollte uns der Duft von Cannabis helfen, die zunächst etwas angespannte Atmosphäre zu überwinden?

Die ersten Theaterspiele laufen jedenfalls nicht besonders. Es ist spürbar, dass diese Aktivitäten für die meisten eine große Herausforderung darstellen, und dann belastet uns noch die Geschichte mit meiner Kollegin. Der Verdacht, dass wir nicht nur unser Mittagessen teilen, ist in Afghanistan wirklich eine ungeheure Beleidigung und so öffentlich ausgedrückt eigentlich absolut unüblich. Wir bringen den Tag mehr schlecht als recht zu Ende, und ich suche am Ende des Tages das Gespräch mit der Vize-Direktorin der Opfervereinigung. Diese verspricht, sich des Problems anzunehmen, und bei der Einführungsrunde zu Beginn des zweiten Tages entschuldigt sich der Übeltäter tatsächlich vor der gesamten Gruppe. Da dieser sich auch bei einigen der Übungen am ersten Tag zum Teil sehr destruktiv gezeigt hat, betone ich erneut, dass dieser Workshop absolut kein Muss ist und ich ihnen bei Leibe nichts aufzwingen möchte. Ich bitte die Gruppe, noch einmal darüber nachzudenken und zu diskutieren, ob es weitergehen soll oder nicht, und verlasse für ein paar Minuten den Raum. Glücklicherweise entscheidet sich die Gruppe, dass es weitergehen soll und von nun an entwickelt sich eine Arbeit mit dem TdU mit vielen denkwürdigen Momenten.

"Magritte", die TeilnehmerInnen verwandeln eine leere Flasche unter Mithilfe ihrer Körper in Objekte ihrer Wahl, stellt sich wie immer als äußerst kreativitätsfördernde Übung heraus. Neben den üblichen Blumen, Flöten, Peitschen und Messern ist diesmal allerdings die Diskussion sehr ermutigend. "Die Flasche ist ein Symbol für Afghanistan. Und genau wie die Flasche können wir Afghanistan in all das verwandeln, was wir uns wünschen. Wir müssen nur hart genug dafür arbeiten", sagt die mit 17-Jahren mit Abstand jüngste Teilnehmerin. Diese Hoffnung hängt nicht zuletzt davon ab, inwieweit sich die politischen Führer des Landes und die internationale Gemeinschaft endlich dazu bewegen lassen, wirklich etwas für die afghanische Normalbevölkerung zu tun. Das jedenfalls ist der Tenor der Gruppe als Resultat auf die Arbeit mit der "Kolumbianischen Hypnose". "Diese Übung zeigt, wie wichtig es ist, dass uns unsere Führer endlich verantwortungsvoll führen und sich nicht nur um ihre eigenen Geschäfte kümmern". "Ich habe kein Vertrauen in unsere Führer. Wichtiger ist es, dass wir uns unserer eigenen Rolle bewusst werden, unsere Führer kritisch beäugen und auch selbst Verantwortung übernehmen." "Wir brauchen eine Gesellschaft, in der alle Menschen sowohl führen als auch geführt werden, sonst wird es immer Unterdrücker und Unterdrückte geben". Die Diskussion geht hin und her. "Könnte jemand ein Bild der derzeitigen afghanischen Führung machen?", frage ich. Mehrere Hände steigen hoch und gemeinsam wird ein Bild kreiert, in dem eine afghanische Führungsperson, auf einem menschlichen "Stuhl" sitzend, mit dem Rücken zu einer um Hilfe bittenden Menge steht, die von mehreren bewaffneten Personen ruhiggehalten wird. "Das ist unsere politische Realität. Unsere Politiker interessieren sich nicht für uns." "Und die Rolle der internationalen Gemeinschaft?", will ich wissen. Ein weiteres äußerst symbolisches Bild: Ein Entwicklungshelfer und ein Afghane. Ersterer hält Letzterem die linke Hand zur Hilfe, und hält ihm mit der rechten ein Messer an den Rücken. "Oberflächlich wollen die Charidjis uns helfen, aber in Wirklichkeit sind sie nur für ihre eigenen Interessen hier und machen unser Land kaputt."

Es scheint, dass es noch ein Weilchen dauern könnte, bis die "Hearts und Minds" der AfghanInnen erobert sind. Dabei denke ich gar nicht, dass sowohl Herr Karzai als auch die internationale Gemeinschaft samt NATO-Truppen von den meisten AfghanInnen grundsätzlich abgelehnt werden. Zwar bin ich davon überzeugt, dass die meisten AfghanInnen definitiv lieber ohne Besatzung auskommen würden, sich nach so vielen Jahren Krieg aber auch eine Art Desideologisierung durchgesetzt hat und sich die meisten Menschen einfach nur Frieden, Sicherheit und ein ganz klein bisschen materiellen Wohlstand wünschen. Wer ihnen das bringt, ist letztlich gleichgültig.

Diese drei Themen kommen dann auch wieder hoch, als es in einer weiteren Übung "Wie fühle ich mich?" darum geht, dass eine Freiwillige eine Emotion darstellen soll, die vom Rest der Gruppe erraten werden muss. Die Übung an sich verläuft recht unspektakulär. Die anschließende Besprechung hingegen enthüllt, dass die meisten TeilnehmerInnen im derzeitigen Afghanistan drei überwältigende Gefühle haben: Angst vor Gewalt, Enttäuschung über die afghanische Regierung und Nervosität, was ihre wirtschaftliche Zukunft angeht. Auch das Thema "Liebe" bzw. die Abwesenheit dieser ist immer wieder Bestandteil vieler Übungen. An einem der Workshoptage handeln gar sieben von neun Übungen von Liebe und Beziehungen. Angst, Enttäuschung, Nervosität und ein Verlangen nach Liebe. Wie kann basierend auf diesem hochexplosiven Emotionscocktail ein Land zu sich selber und zum Frieden finden? Wo soll die Liebe herkommen, wenn weiterhin mehr Geld für Waffen ausgegeben wird als für Infrastruktur? Emotional ausgelaugt komme ich dieser Tage in mein kleines Hotel, welches wenige Monate später bei einem Anschlag in Schutt und Asche gebombt wird. Das TdU bringt eine Menge hoch. Schön ist, dass die beiden älteren Frauen so engagiert wie möglich dabei sind. Zwar sitzen beide häufig in der Ecke und schauen zu, allerdings huscht ihnen dabei sehr oft ein Lächeln über das Gesicht. Sie amüsieren sich köstlich und werden in ein paar Tagen schließlich tatsächlich vor rund fünfzig Leuten auf einer Bühne stehen. Unglaublich.

Die zweite Woche ist deshalb der Entwicklung eines Forumtheaterstücks gewidmet. Insgesamt haben wir drei Tage und einen Abschlusstag mit zwei semi-öffentlichen Aufführungen. Nicht viel Zeit, aber während der ersten sechs Tage haben wir viel Vorarbeit leisten können und neben den bereits besprochenen Themen auch Dinge wie

- Familienzwiste
- Fehlende Schulbildung für Frauen
- Voreheliche Beziehungen
- Meinungsfreiheit
- Konflikte zwischen Ehefrauen als Resultat von Polygamie
- Zwangsheirat
- Fehlender Zugang zum Gesundheitswesen
- Drogenmissbrauch
- Gewaltsamer Tod von Familienmitgliedern
- Körperliche Behinderung
- Folter
- Fehlende Sicherheit
- Entführung
- Kinderhandel
- Fehlender Zugang zu Bildung
- Straflosigkeit für Verbrecher
- HIV/AIDS
- Häusliche Gewalt

durch die verschiedensten Theaterübungen und -spiele bearbeitet. Eine wirklich unglaubliche Vielfalt von Themen, und alle mit direktem Bezug zum Leben der TeilnehmerInnen. Durch diese bereits geleistete Vorarbeit entwickeln sich die einzelnen Forumszenen dann auch recht schnell, und es kommt zu zwei Aufführungen im Garten der Opfervereinigung.

Eine Bühne wird neben den Marihuana-Pflanzen improvisiert und insgesamt rund achtzig Familienmitglieder, MitarbeiterInnen von NGOs und Witwen bzw. Opferorganisationen kommen zu den beiden Aufführungen, die von den TeilnehmerInnen mit "Licht in dunklen Nächten" bezeichnet werden. Die Aufführung besteht aus drei Szenen mit improvisierter Livemusik plus einem Prolog und Epilog. Für letztere wird jeweils eine "Magritte"-Improvisation gewählt, zunächst als Einleitung. Darin spielt eine Gruppe von jungen Menschen Magritte, wobei dieses Spiel immer mehr in Gewalt ausartet. Am Ende wird dann, als in die Zukunft schauendes Spiel, in dem die Flasche in ein neugeborenes Baby verwandelt wird und die Schauspieler sich mit einem "Was tun, um Afghanistan zu verändern?" an das Publikum wenden.

Die einzelnen Szenen handeln von politischer Verfolgung zu Zeiten des afghanischen Bürgerkriegs, Schulverbot für Mädchen und Landenteignung, wobei vor allem die letzte Szene bei den Aufführungen für besondere Resonanz und viele Tränen sorgt. Konkret geht es um den Fall einer Witwe und ihrer Familie, die von einem reichen Großgrundbesitzer dazu genötigt wird, ihr Land an ihn abzutreten, und, als sie sich dagegen wehrt, von ihm konkret bedroht wird. Diese letzte Szene produziert dann auch die am hitzigsten diskutierte Intervention, in der eine junge Frau auf die Bühne kommt und den potentiellen Enteigner hinterrücks ermordet. Es kommt zu viel Applaus und auch ein wenig Gelächter. Stärker noch allerdings kommt es zu einer langen Diskussion über die Sinnhaftigkeit dieser Aktion. "Solange es in Afghanistan Waffen gibt, werden wir nie Frieden haben", sagte eine der Witwen. Andere ZuschauerInnen sind nicht einverstanden und vertrauen darauf, dass sich mit Gewalt irgendwann etwas erreichen lässt.

Auch in den anderen Szenen kommt es zu vielen Diskussionen, und zum ersten Mal wird mir wirklich bewusst, wie sehr die Menschen es genießen müssen, ihre Überzeugungen, Ängste und Hoffnungen so öffentlich diskutieren zu können. "So eine Offenheit habe ich in Afghanistan noch nie gesehen. Leider gibt es fast keine Orte an dem solch sensible Themen besprochen werden können. Und schon gar nicht von ganz gewöhnlichen Menschen", sagt dann auch ein im Publikum sitzender erfahrener Freiheitskämpfer, der in den sechziger Jahren sein Studium in Deutschland absolviert hat und auch heute noch politisch aktiv ist. Kann es also sein, dass bei der Arbeit mit dem Forumtheater im afghanischen Kontext weniger die Intervention auf der Bühne im Vordergrund steht, sondern dass es erst einmal darum geht, einen Raum zu schaffen, in dem sich die Menschen überhaupt ausdrücken können, ohne Repressalien zu fürchten? Steht das nicht im Widerspruch zur ursprünglichen Idee des Forumtheaters, wo es doch eigentlich zu einem Dialog der praktischen Handlung kommen soll? Ähnlich wie vielen TdU-KollegInnen geht es auch mir normalerweise darum, möglichst viele konstruktive Interventionen auf der Bühne zu haben, und nicht eine als Forumtheaterstück verkleidete Diskussionsrunde. Trotzdem muss ich zugeben, dass ich die Essenz des Forumtheaters mittlerweile etwas flexibler sehe und immer mehr der Überzeugung bin, dass das TdU je nach Kontext sich stetig neu erfinden und zu keiner Zeit dogmatisch auftreten sollte. Natürlich verstecken sich auch in Afghanistan viele Menschen hinter großen Worten, die sie in der Praxis nie ausprobieren. Auf der anderen Seite aber ist es eine Tatsache, dass trotz aller offiziellen Rhetorik bei vielen Menschen eine unheimliche Angst besteht, offen über die vielen Ungerechtigkeiten in der afghanischen Gesellschaft zu sprechen. "Jeder Mensch wird frei geboren und sollte daher auch frei leben können". Schöner als dieser Satz eines Zuschauers kann man das Resultat dieser beiden Veranstaltungen wohl nicht zusammenfassen.

Das Playback-Theater - Geschichten, um die Welt zu verändern

Jahrelang Ungesagtes hatte sich in den Gesichtern dieser Menschen abgelagert, hatte karges Schweigen und Einsamkeit hervorgebracht[75]
(Mungan)

Soweit, so gut. Die erste Phase des Pilotworkshops ist gut verlaufen. Nun aber frage ich mich, wie das Playback-Theater (PT) angenommen werden wird? Vielen internationalen TdU-KollegInnen ist das PT zu weich, zu kuschelig und irgendwie unpolitisch. Es geht um persönliche Geschichten und "bürgerliche Individualität". Wo bleiben die konkreten Handlungsalternativen? Wo die Systemkritik? Darüber hinaus kommt es ursprünglich aus den "imperialistischen" USA, nicht aus einem "Dritte-Welt-Land" wie Brasilien. Nein, normalerweise ist man entweder dem TdU oder dem PT verbunden. Beides geht nicht.

Und in Afghanistan? In Afghanistan wird das PT als Schnellkurs eingeführt. Zwei Tage Trainingsworkshop, und am dritten Tag eine Aufführung für zwanzig Witwen und ihre mit Sicherheit extrem traurigen Geschichten. Bewusst lade ich nur sechs TeilnehmerInnen ein. Fünf Männer, darunter Dr. Sharif und Salim, sowie eine Frau. Die drei großen Volksgruppen sind repräsentiert. Außerdem arbeiten zum ersten Mal die beiden Opferorganisationen zusammen. Bisher haben sie sich eher gestritten, weswegen ich besonders gespannt bin, ob das PT diese Zwistigkeiten ein wenig mindern können wird.

Da das PT eine Form des Improvisationstheaters ist, basierend auf den individuellen Erlebnissen des Publikums, spielen wir zunächst Vertrauensübungen wie "Blinder Spaziergang", in der in Zweier-Gruppen eine Person mit geschlossenen Augen durch den Raum geführt wird und hin und wieder Dinge berühren soll. Nach und nach werden dann auch Storytelling-Übungen eingeführt, die die Preisgabe persönlicher Informationen verlangen. Die Spannung wird größer. Danach geht es dann direkt in die verschiedenen Playbackformen wie "Pairs", "Fluid Sculptures" und "Stories"[76].

---

[75] Mungan, Tschador, 2008, S. 47

[76] Im Playback-Theater gibt es, je nach Länge der Geschichten, verschiedene Weisen, auf diese zu reagieren. Die drei bekanntesten Formen sind "Fluid Sculptures", kurze, in der Regel wortlose Improvisationen eines bestimmten emotionalen Zustands, "Pairs", das Darstellen von zwei entgegengesetzten, simultanen Emotionen bzw. "Stories", längere Geschichten mit

Verständlicherweise fällt es den TeilnehmerInnen zunächst nicht ganz leicht, aus dem Stegreif gerade erst gehörte Geschichten zu improvisieren. Besonders die musikalische Improvisation ist eine echte Herausforderung. Trotzdem kommt es schnell zu wirklich tollen Vorführungen, wobei vor allem die Geschichte meiner Assistentin, ihre Kindheit als Flüchtling im Iran und die Rückkehr in ihre Heimat Afghanistan, sämtliche TeilnehmerInnen zu Tränen rührt und auf wunderschön symbolische Art und Weise improvisiert wird. "Ich liebe das Playback-Theater.", schwärmt mein alter Kumpel Salim. Derselbe Salim, der noch vor wenigen Monaten zu schüchtern war, um an nur einem einzigen Theaterspiel teilzunehmen. Wie aber wird die Aufführung mit den beiden Opfervereinigungen laufen? Reichen zwei Tage, um vor einem solch schwierigen Publikum aufzuführen? Werden die Witwen wirklich ihre Geschichten erzählen?

Abbildung 6: „Das Playback-Theater", gezeichnet von Geety Natiq.

einem "Teller's Actor", einer Person, die den Erzähler spielt. http://www.playbackcentre.org/

Zwanzig Witwen sitzen in zwei Gruppen aufgeteilt im Publikum. Die Hälfte von Ihnen hat die Burkhas abgenommen. Sie lachen, scherzen und begrüßen mich. "Salam, Hjalmar Jan. Ctor asten? Wie geht's?". Die andere Hälfte, einige von ihnen vor ein paar Tagen noch Teilnehmerinnen des TdU-Workshops, nehmen ihre Burkha hingegen auch nach Beginn meiner Einleitung nicht ab. "Willkommen zu dieser historischen Playback-Theater-Veranstaltung. Ich freue mich, dass Ihr gekommen seid, und hoffe, dass wir in den nächsten 1 ½ Stunden eine schöne Zeit miteinander verbringen werden". Nichts. Zehn Burkhas starren mich an, und ich mache mir allmählich Sorgen, dass diese erste Playback-Aufführung tatsächlich denkwürdig, allerdings im negativen Sinne, werden könnte. Auch die sechs SchauspielerInnen sehen etwas nervös aus. "Vertraut dem Publikum und der Methodik!" mache ich der Truppe und mir selber Mut. Die Aufführung beginnt.

"Wie fühlt ihr euch dieser Tage, wenn ihr morgens aufwacht?" Sofort schießen zwei Hände in die Höhe. Sie kommen von der Gruppe der Frauen ohne Burka. "Bitte. Erzähl." Die Frau fängt an zu weinen. "Ich liebe die Kinder meines Bruders von ganzem Herzen, aber jeden Morgen, wenn ich sie sehe, sehe ich sein Gesicht und werde daran erinnert, dass er nie wiederkommen wird." Alle Anwesenden weinen, die Schauspieler ebenfalls. "Let's watch". "Wo bist du? Wo bist du?" improvisiert der Erste. Einer nach dem anderen kommen die anderen drei SchauspielerInnen auf die Bühne und komplementieren die verschiedenen Emotionen der Erzählerin. "Tashakor. Danke.", nickt diese. Die Atmosphäre steht. "Wer hat eine andere Emotion?". "Ich bin einfach nur froh. Mein Sohn ist vor kurzem von den Taliban entführt worden und ist gestern nach Hause gekommen." Wieder Tränen, diesmal aus Solidarität und Erleichterung. Plötzlich erhebt sich eine Hand aus der Ecke der Burkhas. Eine der Frauen hebt ihre Burkha und erzählt: "Mein Mann ist tot. Ich bin allein mit meinen Kindern. Niemand unterstützt mich, und meine Familie hat mich verstoßen. Ich bin verzweifelt." Der Bann ist gebrochen. Sämtliche Burkhas verschwinden in der Ecke. "Wer hat eine längere Geschichte zu erzählen?" "Eines Tages war ich mit meinem Mann auf der Hochzeit einer Verwandten. Als wir endlich zu Hause waren, kam es zu einem schweren Bombenangriff, bei dem unser Haus zerstört wurde. Mein Mann wurde dabei schwer verletzt und hat später sein Bein verloren. Unser sechs Monate altes Baby ist unter den Trümmern verschüttet worden." Wieder machen die SchauspielerInnen einen unglaublichen Job. Eine afghanische Hochzeitszeremonie wird in ihrer vollen Pracht gezeigt. Dann beginnt plötzlich der Bombenterror und zerstört Haus und menschliches Leben. Ein Schauspieler hinkt für den Rest der Szene auf einem Bein und bittet auf den Straßen Kabuls um Almosen. "So war es", sagt die Erzählerin nach der Vorführung. Ich frage mich, wie es möglich ist, dass die SchauspielerInnen die Geschichte so extrem wahrheitsgetreu darstellen? Ist es wohlmöglich ihre eigene Erfahrung mit Verlust und Gewalt? Eine weitere Geschichte folgt, dann ist Schluss. Gemeinsam trinken wir Tee und essen einen Kebab. "Danke. Noch nie habe ich meine Geschichte jemandem erzählt. Ich fühle mich befreit", sagt die selbe Erzählerin zum Schluss.

Zeit für die Evaluierung. Drei Wochen Pilotworkshops. TdU und PT. Zeit für Analyse und Kritik. Erneut treffe ich mich mit den TeilnehmerInnen. Wie war's? "Ich war so durcheinander zuvor. Jetzt fühle ich mich stärker". "Mein Schmerz ist weg." "Ich habe in den letzten Wochen mehr gelernt als in meinem gesamten Leben zuvor." "Dieses Theater muss im ganzen Land gemacht werden. Nicht nur hier in Kabul." Wow. Wenn ich bedenke, wie schwierig die ersten Schritte waren, so ist das Feedback überragend. Ich denke, dass müsste reichen, um ICTJ zu überzeugen, dass es sich lohnt, jetzt auch die nächsten beiden Phasen umzusetzen und uns endlich auf ein ernsthaftes, gut durchdachtes Multiplikatorentraining zu stürzen, und zwar sowohl mit dem TdU als auch dem Playback-Theater. Ein Projektreport wird angefertigt und nach Brüssel geschickt. Ein paar Tage später kommt die Antwort: Alles wunderbar, es kann weitergehen.

Theater ohne Grenzen – Die Geburt von AHRDO

Die transformierende Kraft des TdU potenziert sich, je mehr sich die Methodik verbreitet[77] *(Augusto Boal)*

Jetzt, wo der Wille endlich da ist, muss also nur noch das Geld eingetrieben bzw. zunächst einmal ein detaillierter Projektplan geschrieben werden, so dass ein vernünftiges Budget erstellt werden kann. ICTJ wird rund die Hälfte der Kosten übernehmen können, vor allem jene, die mich betreffen: Gehalt, Unterkunft, Reisekosten und die berühmte "Kriegsrisikoversicherung", Standard bei ICTJ. Eine solche Zusatzversicherung für Krisengebiete ist so sündhaft teuer, dass sie sämtliche Budgets immens in die Höhe treibt. Mehrere tausend US-Dollar kostet sie im Monat.

Was die Projektkosten angeht, so hat meine Kollegin Deborah Nonhoff, nun bei der GTZ, in Aussicht gestellt, das Training zu unterstützen. Super. Jetzt muss nur noch eine Partnerorganisation gefunden werden, mit der das Training durchgeführt werden kann. Sollte sich Hadi wirklich dazu durchringen, seine eigene Organisation zu gründen, wenn wir ihn dabei unterstützen? Er überlegt noch einige Zeit hin und her und entschließt sich letztendlich dazu, seinen Traum in die Tat umzusetzen. Allerdings ist es in Afghanistan nicht leicht, eine NGO zu gründen. Diese muss zunächst offiziell beim Innenministerium registriert werden, wobei einige bürokratische und ideologische Hürden zu überwinden sind, damit die Gründung nicht abgelehnt wird. So ist auch für Hadi die Registrierung nicht frei von Frustrationen. Das beginnt schon mit dem Namen der NGO. Der Name "Human Rights Home" wird vom Ministerium abgelehnt, weil er zu politisch ist. Wie sieht es mit Afghanistan Human Rights and Democracy Organization (AHRDO) aus? Ja. Das gefällt dem Ministerium. Ist dieser Name nun wirklich neutraler? Egal. Die Organisation wird registriert, und nun gilt es, möglichst schnell eine Grundstruktur aufzubauen, damit das Training in die Wege geleitet werden kann.

Dabei ist Hadis Anliegen von Beginn an, eine Organisation aufzubauen, die sich von den meisten anderen afghanischen NGOs unterscheidet. Schluss mit Korruption, Vetternwirtschaft, Trennung der Geschlechter, ethnischer Reinheit und vor allem der sonst üblichen strikt vertikalen Hierarchien. "AHRDO soll möglichst frei von Hierarchien sein. Entscheidungen sollen

[77] Siehe Boals Buch Aesthetics of the Oppressed (eigene Übersetzung)

demokratisch getroffen werden. Diese Organisation soll ein Beispiel dafür sein, dass es auch anders geht."

Dafür braucht es neben gutem Willen natürlich auch das notwendige Personal. Dr. Sharif, Salim und Shekeb sind auf jeden Fall dabei. Sie brennen darauf, dieser neuen Organisation Leben einzuhauchen und mit dem Theater weiterzuarbeiten. Auch sonst stellt sich schnell heraus, dass sich da eine ganz besondere Truppe zusammenfindet. Eine Truppe, mit der ich allein während der ersten Trainingsphase mehr als fünfhundert Stunden verbringen werde und die meine Ersatzfamilie werden wird.

Drei Frauen, vier Männer, dazu Javid als Finanzkraft. Mit Ausnahme des Doktors alle in den Zwanzigern, fast alle mit Studium (Physik, Bildende Künste, Jura) und Erfahrung in politischer Arbeit. Dazu noch eine politisch aktive Witwe, Afghani, als Köchin, und Omid, der seit der schweren Krankheit seines Vaters die gesamte Familie unterstützen muss, als "Junge für Alles". Und dann sind da noch Amin und Zaman. Amin wird als Fahrer eingestellt und folgt mir auf Schritt und Tritt. Ein unglaublicher Mann. Ein Freund, der immer zur Stelle ist. Zaman wird als mein Assistent und Übersetzer eingestellt und arbeitet die nächsten Monate unfassbare 20 Stunden täglich. Zaman hat ein abgeschlossenes Philosophie und Soziologie Studium, teilt sich ein Zimmer ohne Strom und Heizung mit noch drei anderen und arbeitet derzeit für eine afghanische Tageszeitung. "Hjalmar Jan. Ich war mir sicher, dass du ein alter Mann mit Bart bist, und hatte ein wenig Angst, dich zu treffen", gibt er später zu. Auch erzählt er mir irgendwann, dass er sein Leben lang mit Theater arbeiten wollte, seine Eltern es ihm aber verboten haben, da man mit Theater nichts anfangen könne. Diesen Satz hat wohl auch in Deutschland schon der eine oder die andere gehört. Glücklicherweise ist Zamans Mutter später ganz stolz, dass ihr Sohn ihr jeden Monat Geld nach Hause schickt.

"Liebe Kollegen und Kolleginnen. Darf ich euch meinen Freund und Kollegen Hjalmar vorstellen. Er wird die nächsten Monate euer Theatertrainer sein." So stellt Hadi mich der Gruppe vor. Alle schauen mich gespannt an. Wir machen eine kleine Einführungsrunde und plaudern ein wenig. Dann stelle ich ihnen das TdU und PT vor und skizziere die nächsten Monate. Das Training hat drei Komponenten:

1. Eine Trainingsphase, unterteilt in drei Module: TdU-Spiele und Forum Theater; Playback-Theater sowie ein weiteres TdU-Modul mit dem Unsichtbaren Theater und dem Polizisten im Kopf.[78]

2. Für jedes Modul eine On-the-Job-Phase, in der die TeilnehmerInnen ihre erlernten Fähigkeiten in die Praxis umsetzen können.

3. Eine letzte Phase, in der ein Theaterhandbuch in Dari und Englisch produziert wird und es zu einem Theaterfestival kommt, in dem der Abschluss des Trainings gebührend gefeiert und die verschiedenen Methoden einem größeren Publikum, bestehend aus nationalen und internationalen NGOs, präsentiert werden, um neue Kooperationspartner und vor allem nachhaltige finanzielle Unterstützung für AHRDO zu finden. Ziel ist es, AHRDO als von AfghanInnen geleitete Theaterplattform aufzubauen und das TdU und das PT damit endgültig in afghanische Hände zu übergeben. Ein ambitioniertes Projekt, aber nicht unmöglich. Auf die Plätze, fertig, los.

Eine gute Vorbereitung ist die halbe Miete

Warten. In Kabul wartet seit Wochen alles auf den nächsten Selbstmordanschlag, der wieder einmal viele unschuldige Menschen das Leben kosten wird. Seit dem letzten Anschlag, bei dem gleich mehrere Ministerien gleichzeitig von der Taliban angegriffen worden sind, ist es gespenstisch ruhig hier in Kabul. Die Stadt gleicht immer mehr einer Festung und die Sicherheitsbeschränkungen für AusländerInnen sind weiter verschärft worden, so dass mittlerweile eigentlich überhaupt niemand mehr frei auf der Straße herumläuft und selbst die meisten internationalen Restaurants ein No-Go geworden sind. Das gilt natürlich nicht für die Afghanen und Afghaninnen, die ihr Leben so weiterführen, wie sie es seit mehr als dreißig Jahren gewohnt sind: immer mit der Angst lebend, jeden Moment den Tod kennen zu lernen. Vielleicht freue ich mich deshalb besonders auf das in diesen Tagen beginnende "Training of Trainers" in verschiedenen partizipativen Theatermethoden, das gemeinsam mit Hadi und den KollegInnen von AHRDO organisiert wird. Ich freue mich einfach, erneut die Möglichkeit zu haben, mit Hilfe des Theaters einige Tage lang in das Leben dieser bemerkenswerten Menschen Eintritt zu erhalten, mit ihnen lachen und weinen zu dürfen, davon zu träumen, dass eines Tages alles anders sein könnte und vielleicht sogar dazu beitragen zu können, dass dieser Traum ein klein bisschen Wirklichkeit wird. Ich muss zugeben, dass ich nicht in Worte fas-

[78] Siehe Erklärung zu den verschiedenen TdU Techniken weiter hinten im Text

sen kann, welch unglaublichen Respekt ich für diese Menschen habe, die sich trotz jahrzehntelanger Gewalt einfach nicht unterkriegen lassen wollen und immer wieder versuchen, ihr Land, ihre Kultur und natürlich auch ihre eigene Existenz mit wortwörtlich allen Mitteln am Leben zu halten. Dass das Theater der Unterdrückten im Begriff ist, für einige AfghanInnen zu einem akzeptierten Medium in diesem Überlebenskampf zu werden, macht mich schon ein wenig stolz, da ich seit meiner Ankunft gehofft habe, dass dies irgendwann der Fall sein würde.

Zunächst aber muss ich das Training organisieren und die Trainingsgruppe einladen. Dass AHRDO den Trainingsraum und sieben seiner MitarbeiterInnen stellen wird, ist bereits klar. Trotzdem wollen wir mit diesem Training auch andere Organisationen erreichen, die sich vorstellen könnten mit Theater zu arbeiten. Ich treffe mich daher mit Repräsentanten verschiedener Organisationen, erkläre ihnen den Inhalt des Projekts, spreche später mit potentiellen Kandidaten und betone immer wieder, wie wichtig es ist, dass das Dabeisein wollen ausschlaggebend sein sollte, d.h. dass die Teilnahme freiwillig und gewollt sein sollte. Bei diesem Auswahlprozess kommen mir letztlich die vielen Kontakte der vorangegangen zwei Jahre zu Gute, so dass es im Endeffekt nicht schwierig ist, eine Gruppe von zwanzig Personen, darunter vier Frauen, aus acht verschiedenen nationalen und internationalen Organisationen zusammenzustellen.

Etwas problematisch hingegen ist die Dauer des Trainings. Mit Ausnahme von AHRDO, die sich eigens für dieses Training gegründet haben, ist es für die anderen Organisationen natürlich sehr schwer, einen ihrer Mitarbeiter für mehrere Wochen am Stück freizustellen. Aus diesem Grund einigen wir uns, für die verschiedenen Trainings auch verschiedene MitarbeiterInnen zu schicken. Das ist zwar nicht unbedingt ideal für die Trainingsatmosphäre, da ständig neue Personen integriert werden müssen, aber ein für den reibungslosen Ablauf des Trainings notwendiger Kompromiss. Finanziell übernehmen wir für alle TrainingsteilnehmerInnen die Verpflegung und bezahlen für die vier Lokalorganisationen zusätzlich noch die Transportkosten. Ein Tagegeld gibt es diesmal nicht, dafür bekommen die TeilnehmerInnen von ihren jeweiligen Organisationen weiterhin ihr Gehalt. Mit Bezug auf die Trainingssprache wird das Training von mir auf Englisch geleitet und es kommt zu einer Übersetzung ins Dari und in Zeichensprache. Letzteres liegt daran, dass zwei der Teilnehmer in Begleitung einer Übersetzerin von der bereits erwähnten afghanischen Gehörlosenorganisation

ANAD kommen werden.[79] Außer AHRDO und ANAD nehmen noch die afghanische Menschenrechtskommission sowie Organisationen, die zu den Themen Kinderrechte, Transitional Justice, HIV/AIDS und Frauenrechte arbeiten, teil. Eine bunte, sehr spannende Gruppe, die viele verschiedene Arbeitsthemen verspricht.

Zum Schluss müssen noch die jeweiligen On-the-job-Trainings besprochen werden. Dass AHRDO und ICTJ gemeinsam mehrere davon durchführen werden, ist klar, da das erklärte Trainingsziel ist, AHRDO als afghanische Theaterplattform aufzubauen. Trotzdem ist es natürlich wichtig, dass auch die anderen teilnehmenden Organisationen für ihre jeweiligen TeilnehmerInnen ein On-the-job-Training anbieten, damit das gerade erst erlernte Wissen nicht sofort wieder verloren geht und das Medium Theater mit anderen MitarbeiterInnen geteilt werden und so eine institutionelle Entscheidung getroffen werden kann, ob das Theater ein geeignetes Medium für zukünftige Projektaktivitäten ist. Deshalb ist von meiner Seite aus die einzige Teilnahmevoraussetzung, dass diese On-the-job-Trainings auch wirklich durchgeführt und selbstständig finanziert und organisiert werden, was schließlich auch bei den meisten geschieht. Alles klar? Noch einmal durchatmen und dann kann es losgehen. Ich kann es kaum erwarten.

"Das hat doch schon mal super geklappt. Jetzt haben alle sehen können, dass AHRDO eine absolut professionelle Organisation ist.", freut sich AHRDO-Direktor Bisharat nach dem Ende einer zweitägigen Einführungskonferenz. Die Konferenz hat das Ziel, die verschiedenen TeilnehmerInnen miteinander bekannt zu machen, so dass schon vor Beginn des eigentlichen Trainings eine gewisse Vertrautheit entsteht. Damit verbunden ist die Hoffnung, dass es den TeilnehmerInnen dann leichter fallen wird, miteinander Theater zu machen. Während der zwei Tage stellen sich die teilnehmenden Organisationen vor, man stellt sich gegenseitig Fragen und es kommt zu thematischen Präsentationen, unter anderem zu den Themen allgemeine Menschenrechte, Transitional Justice, politische Situation in Afghanistan und, natürlich, Theater der Unterdrückten und Playback-Theater. Für AHRDO stellt diese Konferenz das erste eigene kleine Projekt da. Gesprächsleiter sind AHRDO-MitarbeiterInnen Atifa und Ardasher. Auch alle anderen Details werden von AHRDO organisiert. Da die allgemeine Atmosphäre unheimlich positiv ist und alle TeilnehmerInnen ihre Zufriedenheit über die Atmosphäre während der zwei Tage äußern, herrscht

[79] Siehe Abschnitt über ANAD weiter vorn im Text

bei AHRDO eine gewisse Euphorie. Die Organisation ist gut gestartet. Die eigentliche Theaterarbeit kann beginnen.

Die Mischung macht's: Die drei Theatertrainings Theater der Unterdrückten, Playback-Theater sowie Unsichtbares Theater und der "Polizist im Kopf".

"Liebe Teilnehmer und Teilnehmerinnen, ich muss euch eine traurige Mitteilung machen. Letzte Nacht ist der Gründer des Theater der Unterdrückten, Augusto Boal, nach langer Krankheit verstorben." Es ist der Beginn des zweiten Trainingstages. Ein Training, das sich zum Ziel gesetzt hat, das TdU endgültig in Afghanistan zu etablieren, und nun ist der Begründer dieser revolutionären Theaterform tot. Ich kann es noch gar nicht fassen. Nur wenige Monate zuvor hatte ich Augusto bei einem Besuch in Rio noch voller Energie und Ideen erlebt. Er hatte noch viel vor und war extrem daran interessiert, wie die Arbeit in Afghanistan laufen würde. Jetzt ist er nicht mehr da und hinterlässt eine riesige Lücke. Während der letzten fast vierzig Jahre hat er es immer wieder geschafft, das TdU neu zu erfinden, ist durch die Welt geflogen, um in Hunderten von Workshops das TdU bekannt zu machen und dabei die Existenzen von Tausenden von Menschen ein Stück weit zu verändern. Augusto war großzügig, bescheiden und ist trotz seines Ruhms immer ein ganz normaler Mensch geblieben, der die Hoffnung hatte, durch die Arbeit mit dem Theater diese Welt ein wenig menschlicher gestalten zu können. Wir werden dich vermissen. Choda Hafiz, Augusto.

Mit dieser traurigen Nachricht startet also ein großangelegtes TdU Training und bei mir macht sich eine "jetzt erst recht"-Einstellung breit. Ehrlich gesagt hat sich das TdU von seinem Gründer über die Jahrzehnte auch ziemlich unabhängig gemacht, was ja von Boal auch ausdrücklich gewünscht und gefördert wurde. Es muss und wird also auch ohne Augusto gehen.

Das Training beginnt, und in den nächsten Wochen entdecken wir gemeinsam mehr als hundert Theaterübungen und –spiele. Sowohl klassische TdU-Spiele, bekannt aus Boalschen Büchern, wie auch andere Theaterübungen aus Büchern wie Spolins "Improvisation for the Classroom", Rohds "Theater for Community Dialogue & Conflict" und Diamonds "Theatre for Living"[80] werden gespielt, aber auch in Gesprächen analysiert und

[80] Das "Theatre for Living" ist David Diamonds spezifische Interpretation des TdU mit der Aufhebung starrer Unterdrücker-Unterdrückte-Konzeptionen hin zu einer integralen Perspektive, wie Konflikte angegangen werden könnten. Viola Spolin wird oft als Mutter des

auseinandergenommen. Was ist das Ziel dieser Übung? Wie viele MitspielerInnen sind nötig? Welche Reihenfolge der Spiele ist empfehlenswert? Darüber hinaus gibt es jeden Tag kleine theoretische Blöcke, in denen ich über TdU-relevante Konzepte wie "Demechanisierung" (das Brechen mit automatisierten Körper- und Geisteshaltungen) und die "Chinesische Krise" (die Idee, dass ein Konflikt immer sowohl eine Gefahr der Verschlechterung wie auch die Möglichkeit zu radikalem Wandel hin zum Positiven darstellt) referiere und wir diese dann für ein paar Minuten, manchmal auch über Stunden, diskutieren. Dabei ist immer wieder bemerkenswert, wie fasziniert neue Konzepte aufgenommen werden. "Es ist gibt so wenige ins Dari übersetzte Bücher, dass gerade neue Theorien und Konzepte für uns hochinteressant sind", freut sich der immer neugierige Zaman. Die fehlende Möglichkeit, sich mit akademischen Konzepten zu befassen, ist wirklich ein großes Problem. Viele Bücher und Bibliotheken sind durch Taliban und dreißig Jahre Krieg zerstört worden, und noch heute werden an einigen Orten Afghanistans immer wieder Bücher verbrannt. Darüber hinaus gibt es in Afghanistan keine wirkliche Bücherproduktion, und für das Ausland ist Afghanistan natürlich kein Markt, vor allen Dingen, wenn man sich vor Augen führt, dass vielen Schätzungen nach immer noch die große Mehrheit der afghanischen Bevölkerung weder lesen noch schreiben kann.

Wie dem auch sei, Konzepte wie Freires "Bankier-Unterricht"[81], oder Boals "Chinesische Krise" und "Demechanisierung" werden nicht nur begierig analysiert, sondern finden bei vielen TeilnehmerInnen auch innerhalb weniger Tage den Einzug in den, zumindest Englischen, Sprachgebrauch. "Hjalmar Jan, unser traditionelles Denken muss unbedingt demechanisiert werden. Jetzt ist die Zeit dazu. Wir befinden uns in einem Moment einer chinesischen Krise. Es gibt Gefahren und Möglichkeiten, aber sollten wir einen Prozess des Sichbewusstwerdens in Gang setzen können, ist gesellschaftlicher Wandel möglich". So oder so ähnlich laufen viele unserer Pausen- und Theatergespräche ab. Gerade Kollegen wie Ardasher und Zaman, beide belesen in Marx, Popper, Weber, aber auch persischen und islamischen Philosophen, sind fasziniert und beginnen sofort, kleinere Texte über die Philosophie des TdU in Dari zu verfassen. Für mich ist das ein tolles Zeichen und impliziert ein echtes Interesse an der Theorie des TdU.

Improvisationstheaters bezeichnet, und viele ihrer Theaterübungen und -konzepte gehören zur Standardausrüstung interaktiver Theaterarbeit.

[81] In der "Bankiers-Methode" wird Erziehung zu einem Akt der Spareinlage. Der allwissende Lehrer macht Einlagen in die Köpfe der ignoranten Schüler, um sie mit seinen Überzeugungen zu füllen.

Natürlich aber nehmen die praktischen Übungen den Hauptteil des Trainings ein. Beginnend mit Einführungs-, also hauptsächlich Namensspielen, über Aufwärm-, Vertrauens- und Mitteilungsübungen nähern wir uns Improvisations- und Statuentheaterübungen und beenden das Training mit Probetechniken und mehreren Forumtheaterszenen. Dabei sind wie so häufig die Statuentheaterübungen besonders interessant und tiefgründig. In einer dieser Übungen, in der alle TeilnehmerInnen aufgefordert werden, ein Bild einer bestimmten Unterdrückungssituation aus dem eigenen Leben zu kreieren, sind sämtliche zwanzig Bilder von körperlicher Gewalt bestimmt, von Folter bis sexueller Belästigung. Aber auch viele der einfachen Theaterspiele sind besonders beliebt und werden voller Elan durchgeführt. So müssen wir nach den "Drei Irischen Duellen"[82], eine ungeplante Pause einlegen, weil alle TeilnehmerInnen total ausgelaugt auf dem Boden liegen und keinen Pieps mehr von sich geben.

Dabei bin ich besonders erfreut, wie problemlos die vier Frauen sich behaupten und von Anfang an bei allen Spielen und Diskussionen voll dabei sind. Nach ein, zwei Tagen werden einige der Übungen sogar nicht mehr nach Geschlecht getrennt durchgeführt und zwar auf Initiative der Frauen. Ich traue meinen Augen kaum. Auch die beiden gehörlosen Teilnehmer sind eine echte Bereicherung. Für den Rest der Gruppe ist es das erste Mal in ihrem Leben, dass sie einen näheren Kontakt zu gehörlosen Menschen haben und alle sind begeistert über deren schauspielerische Fähigkeiten. Auch machen wir die ersten Erfahrungen mit dem Erlernen der afghanischen Zeichensprache und bekommen alle unseren eigenen Namen, mit dem wir uns fortan ansprechen. Auf der anderen Seite können es viele nicht fassen, wie sehr gehörlose Menschen in Afghanistan diskriminiert werden. Die Geschichten, wie einer der beiden von der eigenen Familie aus Scham vor der Gemeinde zu Hause weggeschlossen wurde und wie Präsident Karzai bei einer Audienz für körperlich Behinderte AfghanInnen offen zugibt, dass er gar nicht wusste, dass es in Afghanistan gehörlose Menschen gibt, sind vielleicht besonders repräsentativ für die extrem schwierige gesellschaftliche Situation dieser Menschen.

Ansonsten kommt es jeden Tag zu zeremoniellen Abschlussrunden, in denen wir alle gemeinsam für ein paar Minuten über den Tag reflektieren und unsere Gefühle und Erfahrungen beschreiben. Auch ist für Evaluationszwecke während des gesamten Trainings eine sogenannte "Graffiti-

[82] In Zweiergruppen geht es bei den drei Duellen darum, dreimal das Knie des Mitspielers zu berühren (Duell 1), dreimal auf einen der Füße des Gegners zu treten (Duell 2) bzw. ein kleines Schwertgefecht mit dem Zeigefinger zu gewinnen (Duell 3).

Wand" im Trainingsraum angebracht. Auf dieser können die TeilnehmerInnen zu jeder Zeit in Form eines Kommentars oder einer Zeichnung ihre Meinungen über die Qualität des Trainings und das TdU im Allgemeinen kundtun.

Am Schluss der ersten sechs Tage TdU-Training kommt es dann noch zu einer formalen Evaluierungsrunde, in der das gesamte Training noch einmal kritisch unter die Lupe genommen wird. Es zeigt sich, dass sämtliche TeilnehmerInnen von der Methode absolut begeistert sind. Einige von ihnen erklären offen, wie selten sie in ihrem Leben derartige Freiheit gehabt hätten, ihre Ansichten und Überzeugungen kundzutun.

Abbildung 7: „Die Playback-Theater SchauspielerInnen", gezeichnet von Geety Natiq.

Auch das Playback-Theater (PT) wird von den meisten TeilnehmerInnen äußerst gut angenommen. Allerdings kommt es zunächst zu heftigen Diskussionen, weil einige TeilnehmerInnen davon überzeugt sind, mit dem PT ihre Zeit zu verschwenden, weil, so ein Teilnehmer der afghanischen Menschenrechtskommission, es für AfghanInnen "wichtiger ist, jeden Tag ihre Mägen zu stopfen, als ihre Geschichten und Erlebnisse mitzuteilen". Andere

KollegInnen, vor allem die, die bereits Teil der PT-Aufführung für die Opfergruppe waren, sind hingegen ganz anderer Meinung und vertreten lautstark den Zusammenhang zwischen einer Demokratisierung Afghanistans, unter anderem durch verschiedene Theaterformen, und der Bekämpfung von Armut und Krieg.

Abgesehen von diesen eher theoretischen Diskussionen fällt mir allerdings sehr schnell auf, dass das PT für die TeilnehmerInnen eine allgemein viel größere Herausforderung darstellt als die Arbeit mit dem TdU. Dies zum einen, weil es künstlerisch mehr abverlangt, die meisten aber außer einiger Tage TdU weder Schauspiel- noch Musikerfahrung haben. Und zum anderen, weil einem das PT im Endeffekt ein größeres Vertrauen gegenüber anderen und eine größere Offenheit gegenüber sich selber abverlangt, da das Playback vollständig auf persönlicher Ebene abläuft, während im TdU im Allgemeinen mit persönlichen Unterdrückungen begonnen wird, diese dann aber auf ihren gesellschaftlichen Charakter analysiert und bearbeitet werden. Jedenfalls fällt es vielen TeilnehmerInnen zunächst leichter, etwas oberflächlichere und manchmal auch wenig bedeutsame Erlebnisse mitzuteilen. Natürlich kommt es auch während des PT-Trainings wieder zu vielen Theaterspielen und vertrauensbildenden Übungen. Trotzdem fallen der Gruppe die ersten Tage nicht leicht, weshalb auch ich langsam ein bisschen nervös werde und mich frage, wie wir es gemeinsam als Gruppe schaffen können, eine etwas tiefgründigere Atmosphäre zu kreieren.

Die Antwort ist letztlich ein Wechsel in einen kleineren Raum und eine von mir absolut spontan erzählte Geschichte meines eigenen Lebens, in der ich der Gruppe das schmerzhafte Ende einer Beziehung mitteile. Von diesem Moment an ändert sich das Arbeitsklima schlagartig und eine wahre Lawine an persönlichen Geschichten und wirklich ästhetisch interpretierten Improvisationen beginnt sich durchzusetzen. "Eine Entführung durch die Taliban", "Schlaflose Nächte wegen ständigen Bombenterrors" sowie "Hunger und Durst während der langen Reise in ein Flüchtlingslager" sind nur einige der Improvisationen, die alle in Vergangenheit und Gegenwart katapultieren. Keiner der TeilnehmerInnen hat die letzten dreißig Jahre Krieg ohne solche Erlebnisse überlebt, weshalb der Rest der Woche wie im Flug vergeht. Zum Schluss sind fast alle davon überzeugt, dass das TdU und das PT zumindest in Afghanistan absolut komplementär sind und einen wichtigen Beitrag zu einer Demokratisierung des Landes beitragen können. Denn die Menschen werden bei diesen Prozessen ernsthaft gehört und außerdem in konkrete soziale Entscheidungsprozesse mit einbezogen. Auch geben viele offen zu, dass das Erzählen traumatischer Erlebnisse für sie einen großen therapeutischen Effekt gehabt hat, und ihnen regelrecht eine Last von den Schultern gefallen sei.

Ich selbst bin aus eigener Erfahrung davon überzeugt, dass es manchmal ein wenig Zeit braucht, bis man das Playback-Theater zu schätzen weiß. Als alter TdU-Praktiker fällt es auch mir zunächst schwer, mich wirklich auf das PT einzulassen bzw. den tieferen Sinn dieser Theaterform zu sehen. Das TdU scheint explizit politischer, problem- und lösungsorientierter und weniger händchenhaltend. Für mich steht es für ein aggressives und kollektives Sich Auflehnen gegen Ungerechtigkeit und Unterdrückung, während das PT zumindest oberflächlich gesehen Konflikte scheut, sämtliches Schwarz-Weiß-Denken ablehnt und postmoderner und bürgerlicher daherkommt. Heute jedoch möchte ich sowohl das TdU als auch das PT nicht mehr missen und glaube fest, dass beide Methoden je nach Kontext und objektiven Bedingungen absolut gleichberechtigt sind - für mich eine Art theatralische Zwillinge. Ich genieße es auch weiterhin, offen aggressiv einen TdU-Workshop zu leiten oder an einem solchen teilzunehmen. Allerdings ist es auf ganz andere, möglicherweise harmonisierende, Art und Weise immer wieder ein fantastisches und befreiendes Erlebnis, mit dem Playback-Theater zu arbeiten. Für mich sind es wirklich unterschiedliche, aber komplementäre Energien die bei den beiden Methoden am Werk sind. Aggressivität und Güte. Wut und Verständnis. Dialog durch individuellen Widerstand und Widerstand durch die Stärkung des Kollektivs. All dies wird mir bei der Trainingsarbeit mit den beiden Methoden wieder bewusst und ich bin zufrieden, dass beide auch bei den TeilnehmerInnen unterschiedliche, aber im Endeffekt positive Eindrücke hervorrufen.

Auf zum letzten Trainingsmodul. Dies wird zwei weitere Techniken des Theaters der Unterdrückten behandeln, das Unsichtbare Theater (UT) und den Polizisten im Kopf. Ich erwarte, dass beide Techniken den TeilnehmerInnen emotional extrem viel abverlangen werden, da das Unsichtbare Theater eine Aufführung zu einem sensiblen Thema in der Öffentlichkeit sein wird und der Polizist im Kopf die laut Boal explizit persönlichste und therapeutischste Technik im Arsenal des TdU ist. Ich bin gespannt und nach rund vier Wochen täglicher Theaterarbeit auch ein wenig müde. Die Aussicht auf die Durchführung eines unsichtbaren Theaterstückes lässt bei mir allerdings den Adrenalinspiegel ansteigen, da es sich beim unsichtbaren Theater um eine für den afghanischen Kontext - aus kulturellen und sicherheitstechnischen Gründen - besonders wertvolle Methodik handelt, die bei all der Polizei- und Militärpräsenz aber auch schnell sehr gefährlich werden kann.

Im UT wird ein in der Gesellschaft existierender Konflikt im öffentlichen Raum aufgeführt, ohne dass die dort anwesenden PassantInnen eingeweiht werden, dass es sich um ein Theaterstück handelt. Das Geschehen ist für sie also absolut real, und sämtliche Reaktionen stellen im Gegensatz zum Forum-Theater bereits eine konkrete Intervention in der Realität dar. Wie also wird die afghanische "Straße" reagieren?

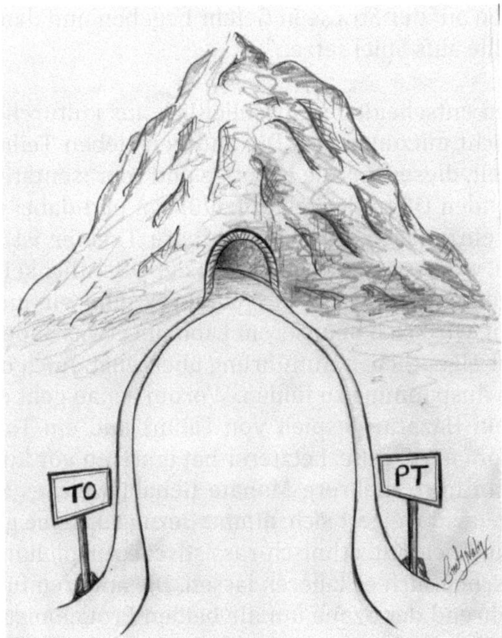

Abbildung 8: „Das TdU und das PT", gezeichnet von Geety Natiq.

"Hjalmar Jan. Fast wäre ich von mehreren mit Maschinengewehren bewaffneten Polizisten festgenommen und mit aufs Revier genommen worden. Die hätten mir nie geglaubt, dass wir nur Theater gespielt haben". Javid ist noch völlig außer sich. Laut jubelnd kommt er gemeinsam mit den anderen Schauspielern zurück ins Büro. Am Tag zuvor noch sind wir wie KGB-Spione durch das extrem dicht bevölkerte Stadtviertel Pul-e Sorch gelaufen, um einen geeigneten und mehr oder weniger sicheren Ort für unsere Aufführung zum Thema ethnische und materielle Diskriminierung zu finden. Davor haben wir in einem mehrstündigen Prozess nicht nur die Szene an sich entwickelt, sondern auch die ethischen und sicherheitstechnischen Aspekte der Arbeit mit dem Unsichtbaren Theater besprochen. Was passiert, wenn die Menschen so heftig auf die von ihnen für echt gehaltene Situation reagieren, dass die Lage außer Kontrolle gerät? Was machen wir, wenn plötzlich die Polizei oder andere bewaffnete Sicherheitskräfte auftauchen? Ist es überhaupt zu verantworten, in einem von Krieg und Gewalt geprägten Umfeld einen weiteren Konflikt theatralisch zu schüren, selbst wenn dieser für viele Menschen absoluter Alltag ist? Wir diskutieren hitzig. "Für uns als Frauen ist das zu gefährlich. Wir können uns nicht so offen auf der Straße in Gefahr begeben und damit auch die Ehre unserer Familie aufs Spiel setzen".

Drei KollegInnen entscheiden sich schließlich aus kulturellen- und Sicherheitsgründen nicht mitzumachen. Die anderen sieben Teilnehmer und ich sind jedoch bereit, dieses für alle wichtige und repräsentative Stück vor einer nichts ahnenden Öffentlichkeit aufzuführen und dabei definitiv ein Sicherheitsrisiko einzugehen. "Das Unsichtbare Theater ist in einem Land wie Afghanistan, wo bestimmte Themen in der Öffentlichkeit Tabu sind, ein absolut wichtiges und subversives Medium. Wenn wir nicht bereit sind, Opfer zu bringen, wird sich in unserem Land nie etwas ändern", ist Dr. Sharif schon vor der eigentlichen Aufführung überzeugt. Auch bei den anderen ist eine positive Anspannung zu fühlen. Worum genau geht es in der Szene? Zwei Männer, ein Hazara (gespielt von Salim) und ein Tadschike (Javid) treffen sich auf offener Straße. Letzterer hat ersteren vor kurzem entlassen und schuldet ihm noch mehrere Monate Gehalt, welches Salim nun lautstark einfordert. Javid weigert sich, nimmt Bezug auf seine gesellschaftliche Überlegenheit und beginnt, ethnisch-rassistische Anspielungen zu machen, die den Disput schließlich eskalieren lassen. Die anderen fünf Schauspieler werden sich während der Szene um die beiden Protagonisten herum positionieren, im Notfall helfend eingreifen bzw. vorbeilaufende Passanten auf den Konflikt aufmerksam machen, ohne allerdings zu verraten, dass es sich um eine Theateraufführung handelt. Ich selbst werde in einer Art Fluchtwagen in der Nähe des Aufführungsortes stehen, um die Schauspieler notfalls einzusammeln.

Wir machen uns getrennt auf den Weg zum Aufführungsort. Die Szene beginnt, und schnell versammeln sich mehrere Passanten um die beiden Hauptdarsteller herum. Sie nehmen aktiv am Geschehen teil, die meisten verteidigen Salims Recht auf nachträgliche Gehaltszahlungen, einige wenige versuchen Salim davon zu überzeugen, dass es sich nicht lohne, sich gegen mächtige Männer zu stellen, da sie sowieso am längeren Hebel säßen. Andere hingegen stacheln Salim an, möglichst gewalttätig gegen diesen

Unmenschen vorzugehen und ihn am besten umzubringen. Schließlich ruft ein Passant, von den Schauspielern unbemerkt, die Polizei und wenige Sekunden später sieht sich Javid den bereits erwähnten Polizisten gegenüber, die ihn auch sofort mitnehmen wollen. Es kommt zu tumultartigen Szenen. Sämtliche Passanten, wohlwissend, dass man der Polizei in Afghanistan nur in den seltensten Fällen vertrauen kann[83], versuchen diese davon zu überzeugen, dass der Konflikt auch ohne sie gelöst werden könne. Schließlich gibt Javid Salim ein wenig Geld und verspricht ihm, auch noch den Rest zu begleichen. Die Polizei lässt sich beruhigen, verlässt den Tatort, und auch Javid verschwindet schnellstmöglich, während die anderen Schauspieler weiterhin am Ort bleiben, ihre Rollen weiterspielen und die noch verbleibenden Passanten in ein Gespräch über ethnische Diskriminierung, Armut und die derzeitige Lage in Afghanistan verwickeln.

Wenig später treffen wir uns im Büro und bearbeiten die Aufführung nach. Alle sind sich einig, dass diese Technik für Afghanistan von größtem Wert ist. Für viele ist klar, dass das Unsichtbare Theater im Gegensatz zum Forumtheater real existierende Reaktionen hervorruft und nicht wie dieses im Endeffekt darauf hoffen muss, dass die Menschen die während eines Forums ausprobierten Handlungsalternativen auch in einer realen Situation wiederholen werden. Ich selber bin von dieser Technik ebenfalls überzeugt, mahne aber an, dass sie nicht als Instrument zur Täuschung der Öffentlichkeit missbraucht werden und nur konkrete, im afghanischen Kontext sensible Themen ansprechen sollte, und keine neuen Probleme erschaffen darf.

Übrigens: Javid geht wenige Tage später in seiner Freizeit im selben Stadtviertel spazieren und wird von einem Verkäufer angepöbelt, der ihm mitteilt, dass Leute wie er dafür verantwortlich seien, dass es im Land nicht vorwärts gehe und dass er bei ihm gar nicht erst vorbeischauen solle, da sein Laden für ihn tabu sei.

Die letzte Trainingsaktivität ist ein eintägiger "Polizist im Kopf"-Workshop. Bei dieser Technik geht es um verinnerlichte Unterdrückungen. Stimmen real existierender Personen (der allwissende Vater, die mahnende Mutter, ein zur Unterwerfung auffordernder Chef oder Lehrer), die sich in unseren Köpfen eingenistet haben und uns in bestimmten Situationen dazu verleiten, gegen unser Interesse zu handeln und dabei oft lähmend wirken. Es

[83] Die afghanische Polizei hat bei den meisten Menschen einen extrem schlechten Ruf, was vor allem damit zusammenhängt, dass sie häufig sehr rüde und aggressiv mit den Menschen umgeht und extrem korrupt ist.

wird ein langer, schmerzhafter Tag mit vielen Emotionen, und es ist mein ICTJ-Kollege Azaryoun, der sich letztlich bereit erklärt, seine innere Unterdrückung preiszugeben. Es geht um seine Identität als politischer Aktivist in einem Ambiente gesellschaftlichen Druckes. Die Polizisten im Kopf sind seine Mutter, die ihn bittet, aus Sicherheitsgründen die politische Arbeit aufzugeben, ein Bruder, der ihm sagt, dass Kämpfen sowieso nichts bringe, ein Onkel, der auf der Notwendigkeit besteht, sich den gesellschaftlichen Traditionen anzupassen, und ein Freund, der sich über seine Selbstzweifel lustig macht.

Das sich bewusst werden dieser konkreten Stimmen in seinem Leben resoniert ähnlich in den Köpfen der anderen TeilnehmerInnen, und es kommt zu extrem realistischen Improvisationen, in denen Azaryoun die Polizisten in seinem Kopf konfrontiert. In einem Abschlussbild dreht sich Azaryoun schließlich von diesen Stimmen weg und entscheidet sich, weiterhin politisch aktiv zu bleiben. Seine Gesichtszüge geben allerdings preis, dass diese Entscheidung keineswegs endgültig ist.

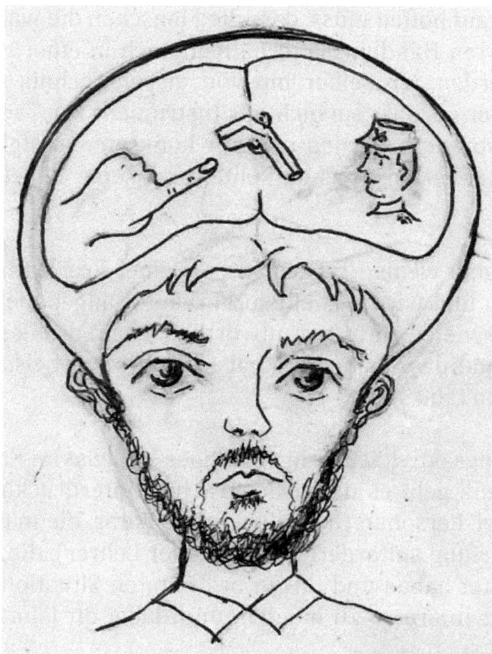

Abbildung 9: „Der Polizist im Kopf", gezeichnet von Geety Natiq.

Am Ende der rund vierstündigen Übung kommt es zu einer Abschlussdiskussion zum Thema politischer Aktivismus in Afghanistan. Viele geben offen zu, wie sehr ihnen der familiäre Druck bei der politischen Arbeit zu schaffen macht. Gerade die Frauen müssen sich von ihren Familien immer wieder sagen lassen, dass sich ihr Verhalten nicht schicke und sie lieber in klassische Frauenrollen schlüpfen sollten, neuerdings gerade auch wegen der Theaterarbeit. Auch die konkrete Gefahr, der man sich als AktivistIn in Afghanistan aussetzt, ist absolut kein Spaß. Ich könnte einige Geschichten von MenschenrechtaktivistInnen erzählen, die mittlerweile aus Sicherheitsgründen im Untergrund oder im Ausland leben. Die Gefahr für Leib und Leben ist absolut real, Spione werden überall vermutet und auch deshalb erzählen mir im Laufe der Jahre immer wieder einige TheaterteilnehmerInnen, dass sie unter falscher Identität an der Arbeit teilnehmen bzw. während der Übungen nicht die ganze Wahrheit sagen, um ihre politische Einstellung nicht offen preiszugeben.

Trotzdem sind sich die meisten einig, dass sie gar nicht anders können, als auf irgendeine Art und Weise politisch aktiv zu bleiben. "Erst wenn wir uns unserer Polizisten im Kopf bewusst werden und sie bekämpfen, werden wir die Angst loswerden, uns für unsere Rechte einzusetzen." Wiedermal ist es der Doktor, der als alter Freiheitskämpfer stellvertretend für alle eine nützliche Anwendung für die Technik des Polizisten im Kopf im afghanischen Kontext findet. Für den Regenbogen der Wünsche, eine weitere TdU-Technik für verinnerlichte Unterdrückungen, bleibt leider keine Zeit mehr, da das Augenmerk jetzt auf das trainingsabschließende Theaterfestival fällt. Zwischen den jeweiligen Modulen kommt es allerdings noch zu mehreren On-the-job-Trainings, in denen vor allem die AHRDO MitarbeiterInnen sich selber als Joker bzw. Playback-Leiter und Schauspieler üben sollen. Zwei simultan stattfindende fünftägige TdU-Workshops mit zwei Kabuler Opfergruppen sowie insgesamt zwölf Playback-Aufführungen, die meisten mit verschiedenen Witwenorganisationen, werden Teil dieses Trainings sein. Logistisch sind diese Veranstaltungen äußerst aufwendig. Glücklicherweise stellt sich schnell heraus, dass sich der Aufwand gelohnt hat.

Probieren geht über studieren - Die "On-the-job-Trainings"

"Es wird ihr in Kürze besser gehen. Tränen sind ein Teil unseres Lebens." Fast stoisch reagieren die rund dreißig Witwen unisono auf die plötzliche Ohnmacht einer AHRDO Schauspielerin mitten in einer Playback-Theater-

Aufführung. Diese Kollegin war auserwählt die Rolle einer Witwe zu spielen, deren Sohn bei einem Bombenanschlag getötet wurde. Schon während des Erzählens der Geschichte hatte die Schauspielerin ihre Tränen nur mühsam unterdrücken können. Als die anderen Schauspieler sich dann entscheiden, den toten Sohn aufzubahren, fängt sie an, heftig zu weinen. Für einen Moment denken ich und andere, dass diese Tränen Teil der Aufführung sind. Schließlich hat auch die Kollegin einiges in ihrem Leben mitmachen müssen und kann sich vielleicht deshalb besonders gut in die Rolle hineinversetzen. Schnell stellt sich aber heraus, dass die Tränen absolut authentisch sind. Sekunden später bricht sie auf der Bühne zusammen und kommt erst gut eine halbe Stunde später wieder zu sich. Natürlich brechen wir die Aufführung sofort ab. Allerdings kommt es dann zu dem besagten Satz, "Tränen sind ein Teil unseres Lebens", und die Witwen bitten uns, die Woche darauf wiederzukommen, da dieser Besuch in einem der ärmsten Viertel Kabuls für sie das erste Mal war, dass sich jemand für ihr Schicksal interessiert. Unglaublicherweise steht die eben noch außer Gefecht gesetzte Kollegin schon wenige Stunden später bei einer weiteren Playback-Aufführung, diesmal für ein gehörloses Publikum, wieder auf der Bühne. Ich kann es kaum glauben, möchte sie aber auch nicht bevormunden und ihr verbieten, sich wieder zu präsentieren. Wo nehmen die Menschen bloß die Kraft her?

Wie schon bei der TdU-Arbeit mit der ersten Kabuler Opfergruppe frage ich mich allerdings auch, welche ethischen Implikationen die Arbeit mit dem partizipativen Theater und in diesem Fall dem Playback-Theater hat. Ist es vielleicht verantwortungslos, in einem derart sensiblen Ambiente Menschen nach ihren persönlichen Erlebnissen zu fragen, auch wenn die Geschichten nicht automatisch traurig oder negativ sein müssen? Was geht emotional in den SchauspielerInnen vor, die in manchen Aufführungen rund anderthalb Stunden nur Geschichten von Trauer und Leid hören und diese auch noch improvisieren müssen? Stimmt die häufig geäußerte Kritik, dass gerade das Playback-Theater eine Form von "grenzenloser Therapie" darstellt und daher keinesfalls ohne psychologische Betreuung durchgeführt werden sollte?

Diese und andere Fragen sind Teil unseres Trainings bzw. der Diskussionen über die Sinnhaftigkeit der Arbeit mit dem Playback-Theater in einem Transitional-Justice-Kontext. Ehrlich gesagt finden wir keine abschließenden Antworten. Es ist aber wichtig, zu erwähnen, dass wir uns einig sind, dass es zwar definitiv gefährlich sein kann, Menschen um ihre Geschichten zu bitten und dabei möglicherweise alte Wunden wieder zu öffnen, dass es aber genauso von-oben-herab und entwürdigend sein kann, Menschen nicht zuzutrauen, mit den Erinnerungen ihres Lebens umzugehen - gerade dann, wenn ihnen durch offizielle Kanäle sowieso verweigert wird, sich der Verstorbenen öffentlich zu erinnern.

Darüber hinaus sind die Rückmeldungen der verschiedenen Witwenvereinigungen durchweg positiv. Viele bedanken sich, dass wir uns die Mühe gemacht haben, ihnen zuzuhören. Andere vermelden eine subjektiv gefühlte Ermächtigung und eine Art von Heilung. "Soeben habe ich einen Anruf von Chala[84] erhalten. Eine der Witwen hat sich bei ihr gemeldet und ihr mitgeteilt, dass sie jahrelang ein unheimliches Druckgefühl im Körper verspürt hat, dieses aber seit der Playback Aufführung verschwunden ist", erzählt mir meine neue AHRDO-Kollegin Naheed ganz aufgeregt. Dies bestätigt meine Grundeinstellung zu dieser Arbeit. Ich persönlich glaube einfach an die Fähigkeit der Menschen, schwierige persönliche und kollektive Situationen ohne Hilfe eines Seelendoktors überstehen zu können. Vielleicht sollte ich hinzufügen, dass ich einen Bachelor in Psychologie habe und mir während meines Studiums immer mehr bewusst geworden ist, wie wenig emanzipatorisches Potenzial die gewöhnliche Psychologie hat, was nicht heißen soll, dass es in Fällen schwerer Traumata nicht nützlich und sogar notwendig sein kann, auf professionelle psychologische Hilfe zu setzen. Ich glaube allerdings auch nicht, dass solch eine Hilfe die einzige ist, die bei solchen Fällen etwas bewirken kann. Auch spielt im afghanischen Kontext das Kollektiv eine viel größere Rolle als in einem westlichen Kontext. Dabei erlebe ich in rund vier Jahren Arbeit mit dem Thema Theater und Transitional Justice, dass die verschiedenen Opfer- und Witwenvereinigungen ein unwahrscheinlich gut entwickeltes Auffangnetz entwickelt haben, das es ihnen erlaubt, ihre schmerzhaften Erfahrungen gemeinsam zu betrauern, sich aber auch gemeinsam Trost zu spenden. Auch organisieren wir nicht einfach eine Playback-Aufführung und verschwinden danach auf Nimmerwiedersehen. Im Regelfall gibt es mit den meisten Opfergruppen einen kontinuierlichen, regen Austausch, und wir besuchen uns gegenseitig und trinken Tee.

Nun, vielleicht klingt das alles ein wenig naiv. Meine Überzeugung allerdings beruht auf praktischer Erfahrung und den ausdrücklichen Wünschen und Äußerungen der vielen hundert Menschen, die während der Playback-Aufführungen ihre Erlebnisse mit uns geteilt haben. Mir sind diese Wünsche wichtig und ich möchte mir nicht anmaßen, für diese Menschen zu

[84] Dari für Tante, aber auch eine Art Kosename für eine Koch-und Reinigungshilfe

entscheiden, was gut für sie ist und was nicht. So etwas steht für mich im krassen Widerspruch zu allem, was TdU und PT propagieren, d.h. weniger hierarchische und mehr horizontale, dialogische Beziehungen zwischen den Menschen. Solange wir von den Menschen also nicht ausdrücklich gebeten werden, mit dieser Arbeit aufzuhören, gibt es meines Erachtens keinen Grund, uns zurückzuziehen.[85]

Auch das TdU-On-the-job-Training verläuft in ähnlich intensiven Bahnen. Die sieben Joker machen einen tollen Job und ein ums andere Mal ertappe ich mich dabei, wie glücklich ich bin, diese KollegInnen und Freunde nach wochenlanger harter Arbeit jetzt die Früchte ihrer Arbeit ernten zu sehen. Vor allem die Frauen sind absolut fantastisch. Man merkt, dass sie sich während der verschiedenen Trainings Notizen gemacht und auch während der theoretischen Gespräche viel mehr Interesse gezeigt haben, als die etwas behäbigeren Männer. Mit einem vollkommen scheinenden Selbstvertrauen stehen sie vor der Gruppe und führen diese durch fünf emotionsgeladene Tage. Vor allen Dingen das kurzfristige Verschwinden einer Teilnehmerin, die von ihrem Ehemann wegen ihrer unerlaubten Teilnahme schwer verprügelt wird, ihm am nächsten Tage aber erneut wegläuft, um weiter dabei zu sein, bleibt unvergesslich und für viele schockierend. Auch die Workshopteilnahme eines 14-jährigen Mädchens, das die ersten Tage nur mit Hand vor dem Mund herumläuft und an kaum einer Übung teilnimmt, sich am letzten Workshoptag und während des Theaterfestivals aber wie ein alter Hase vor Dutzenden von Menschen präsentiert, ist repräsentativ für die Intensität und den Erfolg des On-the-job-Trainings und des TdU als konkrete Praxis der, zumindest temporären, Selbstbefreiung.

Am letzten Workshoptag führen die beiden Gruppen schließlich füreinander auf, was für die AHRDO-Joker gleichzeitig eine erste Möglichkeit ist, eine Forumtheateraufführung zu jokern. Es ist spürbar, dass die nun rund vierzig SchauspielerInnen sich noch nicht wirklich vertrauen und sich deshalb zunächst etwas beschnuppern. Sobald die insgesamt fünf Forumsze-

[85] Trotz anhaltend großer Erfolge mit der Theaterarbeit kommt es im Spätdezember 2010 zu einem nachdenklich machenden Moment, als eine in Afghanistan arbeitende internationale Traumapsychologin AHRDOs Theaterarbeit mit Opfergruppen - ohne sie je gesehen zu haben - wegen einer möglichen Retraumatisierung stark kritisiert und daraufhin AHRDO von einem möglichen Geldgeber sogar gebeten wird, verschiedene Theatertechniken stark abzuändern. Natürlich nehmen wir jede Kritik unserer Arbeit sehr ernst. Gleichzeitig bestätigt sich erneut, dass sich in einem entwicklungspolitischen Kontext im Regelfall internationale Meinungen das Recht herausnehmen, lokale Erfahrungen nicht anzuerkennen und über ihre Köpfe hinweg Entscheidungen zu treffen.

nen allerdings im Gange sind, ist bei allen ist ein gewisser Stolz sichtbar, dass sie innerhalb weniger Tage zu SchauspielerInnen geworden sind.

Kleine Höhepunkte bereichern das Leben - Das abschließende Theaterfestival

Das abschließende Theaterfestival ist als Geschenk für sämtliche während der vorangegangenen sechs Wochen dabei gewesenen Teilnehmer und Teilnehmerinnen gedacht. Es bietet ihnen die Möglichkeit, einem größeren Publikum die verschiedenen Theatertechniken vorzustellen, die Familie einzuladen und sozusagen sich selber ein wenig zu feiern. Auch potentielle Geldgeber sollen angelockt werden, damit es mit der Nachhaltigkeit bei AHRDO mittelfristig etwas wird. Der Veranstaltungsort ist die lokale Heinrich-Böll-Stiftung. Großzügigerweise stellt diese uns ihren Garten zur Verfügung, der recht groß ist und sogar einen (leeren) Swimmingpool anzubieten hat. Die Dauer des Festivals darf zwei Stunden nicht überschreiten, daher entscheiden wir uns für eine spektakuläre Lösung: fünf zeitgleich stattfindende Theateraktivitäten an verschiedenen Orten des Gartens, die die rund hundert erwarteten Zuschauer wie auf einem Jahrmarkt besuchen können. Es wird mehrere Forumtheateraufführungen, eine Playback-Arena, eine im Swimmingpool stattfindende AH 7808-Aufführung, einen Raum für Theaterspiele und eine Theorie- und Fotowand mit Erklärungen zum Theatertraining geben. Stundenlang richten wir am Tag zuvor den Garten her.

Das Festival wird dann auch zu einem würdigen Abschluss unserer Arbeit, auch wenn es gleich zu Beginn zu einigen unangenehmen Momenten kommt. So wollen die Opfervereinigungen plötzlich nicht mehr aufführen, weil ihnen zu Beginn des Festivals zu wenig (!) ZuschauerInnen am Forumstand sind. Darüber hinaus fällt eine Zuschauerin nach dem Erzählen ihrer Geschichte während der Playback-Aufführung in Ohnmacht und wird von AHRDO-Mitarbeiterin Naheed liebevoll versorgt. "Wann endlich wird es in unserem Land Gerechtigkeit geben?", fragt sie verzweifelt. Ansonsten herrscht echte Jahrmarktsatmosphäre. Alle Gäste sind rundum begeistert, und bei den internationalen Gästen wird echtes Interesse an den verschiedenen Theatermethoden geweckt. "So etwas habe ich in Afghanistan noch nie gesehen. Ich hätte niemals gedacht, dass so etwas möglich wäre", sagt eine Südafrikanerin völlig überrascht. Dies ist an sich schon eine bemerkenswerte Aussage, da die Dame schon mehrere Jahre im Land ist und eigentlich genug Erfahrung mit Land und Leuten haben müsste, um zu wissen, dass die meisten AfghanInnen von Natur aus durchaus gestenreich sind. Erneut kommt mir die ewige Kritik der Mehrheit der TheaterteilnehmerInnen in den Sinn, die sich immer wieder darüber beklagen, dass ein ernsthafter Austausch zwischen ausländischen EntwicklungshelferInnen und der afghanischen Lokalbevölkerung so gut wie nie erfolgt. Schade.

Jedenfalls sind die Freunde von AHRDO und die anderen Trainingsteilnehmerinnen ebenfalls überrascht, allerdings von sich selbst. Sie sind es, die dieses Festival zu einem vollen Erfolg gemacht haben und ihre glücklichen Gesichter und die Freude einiger Familienmitglieder sind für mich das schönste Geschenk. "Siehst du, meine Liebe. Jetzt weißt du endlich, dass ich nicht nur bla, bla, bla von politischem Wandel rede", ruft unser Dr. Sharif seiner Frau zu. Sie wirft ihm nämlich ständig vor, dass er viel rede, aber wenig mache. Eine Meinung, die ich absolut nicht teile.

Das war es also. Das Training kommt zu seinem vorläufigen Ende. Ich spaziere nach Hause, bin total euphorisiert. Im Garten sitzend, rauche ich eine Zigarette und schreibe den AHRDO KollegInnen eine SMS: "Ein riesiges Dankeschön. Manana"[86].

Nun gilt es, mit ICTJ die anschließende zweite, finale, Trainingsphase zu besprechen, ein finales OK zu bekommen und einen weiteren Geldgeber zu finden, da ich vorschlage, für dieses zweite, fortgeschrittenen Training drei internationale TdU- bzw. PT-Kollegen einzuladen. Die Wahl fällt auf meinen alten US-Spezi Marc Weinblatt, den kolumbianischen, heute aber aus politischen Gründen im kalifornischen Exil lebenden TdU-Spezialisten Hector Aristizábal und die Schweizer Playback-Kollegin Karin Gisler, mit Erfahrung im kriegsgeschädigten Burundi, empfohlen von PT-Guru Jonathan Fox[87]. Alles extrem erfahrene Theaterpersonen mit jeweils rund zwanzig Jahren Erfahrung. Darüber hinaus absolut bereit, die Herausforderung anzunehmen, nach Kabul zu kommen. Allerdings kann ICTJ nur die Kosten für zwei Trainer übernehmen. Ich muss also noch irgendwie Geld auftreiben. Die GTZ hat dieses Mal leider nicht die Möglichkeit zu helfen. Die Friedrich-Ebert-Stiftung vielleicht? Ja. Erneut stellt sich FES-Landesdirektorin Tina Blohm als äußerst großzügig heraus und willigt ein, einen Teil der Kosten für unseren Hector zu übernehmen. Damit kann das Training stattfinden. Rund drei Monate später hole ich Hector und Marc, Karin kommt zwei Wochen später, am dann frisch renovierten Flughafen Kabul ab. "Da Afghanistan. Chosh amaden". Willkommen.

[86] Danke in Paschto

[87] Mehr zu den Theater-KollegInnen auf ihren Internetseiten: www.imaginaction.org (Hector), www.mandalaforchange.com (Marc) und www.playback-theater.ch (Karin)

Es ist kurz nach 08.30. Die Erde bebt. Die Fensterscheiben der Nachbargebäude springen heraus. Ein weiterer Selbstmordanschlag, keine hundertfünfzig Meter Luftlinie von uns entfernt. Zum zweiten Mal innerhalb eines Jahres ist die indische Botschaft betroffen. Dabei ist die Zufahrtsstraße erst vor kurzem wieder geöffnet worden. Und das nur für registrierte Fahrzeuge und unter schärfsten Sicherheitsvorkehrungen. "Sind alle TeilnehmerInnen sicher?", frage ich nicht ohne Sorge. Noch sind nicht alle da. Hoffentlich ist ihnen nichts passiert.

Plötzlich fällt mir ein, dass eine spanische Kollegin im Büro der Europäischen Kommission gleich neben der indischen Botschaft arbeitet und just um diese Zeit möglicherweise auf dem Weg ins Büro gewesen ist. Leider habe ich ihre Nummer nicht zur Hand. Außerdem sind alle Leitungen nach einem "Entehari"[88] sowieso dauerbesetzt. Ich versuche eine andere Kollegin zu erreichen. "Hast du etwas von Zahra gehört?". "Ja. Sie hat mir gerade eine SMS geschrieben. Sie ist wenige Minuten vor dem Anschlag im Büro angekommen." Mann, oh Mann. Je nachdem, wo die Anschläge stattfinden, arbeitet oder lebt immer irgendein afghanischer oder ausländischer Kollege in der Nähe. Nur wenige Wochen zuvor hat Dr. Sharifs Tochter auf dem Weg zur Schule einen Selbstmordanschlag auf einen italienischen ISAF-Konvoi nur um Haaresbreite überlebt, der Sohn eines Nachbarn hingegen ist ums Leben gekommen. Der Krater ist immer noch da.

"Hombre, Hjalmar, sind das Bombensplitter, die hier in den Garten geflogen sind?", fragt Hector, unser Trainer für diese Woche. Es stimmt. Zahlreiche Splitter irgendeines Objektes sind direkt in unseren Trainingsbereich, den Garten der FES, geflogen. Und die fehlenden TeilnehmerInnen? Zu unser aller Erleichterung trudeln nach und nach alle TeilnehmerInnen ein. Es herrscht allgemeine Konsternation. Bei einigen fließen Tränen der Fassungslosigkeit, eine Teilnehmerin ist in einem totalen Schockzustand und weint noch Stunden später. Zur selben Zeit herrscht bei vielen eine gewisse Resignation vor. "Was soll's? So ist die Situation halt." Und nun? Sollen wir den Trainingstag für heute absagen? Ich überlasse die Entscheidung den TeilnehmerInnen. Hector schlägt einen "Healing Circle" vor. Alle nicken schweigend. Zunächst allerdings sollte nach afghanischer Tradition gemeinsam gebetet werden. Wir sitzen im Kreis, und einer der Teilnehmer spricht einige Verse des Korans. Danach beginnt der "Healing Circle". Alle

[88] Dari für Selbstmordanschlag

TeilnehmerInnen sind eingeladen zu beschreiben, wie sie sich nach dem Anschlag fühlen. Es kommt zu viel allgemeiner Kritik, aber den meisten fällt es extrem schwer, ihre eigenen Gefühle zu beschreiben. Die Betroffenheit ist hingegen allgegenwärtig. Zum Abschluss summen und singen wir gemeinsam eine Melodie, die Hector von einem afrikanischen Schamanen gelernt hat und mit einer afghanischen Trommel wunderschön und für alle irgendwie besänftigend begleitet. Musik ist im afghanischen Kontext weiterhin ein sehr sensibles Thema, trotzdem singen alle mit, und bei einigen scheint dieses Singen auch neue Kräfte freizusetzen. Nach der Mittagspause jedenfalls geht das Training dann ganz normal weiter. Es ist der vorletzte Tag der ersten Trainingswoche. Am nächsten Tag wird es eine Forumtheateraufführung mit Gästen geben.

"Hjalmar, kann ich kurz mit dir sprechen?", fragt mich der afghanische Vize-Landesdirektor der FES. "Wir haben mehrere Beschwerden von unseren Nachbarn bekommen, weil ihr gestern in einer Zeit der Trauer Musik gemacht habt. Sie haben mich gefragt, ob hier bei uns im Garten das Christentum gelehrt wird." Er bittet um Verständnis, dass die FES als Organisation es sich nicht leisten kann, mit ihren rein afghanischen Nachbarn, zu denen sie bislang ein sehr gutes Verhältnis gehabt hat, nun möglicherweise große Schwierigkeiten zu bekommen. Er deutet an, dass wir den Garten nicht länger benutzen können. Das gesamte Training steht damit auf der Kippe. Die FES ist so freundlich gewesen und hat uns während der ersten beiden Trainingswochen großzügig ihren Garten als Trainingsgelände zur Verfügung gestellt. Für einen alternativen Raum gibt es kein Budget, und es liegt mir völlig fern, durch unsere Arbeit die Nachbarschaft in Aufruhr zu bringen, auch wenn der Verdacht der Christianisierung natürlich Unsinn ist. Es dürfte in Afghanistan kaum eine säkularere afghanische Organisation als AHRDO geben. "Ich verspreche dir, dass es ab sofort etwas ruhiger zugehen wird und keine Musik mehr gespielt wird." Außerdem schlage ich vor, ab der folgenden Woche ein Zelt aufzubauen, das den Geräuschpegel dämpfen dürfte. Mit Engelszungen und all meinen über die Jahre antrainierten indirekten Kommunikationsfähigkeiten überrede ich den Vize-Direktor schließlich. "Ok. Wir freuen uns ja auch, euch hier zu haben. Von heute an muss es aber so ruhig wie möglich zugehen." Ich atme einmal tief durch. Das Training ist gerettet. Danke, FES.

So mutiere ich also langsam, aber sicher vom Theatermacher zum reinen Projektmanager. Drei internationale Gäste, zum ersten Mal in Afghanistan. Sechs Wochen Training am Stück. Über dreißig TeilnehmerInnen aus fünfzehn Organisationen und fünf Provinzen des Landes. Zwölf Forumtheater-

bzw. Playback-Theater-Aufführungen. Zwei simultane On-the-Job-Trainings für jeweils zwölf Witwen. Zweimal Hectors "Nightwind"[89], einmal mit vierzig, das andere Mal mit rund siebzig Gästen. Ein Clown-Training mit Karin. Acht zusätzliche TdU-Kurzworkshops für Hector und Marc. Zwei davon Flugreisen entfernt in Herat und Bamiyan. Dazu noch jeden Nachmittag bzw. Abend Programm für unsere drei Gäste. Ein Besuch im zerstörten Königspalast, ein anderer im Garten des Mogulkönigs Babur. Dann noch das in Trümmern liegende ehemalige russische Kulturzentrum, sowie das ebenfalls zerstörte Kabuler Theater. Danach ein Abendessen mit Shisha und Tablamusik[90], ein anderes Zuhause bei den KollegInnen von AHRDO, ein kleines Konzert einer iranisch-afghanischen Band bei mir. Es fehlt uns während dieser Wochen nicht an Aktivitäten. Und das trotz der angespannten Sicherheitslage, die die meisten Unternehmungen für die überwältigende Mehrheit der anderen Ausländer vor Ort unmöglich gemacht hätte. Ich bin auch für die Sicherheit unserer Gäste verantwortlich und dabei bleibt es meine Grundeinstellung, sich soweit wie möglich unter AfghanInnen zu bleiben und ihnen gleichberechtigt zu begegnen. Oberstes Ziel ist es, zu erreichen, dass sich die Drei wohlfühlen und ein Afghanistan zu sehen bekommen, das sie so schnell nicht vergessen werden und ihre Eindrücke an ihre Freunde, Bekannte und Gemeinden weitergeben können, um das so negativ geprägte Bild des Landes Stück für Stück zu verändern in ein Afghanistan der extremen Gastfreundschaft, der Poesie, des gemeinsamen Essens und Teetrinkens, des Lachens. Das Afghanistan der Menschen, die eigentlich gar nicht so anders sind als wir. "Das war eines der schönsten Erlebnisse meines Lebens", sagt Karin am Flughafen auf dem Weg zurück in die Heimat. "Baman-e Choda, Karin, Hector wa Marc". Es war uns eine große Freude und Ehre, euch hier bei uns zu haben.

Und das Training? Das läuft toll, wird aber das eine oder andere Mal durch tragische Zwischenfälle überschattet. So kommt es innerhalb dieser Wochen nicht nur zu dem bereits erwähnten Selbstmordanschlag direkt bei uns nebenan, sondern auch zu mehreren tragischen Situationen für unsere TeilnehmerInnen. Dem einen wird kurzzeitig der Vater entführt, eine andere Teilnehmerin wird vorübergehend von ihren Eltern zu Hause eingesperrt, weil sie ein Verhältnis habe, und dann ist da noch der aus der Provinz Nangarhar stammende Teilnehmer, der während des eintägigen Clowntrainings mit Karin, absurderweise noch mit seiner roten Clownnase auf, aus dem Trainingsraum stürzt und emotional total zusammenbricht.

[89] In seinem Bühnenstück "Nightwind" verarbeitet Hector seine eigenen Erfahrung mit Verlust und Folter als Folge seines politischen Aktivismus in Kolumbien.

[90] Die Tabla ist eine in Afghanistan extrem populäre Trommelart aus Indien.

Was war passiert? "Gestern sind mein Cousin und ich auf dem Weg nach Kabul von den Taliban beschossen worden und mein Cousin ist dabei schwer verletzt worden. Gerade habe ich einen Anruf erhalten, dass er verstorben ist." Alle sind fassungslos. Vor wenigen Tagen hat dieser bei der UNESCO arbeitende Mann noch für die Opfer des Selbstmordanschlags gebetet, und jetzt beten wir für ihn und seine Familie. Zum Abschluss des Trainings, am Tag von Karins Abreise, kommt es dann noch zu einer extrem gut koordinierten Taliban-Attacke auf ein vollbelegtes UN-Guesthouse bei gleichzeitigem Raketenbeschuss des Fünf-Sterne-Hotels Serena. Mehrere internationale UN-Mitarbeiter und afghanische Wächter kommen dabei ums Leben. Es geht wirklich Schlag auf Schlag.

So hat das gesamte Training, wie eigentlich sämtliche Aktivitäten in Afghanistan, einen extrem konkreten Realitätsbezug. Die verschieden Gefühle, die über die Wochen verteilt immer wieder auftauchen sind zu 100% echt. Angst, Freude, Hass, Trauer, Resignation, Kampfeslust, Solidarität. Tagtäglich gelebte Realität und Theater vermischen sich und werden eins. Niemand spielt einfach nur eine Rolle, auch wenn diese Tatsache insofern natürlich auch real existierende Konsequenzen hat. So spielt Marc mit der Gruppe "Karneval in Rio", ein klassisches TdU-Spiel, in dem es darum geht, von allen TeilnehmerInnen zunächst individuell geschaffene, sich wiederholende Bewegungen und Geräusche zu synchronisieren, am Ende des Spiels sollten alle gemeinsam nur eine Bewegung und ein Geräusch machen.

Manche Gruppen schaffen das normalerweise innerhalb weniger Minuten, andere brauchen etwas länger, wieder andere einigen sich irgendwann darauf, den Versuch aufzugeben. In "Karneval in Kabul" hingegen läuft das Spiel unglaubliche 45 Minuten.[91] "So etwas habe ich in meinen zwanzig Jahren Arbeit mit dem TdU noch nie erlebt. Die Energie der Gruppe war absolut unglaublich", sagt Marc in einer Mischung aus Bewunderung und Kopfschütteln. Ich selber stehe bei diesem Spiel als Beobachter auf einem Stuhl und weiß ebenso wie Marc nicht, ob ich lachen oder weinen soll. Ganz ehrlich überwiegt während der Übung eine unheimliche Trauer, als das im Spiel generierte und sich in der Realität ständig reproduzierende Chaos, das partout nicht aufeinander zugehen wollen, die Trennung zwischen Frau und Mann, und ein unheimliches Aggressionspotential das aus all diesen und wahrscheinlich noch viel mehr Faktoren entsteht, irgendwie genau das Afghanistan symbolisiert, das zumindest mir in manchen Momenten

[91] Alle Theaterspiele können je nach Kontext und Gruppe in Dauer variieren, die meisten Spiele dauern allerdings normalerweise nicht länger als 15-30 Minuten.

die Hoffnung nimmt, dass Land und Volk jemals zur Ruhe kommen werden. Ein Land, das sich wirklich ständig am Abgrund befindet.

Schließlich beendet Marc das Spiel ("Ich wollte sehen, ob sie auf mich hören oder mich einfach als einen weiteren Mitspieler sehen, der das Spiel in seine Richtung lenken will, und mich deshalb ignorieren"), und es kommt zu einer Reflexionsrunde. "Wir haben gewonnen.", ruft sofort einer der total verschwitzten Männer. "Bei diesem Spiel geht es doch nicht um gewinnen oder verlieren. Wir hatten einfach keine Lust mehr auf eure Sturheit und Selbstverliebtheit.", antwortet kühl eine der Frauen. Diese hatten sich, unterstützt von einigen wenigen männlichen Kollegen, während der letzten rund 20 Minuten des Spiels überhaupt nicht mehr vom Fleck bewegt und sich wie eine Mauer den wild herumspringenden und grölenden Männern entgegengestellt. "Wir sind eben stärker als ihr. Ihr Frauen seid grundsätzlich viel zu passiv.", ruft ein junger Mann, der während des Spiels von einem die Frauen unterstützenden Kollegen zu Boden gerungen wurde, um endlich für Ruhe zu sorgen. "Unser Verhalten hat mit Passivität nichts zu tun. Nur sind wir davon überzeugt, dass Frieden nicht mit noch mehr Gewalt zu erreichen ist." Die Männer sind nicht zu überzeugen. Trotzdem hat es den Anschein, dass es während der Diskussion bei einigen klick gemacht hat. "Es ist mir während des Spiels gar nicht aufgefallen, dass ich so aggressiv war. Ich wollte einfach nur gewinnen und habe mich total gewundert und geärgert, dass die Frauen unsere Bewegung einfach nicht akzeptieren wollten.", erzählt mir Javid während der anschließenden Pause einsichtig. Leider scheint eben auch bei der Arbeit mit dem TdU Gewalt manchmal attraktiver und irgendwie natürlicher zu sein als Harmonie und Zusammenarbeit. Wenn es allerdings richtig ist, dass Einsicht der erste Schritt zur Besserung ist, könnte diese Übung für die TeilnehmerInnen etwas in Bewegung gesetzt haben.

In Bewegung gesetzt werden die TeilnehmerInnen vor allem bei Hectors Training. "Bei mir sollen die TeilnehmerInnen weniger mit dem Kopf als vielmehr mit dem Körper denken und nicht zur Ruhe kommen." In einem Höllentempo peitscht der Gute die TeilnehmerInnen von Übung zu Übung. Es wird getanzt, gesprungen, sich über den Garten gerobbt, und meist ist Hector mittendrin. Nur die ewige Notwendigkeit der Übersetzung reduziert die Arbeitsgeschwindigkeit etwas, was Hector sichtlich ein wenig nervt. Karins Playback-Training dagegen etabliert ein keinesfalls weniger intensives, dafür aber dem Playback-Theater entsprechend etwas langsameres, sanfteres Klima. Besonders beliebt sind die ausgiebigen Massagen, die die TeilnehmerInnen sichtlich in vollen Zügen genießen und regelrecht zelebrieren. "Das Playback-Training hat mich zu einem anderen Menschen gemacht", berichtet AHRDO-Direktor Bisharat, Spitzname "Diktator" wegen seines normalerweise rauen Umgangstones. "Selbst meine Familie hat mich schon gefragt, was mit mir los sei, dass ich neuerdings so nett und zuvorkommend bin."

Hitzige und ehrliche Diskussionen, viel Bewegung, aber auch Zeit für Zwischenmenschlichkeit und körperliche sowie persönlichkeitsbezogene Selbstexpansion, dazu der Versuch der konstruktiven Konfliktlösung und ein allgemeines individuelles und kollektives Gefühl der Ermächtigung.

Trotz oder gerade wegen der angespannten Sicherheitslage haben die drei Trainings aus meiner Sicht die ganze Palette möglicher "Resultate" der Arbeit mit dem partizipativen Theater abgerufen. So kommt es zu extrem viel Dialog und Analyse örtlicher Konflikte, zur Erörterung möglicher Graswurzellösungen und vor allem einer großen Portion Menschlichkeit und Solidarität in Zeiten von Gewalt und Angst. Auf der anderen Seite geht uns allen die tagtägliche Arbeit mit den eigenen Emotionen, Körpern und den vielen persönlichen Konflikten natürlich an die Nieren. Die Arbeit schlaucht. Nach einem besonders emotionsgeladenen Playback-Theater-Morgen, in dem Karin und ich die Gruppe zum ersten Mal bewusst in Männer und Frauen teilen, damit diese Erlebnisse erzählen können, die man dem anderen Geschlecht wohl nicht preisgeben würde, ist vor allem bei den Frauen die Stimmung am emotionalen Siedepunkt. Stundenlang weinen sie und unterstützen sie sich gemeinsam in einer schmerzvollen, aber zugleich auch wunderschönen Demonstration menschlichen Einfühlungsvermögens und Solidarität. Auch bei Karin haben die Geschichten der Frauen Spuren hinterlassen. "Es ist etwas anderes, wenn man diese für mich unfassbaren Geschichten von Frauen hört, die diese selbst erlebt haben", schüttelt sie den Kopf. Vergewaltigungen, häusliche Gewalt, gesellschaftliche Ausgrenzung als familiäre Bestrafung für weibliches "Missbenehmen". Viele Dinge kommen ans Licht, und da auch die Männern einiges aufarbeiten, vor allem ihre Erfahrungen in den zahlreichen Flüchtlingslagern ihrer Kindheit, und ebenfalls deutlich angeschlagen sind, entscheiden wir, den Nachmittag gemeinsam an einem der wenigen "öffentlichen" Orte Kabuls zu verbringen, dem Garten des berühmten Mogul-Herrschers Babur.

Dieser Ort, ein wunderschön angelegter und kürzlich restaurierter Park mit vielen Grünflächen, herrlichem Blumenduft sowie einem jahrhundertalten Mausoleum ist ein Anlaufpunkt für Familien aller Couleur, eine wahre

Oase, in der man wirklich für kurze Zeit abschalten kann. Leider wird dieser Park gerade marktfit gemacht und soll in Kürze Gewinn produzieren, weswegen zu erwarten ist, dass die bisher noch recht günstigen Eintrittspreise demnächst wohl nur noch für AusländerInnen und die afghanischen Eliten erschwinglich sein werden. Wir jedenfalls kommen noch rechtzeitig, schmuggeln mich gemeinsam mit unseren beiden gehörlosen Teilnehmern als ebenfalls Gebärdensprachiger ein und vergnügen uns ein paar Stündchen im Park. "Es ist faszinierend, wie spielerisch und positiv albern die Afghanen sein können", ist Karin überrascht. Es stimmt, dass wir auf gewisse Weise schnell den Park eingenommen haben und bei herrlichstem Wetter ein wenig "Blindes Auto" spielen, und die Gruppe danach noch ein Flaschenbowling improvisiert, bis eine Gruppe von halbstarken 15-jährigen beginnt, die beiden Gehörlosen und die für sie wohl zu entspannt spielenden Mädchen zu belästigen, und es zu etwas Ärger kommt. "Wir müssen die Bevölkerung auf die Arbeit mit dem Theater vorbereiten". Dieser Satz von AHRDO-Kollegin Atifa schwirrt mir immer im Gedächtnis herum, wenn wir durch unsere Arbeit manchmal das Aufsehen der Menschen erregen, und diese nur bedingt zufrieden hereinschauen. Wie aber bereitet man eine Bevölkerung darauf vor, dass bestimmte Wandel von den eigenen Landsleuten als notwendig angesehen werden und im Begriff sind, nicht verhandelbar zu werden? Und wie können wir unsere ausländischen Gäste vorbereiten, auf das was in Afghanistan auf sie zukommt?

"Die Revolution in Afghanistan wird nur von den Frauen kommen. Ich habe zwar unheimlich nette Männer getroffen, aber sie alle scheinen mir viel zu satt und zufrieden, als dass sie irgendetwas ändern wollen", resümiert Hector kurz vor seiner Abreise. Ihm geht die Situation der Frauen besonders nahe. Die ersten Tage kommt er überhaupt nicht klar. "Ich habe noch nie 100% meiner Freizeit mit Männern verbracht." Es tut ihm sichtlich in der Seele weh, dass alle weiblichen Teilnehmerinnen sofort nach Ende des Workshoptages, so gegen 15:30, nach Hause eilen, da sie vor Anbruch der Dunkelheit zu Hause sein müssen. Darüber hinaus kein Händeschütteln, keine Umarmung, kein Küsschen auf die Wange, keine Möglichkeit, charmant ein kleines Kompliment zu machen. Ich selbst habe es die erste Zeit in Afghanistan nicht einmal gewagt, eine Frau auf der Straße anzugucken. Und ich rede hier nicht von Starren oder gar Flirten. Ich habe buchstäblich weggeguckt, wenn eine Frau irgendwie in meiner Nähe gewesen ist. Auch werde ich nie vergessen, wie ich zu Beginn meiner Zeit den Fehler begangen habe, eine Workshopteilnehmerin, mit der ich gerade einen mehrtägigen Prozess hinter mir hatte, auf der Straße zu grüßen, als wir uns zufällig treffen. Sie drehte sich blitzschnell weg, und ich verstand gar nichts. Bis ich dann von einem männlichen Kollegen aufgeklärt wurde, dass dieses für mich harmlose Winken für sie ernste Konsequenzen haben könnte, und sie etwa die Familienehre verletzt haben könnte und damit automatisch auch ihr eigenes Leben aufs Spiel gesetzt hat. Ähnlich versteht Hector nicht, wieso er einem afghanischen Mann besser nicht sagen sollte, dass er eine hübsche Frau hat. Ein typischer Fall von Kulturschock? In meinem Vaterland Bolivien und vielen anderen Ländern ist seit dem Antritt des ersten indigenen Präsidenten Evo Morales das Wort "Interkulturalität", für den Austausch zwischen Kulturen zumindest rhetorisch in Mode gekommen. Dieses Wort höre ich so im afghanischen Kontext zwar eher selten, das Konzept an sich allerdings scheint mir für die zukünftigen Beziehungen zwischen AfghanInnen aber auch zwischen AfghanInnen und den Internationalen von großer Bedeutung, um uns einander darauf vorzubereiten, wenn wir als Menschen in unser gesamten Komplexität aufeinandertreffen. Ich bin davon überzeugt, dass TdU und PT für diese Interkulturalität wichtige Räume schaffen kann.

Ansonsten ist das Training mit den beiden Theatermethoden in dem Sinne erfolgreich, als die KollegInnen von AHRDO, aber auch viele der anderen TeilnehmerInnen, auf dem besten Weg sind, sich die Arbeit mit dem Theater zu eigen zu machen. Dies zeigt nicht nur die von fast allen geäußerte Überzeugung, dass beide Theaterformen eine wichtige Rolle bei der Demokratisierung des gesellschaftlichen Lebens spielen können, sondern vor allem auch die von AHRDO demonstrierte Fähigkeit, diese Formen in der konkreten Praxis anzuwenden[92]. So kommt es innerhalb der On-the-job-Trainings zu verschiedenen Aktivitäten, in denen jeweils die verschiedenen AHRDO MitarbeiterInnen in die Rollen des Jokers, Conductors[93] bzw. der SchauspielerInnen schlüpfen und nicht nur einen hervorragenden Job machen, sondern auch einen Lernprozess in Gang setzen, der ihnen meines Erachtens ermöglichen wird, einen authentisch afghanischen Weg in der Arbeit mit dem TdU und dem PT zu beschreiten. Während der beiden Trainingsphasen betone ich deshalb auch die Notwendigkeit, eine eigene Joker-Persönlichkeit zu finden und nicht zu versuchen, andere Praktiker zu kopieren. Außerdem sind diese Trainingsmöglichkeiten für die AHRDO MitarbeiterInnen natürlich auch als Möglichkeit konzipiert, für sich selber herauszufinden, ob sie wirklich mit dem partizipativen Theater arbeiten wollen, da es ein Unterschied ist, ob man an einem TdU-Workshop teil-

[92] Für mehr Informationen zu den konkreten Aktivitäten von AHRDO lohnt sich ein Blick auf unsere Internetseite unter www.ahrdo.org oder zu einer youtube Präsentation auf http://www.youtube.com/watch?v=-M7rYzeYNKM

[93] Der Moderator einer Playback-Theater-Aufführung

nimmt und dabei wichtige persönliche Entdeckungen macht, oder selbst einen solchen Prozess leitet. Schließlich ist das Vertrauen in die eigenen Kapazitäten, solch eine Arbeit selbstständig durchführen zu können, ein immens wichtiges Thema, welches deshalb als Teil dieser On-the-job-Trainings auch immer wieder thematisiert wird. So beginnt Marc jeden Tag mit einer Stunde "Joker-Training", in dem die TeilnehmerInnen Fragen stellen können und er selbst den Sinn einiger Übungen erklärt. Auch während des Playback-Trainings kommt es immer wieder zu theoretischen Auseinandersetzungen mit dem Medium. Während des PT-Trainings werden einige Sequenzen aufgenommen, damit alle TeilnehmerInnen in der Zukunft die Möglichkeit haben, weiter an sich zu arbeiten. Außerdem existiert eine im Aufbau befindliche AHRDO-Theater-Bibliothek, in der sich neben den Boal- und Playback-Büchern auch eine Reihe von anderen Artikeln, Theater-DVDs und Theaterbüchern befinden.

Letztlich aber sind es die On-the-job-Komponenten, die den AHRDO MitarbeiterInnen ermöglichen, ihre praktischen Fähigkeiten und Erfahrungen zu vertiefen. Auch dieses Mal organisieren wir deshalb mehrere TdU- und PT-Aktivitäten, unter anderem mit zwei Witwenorganisationen, die beide bereit sind, an einem viertägigen TdU-Prozess teilzunehmen, der zeitgleich an zwei verschiedenen Orten stattfindet und von den insgesamt sieben (!) AHRDO Jokern geleitet wird, wobei ethnische und geschlechtliche Komponenten berücksichtigt und gemeinsam mit den Witwen abgesprochen werden. Meine eigene Rolle reduziert sich während dieser Aktivitäten auf die Organisation grundlegender logistischer Komponenten und die Supervision der eigentlichen Theateraktivitäten. Alles andere, inklusive der Erstellung von Arbeitsplänen für die einzelnen Theaterübungen, machen die sieben Joker eigenständig. Stundenlang diskutieren sie die einzelnen Übungen und entscheiden schließlich, welche für Gruppe und Zeitrahmen am geeignetsten sind. Diese Momente sind für mich unheimlich befriedigend. Sind mir beim ersten On-the-job-Training noch Tränen des Glücks gekommen, fühle ich diesmal eine wachsende Überzeugung, dass durch diese KollegInnen jetzt wirklich die Möglichkeit besteht, dass die Arbeit mit dem TdU endgültig in afghanische Hände übergeht. Ich fühle mich regelrecht etwas nutzlos und das ist etwas unheimlich Schönes.

"Das ist Afghanistan. Die Arbeit mit den Witwen ist wirkliches Theater der Unterdrückten". Während der Mittagspause kommen die drei Joker sichtlich verstört zu mir. "Hjalmar Jan[94], eine der Teilnehmerinnen weiß tat-

[94] "Jan" ist eine landestypische Anredeform, die eine Art von freundlichem Respekt ausdrückt.

sächlich ihren eigenen Namen nicht mehr. Eine andere hat Schwierigkeiten, bis drei zu zählen." Dieser Workshop mit einer extrem schwierigen Gruppe stellt aus meiner Sicht das Meisterstück im Lernprozess der AHRDO-Joker dar. Jeden Tag setzen sich nach getaner Arbeit alle zusammen und diskutieren den Tag, reflektieren Übungen, Schwierigkeiten, ihre eigene Leistung. "Ich hätte nicht gedacht, wie schwierig es ist, Joker zu sein. Es ist eine unheimliche Verantwortung.", ist ein bei allen vorhandener Tenor. Das Tolle allerdings ist, dass sich alle dieser Herausforderung stellen, und das Bewusstsein wächst, dass sie das hinbekommen. "Ich hatte wirklich Angst, alleine eine Gruppe von zwölf Witwen durch einen TdU-Prozess zu leiten, aber jetzt, wo ich es geschafft habe, möchte ich unbedingt weiter mit dieser Methode arbeiten. Ich bin so stolz, einen Beitrag zu gesellschaftlichen Veränderungen in Afghanistan leisten zu können."

Dieses sich bewusst werden ist in bester Freirischer Manier[95] ein authentisch pädagogischer Prozess, weil sich die Joker nicht nur ihrer eigenen Fähigkeiten bewusst werden, sondern sie auch realisieren, dass es nicht nur die "armen Unterdrückten" sind, die von dieser Arbeit profitieren, sondern dass sie selber von den Erfahrungen, Ansichten und Veränderungsvorschlägen dieser Menschen eine Menge lernen können, die Arbeit mit dem TdU also im besten Falle ein echter Austausch und keine humanitäre Einbahnstraße ist. So passiert es während der vier Workshoptage mehrere Male, dass verschiedene Joker zu mir kommen und mir ungläubig erzählen, wie ihnen die von den Witwen beschriebenen Erlebnisse ein viel vollständigeres Bild der afghanischen Wirklichkeit geben und ihnen die notwendigen gesellschaftlichen Veränderung in einem viel klareren Licht erscheinen. Auch geben sie bereitwillig zu, wie groß ihre Vorurteile gegenüber ihren eigenen Landsleuten gewesen sind und wie sehr sie deren Fähigkeiten unterschätzt haben. Auf der anderen Seite realisieren sie, was dreißig Jahre Krieg und bestimmte gesellschaftliche Zwänge an konkreten Schäden angerichtet haben, vor allem, was die menschliche Kreativität betrifft. In einer Statuentheaterübung, in der es zunächst darum geht, ein Bild einer konkreten Unterdrückungssituation darzustellen, um es danach erst in ein Idealbild, eine Art von Traumsituation ohne Unterdrückung zu verwandeln und dann schließlich ein finales Bild der notwendigen Übergangssituation zu schaffen, die notwendig ist, um das Traumbild zu erreichen, endet die Übung schon nach der Erstellung der verschiedenen Unterdrückungsbilder. Der Grund ist, dass keine der Teilnehmerinnen sich befähigt fühlt, ein Idealbild zu konstruieren. "Wozu soll träumen denn nützlich sein? Seit

[95] Aus der Perspektive einer Pädagogik der Unterdrückten wird die Subjekt/Objekt Beziehung zwischen Lehrern und Schülern aufgehoben. Aus dem Lehrenden wird auch ein Lernender.

Jahrzehnten denke ich nur an das tägliche Überleben", sagt eine der Witwen mit einer für die Joker schmerzlichen Nüchternheit.

Wir alle sind am Ende dieses bestimmten Workshoptages ein wenig deprimiert. "Wie können wir neue gesellschaftliche Alternativen schaffen, wenn wir als Volk unsere Fähigkeit zu träumen verloren haben?", fragt Javid stellvertretend für alle. Aber woher nehmen und nicht stehlen, wenn die alltägliche Realität so bedrückend ist, dass der ganz großen Mehrheit des Landes kaum noch Kraft zum Atmen bleibt? Ist es in so einer Situation nicht sogar zynisch, von Träumen zu reden? Ist ein Volk, das nicht mehr träumt, in Wirklichkeit vielleicht schon längst tot? Ich persönlich bin der Ansicht, es ist genau umgekehrt. Für mich stellen die Menschen Afghanistans seit drei Jahrzehnten ihre Fähigkeit, pragmatisch zu träumen, ständig unter Beweis, indem sie immer wieder Mittel und Wege finden, das eigene Leben und das der Familie zu sichern. Auch stelle ich in sämtlichen Theateraktivitäten fest, dass bei den allermeisten Menschen ein ausgeprägter Veränderungswille vorhanden ist, der aber nicht zu Taten führt, weil die Teilnehmerinnen der Überzeugung sind, sie seien als ganz normale Menschen in einer extrem hierarchisch aufgebauten Gesellschaft wie der afghanischen machtlos. Deshalb kann das TdU als Mittel zumindest temporärer individueller und kollektiver Ermächtigung eine wichtige Rolle spielen, und zwar nicht nur als Probe für die Realität, sondern als eine eigenständige autonome Welt, in der Menschen und Gruppen sich ihrer Fähigkeiten bewusst werden und diese auch konkret ausleben.

Im Falle der Arbeit mit dieser bestimmten Gruppe von Witwen zeigt sich denn auch, dass bei ihnen das Träumen als Notwendigkeit für soziopolitische Veränderungen keineswegs endgültig abgestorben ist, sondern sich in einer Art Winterschlaf befindet, aus dem sie sich in einem kollektiven Selbstfindungsprozess selbst befreien können, was dann wiederum dafür sorgen kann, dass sie sich ermächtigt fühlen, auch außerhalb des Theaterprozesses wieder offen ihre Träume zu verfolgen. Symbolisch für dieses Erwachen steht der Fall einer Teilnehmerin, die während der gesamten vier Tage eher zurückhaltend gewesen ist und eine Melancholie ausstrahlt, die ich so stark in Afghanistan selten gespürt habe. Am letzten Tag, während einer von der Gruppe entwickelten Forumtheaterszene zum Thema häusliche Gewalt, ruft diese Frau zur Überraschung aller plötzlich "Stopp", kommt auf die Bühne, übernimmt die Rolle einer Ehefrau, die in diesem Moment gerade verprügelt wird und sagt einfach nur "Nein". Danach bricht es aus ihr heraus, sie schreit und wehrt sich auch körperlich gegen den natürlich noch ärgerlicher werdenden Mann. Die Szene endet schließlich mit einem total konsternierten Ehemann, der nicht mehr weiß, was er tun soll. Die Frau verlässt die Bühne, ein kurzes Lächeln huscht über ihr Gesicht. Auf die Frage des Jokers nach ihrer Strategie spricht sie vor der Gruppe in der nächsten halben Stunde über ihr von Armut und Gewalt dominiertes Leben, ohne sich von irgendjemand unterbrechen zu lassen. Es scheint, dass sie in einer anderen Welt ist. Immer wieder fällt sie in ihren lokalen Dialekt zurück. Sie spricht und spricht und spricht. Alle anderen lauschen mit offenem Mund, viele der Frauen weinen und nicken, als ob diese persönliche Geschichte für eine kollektive Erfahrung von Millionen afghanischer Frauen spräche.

Abbildung 10: "Stopp", gezeichnet von Geety Natiq.

Eine Woche später kommt es zu einer zwar anderen, aber qualitativ vergleichbaren Situation, als AHRDO bei einer dänischen NGO, DACAAR, eingeladen ist, um ein Forumtheaterstück zum Thema Gender aufzuführen. Diese Einladung ist insofern unheimlich bedeutsam, als es das erste Mal ist, dass eine Organisation an AHRDO herantritt, weil sie von unser guten Arbeit erfahren hat und nun das TdU kennen lernen will. Bislang sind Bisharat und ich in unzähligen Gesprächen und stundenlangen Erklärungen potenziellen Partnern und Geldgebern hinterhergelaufen. Wir sind deshalb sehr glücklich, dass DACAAR an uns herangetreten und sogar bereit ist, für die Aufführung zu bezahlen.

Trotzdem kommt es zunächst zu einem Gruppengespräch, in dem im Konsens entschieden werden soll, ob diese Einladung angenommen wird. Gerade die weiblichen AHRDO Mitarbeiterinnen fühlen sich ob der zu erwartenden fremden Männeraugen und -gedanken sehr unsicher, stimmen aber schließlich zu, weil auch sie sehen, dass diese Einladung eine Art Anerkennung und Prämie für die harte Arbeit der letzten Monate ist. Gemeinsam entwickeln wir ein rund 12-minütiges Stück, zum letzten Mal schlüpfe ich in die Rolle des Jokers. Wir alle sind davon überzeugt, dass unser Stück nicht nur realistisch, sondern auch sehr ästhetisch ist. Es geht um ein frisch verheiratetes und verliebtes Ehepaar, dessen Ehe innerhalb kürzester Zeit zu scheitern droht, weil der Ehemann seinen Job verliert, er sich aber, trotz anderslautender vorehelicher Versprechen, dagegen verwehrt, dass seine Frau einen Job annimmt, und so die Familie vor Armut bewahrt. Diese Entscheidung wird entscheidend geprägt von familiären Zwängen, vor allem durch den extrem traditionellen Onkel und eine eifersüchtige, dominante (Schwieger-) Mutter[96]; Zwängen, die sich bei dem Ehemann in Polizisten im Kopf verwandeln und so stark werden, dass er am Ende der Szene seine Frau schlägt und dann symbolisch, mit Hilfe der bereits bekannten kolumbianischen Hypnose-Übung, zu Boden zwingt.

Die Aufführung findet vor rund 80 rein paschtunischen MitarbeiterInnen von DACAAR statt. Die Atmosphäre ist ein wenig angespannt, weil bis zur letzten Sekunde unklar ist, ob es zu der Aufführung kommen wird, da die weibliche AHRDO-Jokerin, Atifa, sich plötzlich in ihrer Haut nicht mehr wohlfühlt. Mit Engelszungen sprechen ihr sämtliche KollegInnen Mut zu, und dann macht sie, als erste weibliche Jokerin in der TdU Geschichte Afghanistans einen wirklich fantastischen Job. Sie schwebt regelrecht über die improvisierte Bühne. Es kommt zu unzähligen Interventionen und Diskussionen.

Stellvertretend ist die Intervention eines jungen Mannes, der sich der komplexen Gefühlslage des Ehemannes annimmt, sich bewusst wird, dass in dieser Szene zwischen Liebe und der eigenen Familie entschieden werden muss und der Ehefrau schließlich vorschlägt, gemeinsam von Zuhause wegzurennen und ein neues Leben irgendwo anders in Afghanistan zu beginnen. Diese Intervention ist für afghanische Verhältnisse ein Aufruf zur Revolution. Das Publikum tobt. Von "Und was soll das bringen? Das ist nur eine kurzsichtige Lösung!" bis "Richtig so. Wir können uns nicht länger von

---

[96] Es ist zum besseren Verständnis wichtig zu erwähnen, dass in Afghanistan eine Frau nach der Heirat ins Haus der Schwiegereltern zieht und daher im tagtäglichen Kontakt mit der nicht immer unterstützenden Schwiegermutter ist.

unseren eigenen Traditionen tyrannisieren lassen" kommt es zu wahrhaft tumultartigen Momenten. Erneut ist es ein eigentlich simples, aber unheimlich schwer über die Lippen zu bekommendes "Nein", dass - wie in der Situation mit der melancholischen Witwe - mehr als nur Symbolcharakter hat und meines Erachtens über eine Probe für die Realität hinausgeht, da das in der Öffentlichkeit ausgetragene theatralische Ausleben in der Gesellschaft verbotener oder unterdrückter Gedanken eine bereits konkrete Aktion darstellt, die zwar nach wie vor im theatralischen Raum und nicht in der real existierenden Wirklichkeit stattfindet, zur gleichen Zeit aber eine Art von paralleler Wirklichkeit schafft, in der diese Aktionen konkret existieren.

Foto 17: Nie wieder Krieg - Ein Theater der Befreiung

Diese Aufführung bildet den krönenden Abschluss unseres Trainings und ist für mich die endgültige Bestätigung, mich als Entwicklungshelfer überflüssig gemacht zu haben, denn es gelingt den afghanischen KollegInnen und Freunden von AHRDO mittlerweile hervorragend, eine theatralische Öffentlichkeit herzustellen, die mir als Ausländer nie zugänglich sein wird. Ich bin sogar so zufrieden, dass ich nach der Aufführung diese als "exzellent" bezeichne und damit alle überrasche, weil ich sonst eher als ewiger Nörgler und liebenswürdiger (?) Pedant bekannt bin. "So kennen wir dich ja gar nicht, Hjalmar Jan. Bist du krank?", fragt mich mein geliebter Freund Hadi. Nein, krank bin ich nicht, aber mir ist klar geworden, dass meine Zeit in Afghanistan vorbei, meine Arbeit hier getan ist. Das war es, Hjalmar Jan. Zeit zu gehen.

Auf Wiedersehen, Afghanistan?

Wo etwas fehlt,
wird man erst recht auf seine Existenz verwiesen[97]
(Mungan)

Atifa, Zahra, Afghani, Karima und Geety stehen in der Tür und wir schauen uns an. "Choda Hafiz, Hjalmar Jan. Wir werden dich nicht vergessen." Tränen schießen mir in die Augen. Den fünf Frauen ebenfalls. Auch nach über 2 ½ Jahren im Land zögere ich, ob ich ihnen die Hand geben soll. Am liebsten möchte ich sie natürlich einfach nur umarmen und mich bedanken für all die schönen Stunden, die wir gemeinsam verbracht haben. Für Stunden des Weinens und des Lachens, der Trauer und der Hoffnung. Der Menschlichkeit. Ich fühle mich geehrt, diese bewundernswerten Menschen kennen gelernt und von ihnen gelernt zu haben, ihnen aber auch selbst etwas gegeben zu haben. Denn das Geben ist in diesem Mekka der Gastfreundschaft etwas unheimlich Wichtiges.

Soeben haben mich die KollegInnen mit Abschiedsgeschenken regelrecht überwältigt. Zunächst gibt es ein üppiges Abschiedsessen, danach eine kleine Rede und dann regnet es Süßes, afghanische Kleidung, ein paar Schuhe, Schmuck, ein Buch Rumis und eine Reihe von Geschenken für meine Mutter. "Bitte grüß deine Familie von uns. Vor allem deine Mutter." Dabei hat niemand der KollegInnen meine Mutter jemals gesehen. Ein letztes Mal bin ich überwältigt von der Menschlichkeit eines Volkes, das in westlichen Augen fast exklusiv durch die Brille des Kampfes gegen den Terrorismus, der exotisch-fundamentalistischen Taliban, der bemitleidenswerten Frauen und der allgemeinen Islamskepsis gesehen wird. Mit welchem Recht pflegen viele Menschen im Westen seit mindestens fast einem Jahrzehnt diese rein negativen Bilder und Vorstellungen? Welche Rolle spielen die Medien dabei, dass sich diese Sichtweise sogar noch verschlechtert? Könnte es damit zusammenhängen, dass der Bevölkerung ein unpopulärer Krieg verkauft werden muss?

Ich habe in Tausenden von Stunden Theaterarbeit mit Hunderten von afghanischen Frauen, Männern und Kindern die Überzeugung entwickelt, dass diese Vorurteile genauso töten, wie es herkömmliche Waffen tun. Es gibt keine Rechtfertigung dafür, Menschen wie Bisharat und Salim, beide zu Trainings im Ausland eingeladen, ohne Erklärung das Visum zu verwei-

[97] Mungan, Tschador, 2008, S. 61

gern, ihnen vorher aber US$ 120 für ein Visumsgespräch abzuverlangen, während ich als Deutscher in Afghanistan ein und aus gehe, mich theoretisch wie ein König aufspielen kann und mein Visum in drei Tagen per Post bekomme. Es macht mich wütend zu sehen, wie diese Menschen sich wohl oder übel damit abfinden, wie Menschen zweiter Klasse behandelt zu werden.

Noch zorniger macht es mich, mitzuerleben, wie hohe VertreterInnen der internationalen Gemeinschaft während einer Theateraufführung offen zugeben, dass sie den AfghanInnen nicht genug zuhören, nur um dann einige Minuten später eine Diskussionsrunde zum Thema Wiederaufbau total zu dominieren und die anwesenden afghanischen ZuschauerInnen überhaupt nicht zu Wort kommen zu lassen. Ich kann nicht verstehen, dass sich in der internationalen Gemeinschaft keiner zu fragen scheint, wie sich die AfghanInnen fühlen, wenn nach einem Anschlag auf ein UN-Guesthouse bei den Internationalen plötzlich Panik herrscht und Hunderte von EntwicklungshelferInnen innerhalb weniger Tage das Land verlassen, und die Afghanen ihrem Schicksal überlassen, obwohl sie zum einen für die Eskalation der Gewalt mitverantwortlich sind und zum anderen doch eigentlich da sind, um der gepeinigten Bevölkerung zu "helfen".

Es tut mir weh, wenn mir TheaterteilnehmerInnen ein ums andere Mal sagen, dass ich anders sei als andere Ausländer, weil mir das zeigt, dass in der Beziehung zwischen internationaler Gemeinschaft und afghanischer Bevölkerung etwas ganz gehörig schief läuft. Auf der anderen Seite frage ich mich, was es über die Essenz der internationalen Gemeinschaft aussagt, wenn auf einer Abschiedsparty von meiner Kollegin Deborah und mir, AfghanInnen und Charidjis gemeinsam singen, Poesie rezitieren und ein paar Theaterspiele spielen, und zwei der ausländischen Kolleginnen mir am nächsten Tag mitteilen, wie viel Spaß es ihnen gemacht hätte, nach Jahren mal wieder einfach nur zu spielen. Sind es vielleicht diese gemeinsamen Momente, die einfach nicht in genügender Anzahl vorhanden sind, damit Afghanen und Internationale als Menschen und nicht als vertikales Herrschaftsverhältnis aufeinandertreffen? Was kann eine internationale Gemeinschaft sogenannten Entwicklungsländern wirklich beibringen, wenn die Heerschar an Diplomaten und EntwicklungshelferInnen selber ein Bedürfnis nach Spielen haben? Die internationale EZ, aber auch die internationale Staatengemeinschaft braucht eine Generalüberholung. So, wie sie heute, zumindest in Afghanistan, existiert, richtet sie mehr Schaden an, als dass sie Gutes tut. Ich bin selbst ein Teil dieser EZ gewesen und glaube, dass eine grundsätzliche Neuausrichtung notwendig ist.

Diese müsste langfristig gesehen mit einer ideologischen und zivilisatorischen Selbsthinterfragung des Westens beginnen. Theoretisch wunderschön artikulierte, aber praktisch sinnentleerte Begriffe wie Entwicklung, Demokratie, Menschenrechte, Partizipation, Rechtsstaatlichkeit oder gute Regierungsführung sowie die von den allermeisten EntwicklungshelferInnen stets zur Schau getragene Überzeugung, dass diese Konzepte universale und nicht hinterfragbare Gültigkeit besitzen und deshalb den Ländern des Südens auch gerne gegen ihren Willen aufgestülpt werden können, sollten sich, nicht zuletzt ob wachsender Legitimationsprobleme in der westlichen Welt, endlich einer bedingungslosen und aufrichtigen Grundsatzkritik stellen und den Weg frei machen, für eine neue, zivilisatorisch demokratischere, soll heißen multipolarere, Weltordnung ohne ständige Hegemonialbestrebungen der ewig gleichen wirtschaftlichen und politischen Eliten, aber dafür mit einer aufrichtigeren und vor allem gerechteren Kooperation zwischen den Nationen und ihren Menschen.

Etwas weniger radikal, aber vielleicht mit größerem Potential was die kurzfristige Umsetzung betrifft, wäre die Reduzierung der zum Teil absurden Gehälter für EntwicklungshelferInnen sowie eine Reform des Wanderzirkus EZ mit Bezug auf die für ernsthafte Kooperation schädliche, kurze Dauer vieler Arbeitsverträge. Beide Elemente begünstigen das entwicklungspolitsche Söldnertum ohne ernsthaftes Interesse an Land und Leuten und verlangen außerdem nach einem ständigen Anbiedern seitens der lokalen Organisationen, die sich immer wieder auf neue Gesichter und Projektvorstellungen einstellen müssen, um ihre Aktivitäten aufrechtzuerhalten.

Schlussendlich bin ich davon überzeugt, dass auch das TdU und andere partizipative Theaterformen einen Beitrag dazu leisten können, diese alte EZ zu verändern, sie zu humanisieren und zu demokratisieren, damit sich diese endlich in ein effektives und vor allem authentisch demokratisches Instrument zwischenmenschlicher Kooperation verwandeln kann und es in Ländern wie Afghanistan, getragen von der Bevölkerung vor Ort, vielleicht endlich zu einer Art von Frieden und Wohlstand kommen kann.

In diesem Sinne schlage ich vor, das Medium Theater innerhalb der internationalen Entwicklungszusammenarbeit auf dreierlei Art und Weise einzusetzen: Als vermittelndes Medium zwischen Lokalbevölkerung und internationaler Gemeinschaft, als Mittel zur institutionellen Demokratisierung der internationalen Entwicklungszusammenarbeits-organisationen und schließlich als Instrument gesellschaftlicher Veränderungen für die jeweiligen Lokalbevölkerungen.

Letzteres wirft natürlich die Frage auf, ob das Theater und speziell das Theater der Unterdrückten tatsächlich einen konkreten Beitrag zu gesellschaftlichen Veränderungsprozessen in Ländern wie Afghanistan leisten kann. Hat das Theater in Ländern mit extrem schwierigen sozioökonomischen und politischen Kontexten eine tatsächliche Daseinsberechtigung, mit denen einige dieser Probleme konkret angegangen werden können? Ist es nicht idealistisch und sogar weltfremd zu glauben, dass ausgerechnet das Theater die Welt ein kleines Stück verändern kann?

In Wahrheit glaube ich nicht, dass ich als Ausländer dazu befähigt bin, eine definitive Aussage zu machen, wie andere Menschen sich diese Theaterform zu eigen machen können. Basierend auf meinen konkreten Erfahrungen in Afghanistan scheint mir es allerdings so zu sein, dass das Theater im Allgemeinen und insbesondere das Theater der Unterdrückten ganz verschiedene Menschen auf zwischenmenschlicher Ebene einander näher bringen kann, um gemeinsam ihre persönliche und kollektive Lage zu analysieren und möglichen Handlungsalternativen für ihre Probleme und Konflikte zu identifizieren und auszuprobieren. Abgesehen davon möchte ich erneut die spielerische Komponente des Theaters erwähnen, die nicht nur für ein Lächeln auf dem Gesicht sorgt, sondern darüber hinaus einen nicht unwichtigen Beitrag zu einem langsamen und sicherlich nicht konfliktfreien Prozess der Friedensförderung leistet. Für mich zumindest ist klar, dass Menschen die miteinander spielen, große Schwierigkeiten haben werden, sich zu einem späteren Zeitpunkt gegenseitig umzubringen, und ich zweifle nicht daran, dass im Falle eines gewaltsamen Aufeinandertreffens zweier ehemaliger Theaterkameraden eine Sekunde des Zögerns entstehen wird, die genug Zeit bieten wird, um sich des sinnlosen Aktes des Tötens bewusst zu werden und somit eine Minimalchance besteht, dass dies - zumindest im dem Moment - nicht geschieht.

Das alles soll natürlich nicht heißen, dass das TdU eine Art Wundermittel ist, das sämtliche Probleme im Handumdrehen lösen kann. So sagte ein bekannter Theatermacher einmal: "Es gäbe nichts Schöneres, als mit dem Theater die Welt zu verändern, aber lasst uns zugeben, dass dies bis jetzt noch nicht geschehen ist. Daher wäre es weiser zu akzeptieren, dass es möglich ist, unsere eigenen Leben durch das Theater zu verändern."[98]

98 Bharucha in Schechner, Performance Theory, 2003, S.345. Eigene Übersetzung

Wenn dem so ist, dann ist es vielleicht anmaßend zu glauben, dass das Theater wirklich revolutionierend wirken kann. Was es allerdings mit Sicherheit erreicht, ist, Menschlichkeit wieder möglich zu machen, und das scheint mir in Anbetracht der Tatsache, dass sich ein Land wie Afghanistan nun bereits seit knapp drei Dekaden im Kriegszustand befindet, ein nicht unerheblicher Beitrag zu sein. In diesem Sinne...

Post-Theatralisches-Traurigkeits-Syndrom (PTTS)

Überleben bedeutet letztlich,
dass man unaufhörlich mit dem Leben wieder beginnt[99]
(De Beauvoir)

Mehrere Monate sind vergangen, seit ich Afghanistan verlassen habe, aber ich stehe weiterhin fast jeden Tag im Kontakt mit AHRDO und anderen ehemaligen KollegInnen in Afghanistan. Wir schreiben uns, telefonieren, ich helfe bei der Erstellung von Projektvorschlägen und bin Mitglied des "Technical Advisory Board" von AHRDO geworden. Der absolute Höhepunkt jedoch ist eine gemeinsame Reise mit meinen Kollegen Salim, Bisharat und Dr. Sharif zu einem Theater- und Transitional-Justice-Festival nach Ruanda, auf dem der Doktor, der nach 48 Jahren zum ersten Mal sein Land verlässt, seine afghanische Version von AH 7808 vorstellt und wir außerdem eine Reihe von Playback-Theater-Workshops mit verschiedenen ruandischen Gruppierungen, darunter Mashirika[100], einer landesweit bekannten Theatergruppe, sowie einer Gruppe Genozid-Überlebender durchführen.

Foto 18: Das Theater als Botschafter des Friedens

[99] De Beauvoir, Die Mandarins von Paris, 1955, S. 361
[100] http://www.mashirika.com

"Ihr Afghanen seid für uns wie Brüder und werdet hier immer willkommen sein", sagt einer der Workshopteilnehmer, "Bitte kommt zurück. Das Playback-Theater ist ein so wichtiges Instrument des Peace Buildings, und wir würden unser Wissen gerne vertiefen". "Eure Theaterarbeit ist für uns alle sehr inspirierend. Wir haben so viel von euch gelernt und wir hoffen, gemeinsam mit euch den verlorenen Frieden in die Welt zurückzubringen", schreibt uns ein Mashirika-Kollege nach unserer Abreise. Das macht uns alle unglaublich stolz. Eine Gruppe Afghanen als Botschafter des Friedens? Und das mit Theaterarbeit? Wer hätte das gedacht?

Afghanistan hat mich also noch nicht aus seinen gastfreundlichen Klauen entlassen. Ganz im Gegenteil, das Schreiben dieses Buches bringt mir dieses Land noch einmal ganz nah. All die Erinnerungen, Bilder, Geräusche und Gerüche kommen wieder hoch und provozieren sowohl Freude als auch Melancholie. Oft erinnere ich mich an die stets stoischen Bergketten und wie jedes Jahr im Frühling der sonst so staubige und dreckige Kabuler Fluss sich mit geschmolzenem Schnee füllt, um dann ein paar Wochen später wieder auszutrocknen und Herberge für Hunderte von Schafen zu werden. Auch der allmorgendliche Ruf des Muezzin, der Geruch von Kebab und Weihrauch und mitunter sogar der chaotische Verkehr mit all seinen Tücken fehlen mir. Und dann der süß-sandige Geschmack der Granatäpfel aus Kandahar. Da läuft mir das Wasser schon während des Schreibens im Munde zusammen.

Trotz allen Schwermuts überwiegt jedoch die Freude über unzählige Momente des gemeinsamen Kampfes, über Momente tiefer Menschlichkeit und unbegrenzter Solidarität. Melancholie, weil dieser Kampf, zumindest was mich betrifft, von nun an wohl aus der Ferne weitergeführt wird und sich weiter verschlechternder Sicherheitslage, außerdem von Woche zu Woche aussichtsloser erscheint. Auch eine gewisse Leere überkommt mich immer wieder während des Schreibens. So recht will ich mir wohl noch nicht eingestehen, dass alles vorbei sein soll. Vielleicht habe ich auch einfach nur zu viel Zeit und weiß diese im Moment nur mit den vielen Erinnerungen der letzten Jahre zu füllen. Ein klassischer Fall von Post-Theatralischem-Traurigkeits-Syndrom? Oder eine Übergangsphase zwischen den Erinnerungen der Vergangenheit und denen der Zukunft?

Im Endeffekt Letzteres, da ich wenige Monate später dann doch ein weiteres Mal nach Afghanistan zurückkehre, um für mehrere Monate mit den KollegInnen und FreundInnen von AHRDO zusammenzuarbeiten und im Jahr 2011 sogar ein neues Büro im Norden des Landes zu eröffnen. Ich habe dieses Jahr rund vier Monate im Nachbarland Tadschikistan verbracht und dabei nicht nur viele kulturelle Gemeinsamkeiten (Sprache, Essen, Musik) entdecken können, sondern, trotz aller Freude und Faszination in einem neuem Kontext arbeiten zu dürfen, auch feststellen müssen, dass Afghanistan tatsächlich eine Art von Zuhause für mich geworden ist.

Jeden Tag habe ich auf die eine oder andere Weise mit AHRDO Kontakt gehabt, habe ihnen bei der Anfertigung von Projektvorschlägen geholfen und Pläne geschmiedet, wie es mit der Organisation weitergehen kann. Schließlich entscheiden wir gemeinsam eine zumindest temporäre Rückkehr, um unser erstes legislatives Theaterprojekt zu betreuen und bei einem neuen, konventionellen, TJ-Stück Regie zu führen. Ersteres hat einen Schwerpunkt auf der Stärkung von Frauenrechten, um afghanische Frauen bei der Ausarbeitung neuer Gesetzgebung zu unterstützen. Letzteres wird ein Dokumentartheaterstück namens "Infinite Incompleteness" (Unendliche Unvollständigkeit) basierend auf den Geschichten verschiedener Kriegsopfer, welches schließlich am Weltmenschenrechtstag am 10. Dezember in Kabul vor rund 300 Menschen uraufgeführt wird und 2011/2012 durch Afghanistan und später sogar die USA reist[101]. Aber dazu mehr in den folgenden Kapiteln.

Foto 19: Weltmenschenrechtstag 2010 - Infinite Incompleteness

[101] Siehe die Kapitel zum Legislativen Theater und Infinite Incompleteness weiter hinten im Text.

Alle Macht den Frauen - Das erste Legislative Theater[102]

Diese Bude voll Melancholie und Trauer ist mein Käfig.
Meine Flügel sind gestutzt, und ich kann nicht mehr fliegen.
Ich bin eine afghanische Frau und was mir bleibt, ist das Klagelied[103].
(Nadia Anjuman)

Frühjahr 2012. Meine KollegInnen Zahra und Bisharat sind freudig nervös. In wenigen Stunden werden sie das finale Ergebnis des mehr als 12-monatigen, basis-demokratischen Legislativen Theaterprojekts zum Thema Frauenrechte im afghanischen Parlament vorstellen: den sogenannten Legal Report mit rund 24 Gesetzesvorschlägen, die während der verschiedenen Theateraktivitäten von den Teilnehmerinnen erarbeitet wurden. Was war das für ein Mammutprojekt. 12 Monate Dauer. Über 4000 Frauen aus allen Gesellschaftsklassen, hauptsächlich aber aus den unterprivilegiertesten Schichten, nehmen teil. 5 Forumtheaterstücke werden entwickelt und in rund 40 Aufführungen in 5 Bundesländern und mehr als ein Duzend Städten präsentiert. Es kommt zu weit über 400 Zuschauerinterventionen, die später von einem angesehenen Anwalt analysiert und zu Gesetzesvorschlägen formuliert werden. Danach wird jeder einzelne dieser Gesetzesvorschläge noch in 5 legislativen Volksbefragungen in den Projektregionen bestätigt, bevor dann der Legal Report produziert wird.

Bei all diesem Tun sind rund 15 AHRDO-MitarbeiterInnen als Eventmanager, Wächter, Fahrer, Köchinnen, Reinigungskräfte und natürlich auch JokerInnen fast rund um die Uhr dabei, die Aktivitäten zu organisieren und auszuführen. Fast 200.000 US Dollar kostet das von der schwedischen Zentralbehörde für internationale Entwicklungszusammenarbeit (SIDA) finanzierte Projekt. Darunter Gehälter für die insgesamt 30 Schauspielerinnen der verschiedenen Forumtheaterstücke. Kurzum, das TdU als waschechter Theatermarathon, in dem mehrere tausend Kilometer zu Land, zu Wasser und in der Luft bereist werden. Und jetzt stehen Zahra und Bisharat vor laufenden TV-Kameras im afghanischen Nationalparla-

---

102 Augusto Boal entwickelt das Legislative Theater (LT) in den 1990er Jahren mit dem Ziel einer Demokratisierung der Politik zu Zeiten einer immer größer werdenden Entfremdung zwischen WählerInnen und den von ihnen gewählten PolitikerInnen. Konkret ist das LT eine Weiterentwicklung des Forum-Theaters mit dem Unterschied, das die Interventionen des Publikums später genauer analysiert und dann als Gesetzesvorschläge, bzw. öffentliche Politiken, präsentiert werden.

103 http://www.thehypertexts.com/Nadia_Anjuman_Poet_Poetry_Picture_Bio.htm (eigene Übersetzung)

ment und übergeben den finalen Report offiziell an eine Reihe von ParlamentarierInnen, die ihn in den nächsten Wochen und Monaten besprechen und, Inschallah, in das eine oder andere neue Gesetz verwandeln werden.

Ausgerechnet Zahra. Was bin ich glücklich und stolz, diese Frau kennen gelernt zu haben, die nun die treibende Kraft in Afghanistans erstem legislativen Theaterprojekt gewesen ist. Zahra kommt ursprünglich aus dem im Westen des Landes liegenden Herat. Mit knapp 13 Jahren wurde sie gegen ihren Willen verheiratet, bekam wenig später ihr erstes von drei Kindern und wurde über Jahre von ihrem Ehemann und seiner Familie tyrannisiert. Eines Tages versuchte ihr Mann sie und die Kinder sogar in den eigenen vier Wänden zu ermorden, indem er das Haus in Brand setzte. „Das war für mich und meine Kinder ein unglaublicher Schock. Ich traf die Entscheidung, ihn zu verlassen und mit den Kindern nach Kabul zu flüchten.", erzählt sie mir in einem Vieraugengespräch im Büro. Ein paar Monate später erreichen sie auf eigene Faust die Hauptstadt, in der sie niemanden kennen. Eine solche Flucht wird im Regelfall mit brutaler Gewalt geahndet und kann im Extremfall sogar mit dem Tod bestraft werden. Als mir Zahra zum ersten Mal ihre Lebensgeschichte erzählt, erinnere ich mich an eine afghanische Frau, die ich während meiner Zeit bei der UNO kennen gelernt hatte. Jene hatte es gewagt, mit ihren beiden Kindern der Gewalt des Ehemannes zu entfliehen und nach Kabul zu flüchten. Als sie beim Verlassen des Hauses von einem Nachbarn erwischt wurde, „bestrafte" der Ehemann sie auf unvorstellbare Art und Weise: Sie wurde in der Gegenwart ihrer Kinder von ihm und weiteren Familienmitgliedern und Freunden gruppenvergewaltigt. Bis heute gehen mir die Worte ihres 7-jährigen Sohnes nicht aus dem Kopf: „Sollte ich meinen Vater eines Tages wiedersehen, werde ich ihn umbringen." Wie schaffen wir es bloß, diesen Teufelskreis der Gewalt und Gegengewalt zu brechen?

Es sind Situationen wie diese, die sich in den 5 legislativen Forumtheaterstücken widerspiegeln. Häusliche Gewalt. Zwangsheirat. Kinderheirat. Die Probleme von Frauen mit den Familienmitgliedern des Ehemannes. Frauen, die ihr eigenes Haus nicht verlassen dürfen. Fehlende Schulbildung und Beschäftigungsmöglichkeiten. Frauendiskriminierende Islamische Rechtsprechung. Die Abwesenheit von Frauen im öffentlichen Leben. Polygamie. Sowie Baad, d.h. der von einer lokalen Versammlung beschlossene Verkauf einer Frau oder eines Mädchens als Entschädigung für ein Verbrechen eines, im Normalfall männlichen, Verwandten. Dabei unterscheiden sich die Stücke in den verschiedenen Provinzen thematisch nur sehr wenig. Die Unterdrückung der Frau ist leider flächendeckend allgegenwärtig.

Das Bühnenbild ist ebenfalls im Regelfall recht ähnlich und besteht aus Stühlen, Teppichen, Haushaltsutensilien, Klassenräumen und verschiedenen „Folterinstrumenten“ wie z.B. Steine, Holzknüppel oder Plastikpistolen. Kreativ geht es auch bei den Kostümen und Make-up zu, vor allem dann, wenn die Darstellerinnen in Männerrollen schlüpfen: das Aufmalen der Bärte produziert regelmäßig Freudentränen. Der von hochrangigen Personen getragene „Chapan“-Mantel ist den Schauspielerinnen viel zu groß. Die Taliban-Sonnenbrille ist erschreckend cool. Und der afghanische Turban verdeckt die langen Haare fast so gut wie das obligatorische Kopftuch. Kurzum: die Frauen entdecken ihre Kreativität (wieder), so dass die Zeit, die wir zusammen mit dem Theaterworkshop und der Entwicklung des Stücks verbringen, wie im Flug vergeht.

Was die zahlreichen legislativen Forumtheateraufführungen angeht, so finden die meisten von ihnen unter Ausschluss der Öffentlichkeit in den Hinterhöfen und Gärten der teilnehmenden Frauen bzw. Partnerorganisation statt. Dicht gedrängt sitzen oft an die hundert Zuschauerinnen auf dem Boden und folgen gespannt den (Un-)taten auf der improvisierten Bühne. Die Atmosphäre ist heiter-verzweifelt, geprägt von Tränen der Freude als auch des Leids. Natürlich fällt es vielen Frauen nicht immer leicht auf Anhieb eine Frage des Jokers zu beantworten oder gar auf die Bühne zu kommen, um die eigenen Ideen in der Praxis auszuprobieren. Sobald aber die ersten mutigen, im Regelfall jüngeren Zuschauerinnen, ihre Zurückhaltung überwunden haben, gibt es meist kein Halten mehr, und es kommt zu explosionsartigen Ausbrüchen von Emotionen, Diskussionen und kreativen Versuchen, die verschiedenen Unterdrückungssituationen zu unterbinden. Dabei werden vor allem jene Interventionen von ohrenbetäubenden Lachstürmen und begeisterten Ausdrücken der Zustimmung begleitet, bei denen die Zuschauerinnen in Männerrollen schlüpfen (z.B. die des religiösen Führers) bzw. in denen aus der Perspektive der Ehefrau, Tochter oder Schwester einem männlichen Familienmitglied endlich mal die Leviten gelesen werden. Auch sind viele der Interventionen des Publikums so herausfordernd, dass die Schauspielerinnen nach der Aufführung nicht selten total ausgelaugt sind und erstmal einen kräftigen Schluck Tee zur Beruhigung brauchen.

Foto 20: Frauen unter sich – Legislatives Theater

Natürlich gibt es neben der ermattenden Arbeit mit dem Theater auch Momente der Entspannung, so z.B. als wir mit der Kabulgruppe einen Nachmittag im bereits erwähnten Garten des ehemaligen Mogulherrschers Babur verbringen. Auch nach den Aufführungen kommt es oft zu gemeinsamen Mittagessen in nahegelegenen Restaurants, in denen Frau und Mann gemeinsam schlemmen und die zukünftigen Aktivitäten besprechen. Dabei werden wir von den anderen, meist männlichen Restaurantbesuchern oft misstrauisch beäugt, weil eine Gruppe von 10-12 offensichtlich nicht verwandten Männern und Frauen, die gemeinsam essen, die öffentliche Moral natürlich entschieden untergräbt. Dies ist den Schauspielerinnen allerdings herzlich gleichgültig. „Sollen sie glotzen, wie sie wollen. Wir tun hier nichts Verbotenes. Am liebsten würden diese Heuchler doch selber hier mit uns sitzen.", so eine junge, von westlichen und afghanischen Frauenrechtlerinnen inspirierte Frau, die mittlerweile in England zur Uni geht. Moral hin oder her, die Frauen genießen ihre neue Rolle als Schauspielerinnen, insbesondere wenn sie nach den Aufführungen von den weiblichen Zuschauerinnen regelrecht belagert und zu einem gemeinsamen Foto eingeladen werden. In den Worten einer im Alter von 47 Jahren debütierenden Schauspielerin: „In meinem ganzen Leben hat sich nie jemand für mich interessiert. Und auf einmal stehe ich auf der Bühne und alle schauen mich an und bewundern mich. Dieser ganze Rummel ist mir fast ein bisschen unheimlich, allerdings zur selben Zeit auch wunderschön."

Aber zurück zu Zahra. Wir werden im Laufe der Jahre enge Freunde, und sie erzählt mir oft von ihren Ängsten: „Ich lebe seit meiner Flucht immer in Furcht, dass mir und vor allem meinen Kindern etwas geschehen könnte. Mein Mann weiß, dass wir in Kabul leben, und immer befürchte ich, dass er eines Tages auftaucht und mir und den Kindern etwas antut." Darüber hinaus ist es nicht nur der eigene Ehemann, der ihr nachstellt. Es ist in Afghanistan mehr oder weniger unmöglich als Frau - und dazu noch als alleinerziehende Mutter - ohne männlichen Beistand zu leben. Schon oft wurde Zahra in ihrem Wohnviertel von unbekannten Männern bedroht. Auch wird sie schräg angeschaut, wenn sie abends allein noch einkaufen geht, und natürlich haben mittlerweile auch die SchulkameradInnen ihrer Kinder bemerkt, dass es in der Familie keinen Vater gibt, was zu ständigen Hänseleien führt und den Kindern die Lust am Lernen nimmt. „Für eine Frau in Zahras Alter (sie ist 28) gibt es nur eine Möglichkeit. Sie muss wieder heiraten und hoffen, dass sie ein älterer Mann als Zweit- oder Drittfrau nimmt. Ansonsten wird ihr Leben irgendwann zur Hölle werden.", sagt mir Dr. Sharif eines Tages, als wir mal wieder am überlegen sind, wie wir Zahra unterstützen können. Es ist eine Katastrophe. Dabei ist Zahra natürlich nur eine von Millionen afghanischer Frauen, die beim Lesen dieser Zeilen ähnliche Erfahrungen erleben. Oft frage ich mich, wo wir da als gewöhnliche Menschen mit limitierten Einflussmöglichkeiten überhaupt ansetzen sollen? Im konkreten Fall von Zahra merke ich häufig, dass ich das Bedürfnis habe, ihr wenigstens irgendetwas Aufmunterndes zu sagen, ich dann aber doch regelmäßig schweige, weil jeder Versuch einer Verbalisierung doch nur meine absolute Ohnmacht symbolisieren würde.

Und dann wäre da noch das TdU. Ist dies nicht in Wirklichkeit nur ein zwar wunderschöner, aber im Endeffekt klitzekleiner Tropfen auf einem riesigen afghanischen Felsen? Augusto Boal nannte das TdU einmal eine Probe für die Revolution, aber diese Revolution ist auch nach fast 40 Jahren des Probens auf der ganzen Welt leider noch nicht da. Im Gegenteil, in unserer derzeitigen Weltgesellschaft scheinen sich die Menschen immer mehr voneinander zu entfernen und ein Menschenleben ist nur noch in nett aufbereiteten, mit großspurigen Worten gespickten Broschüren und Deklarationen etwas wert, während in der Realität aber Profitgier und Eigeninteresse jedes Bestreben nach authentischer Solidarität und Nächstenliebe systematisch verbieten.

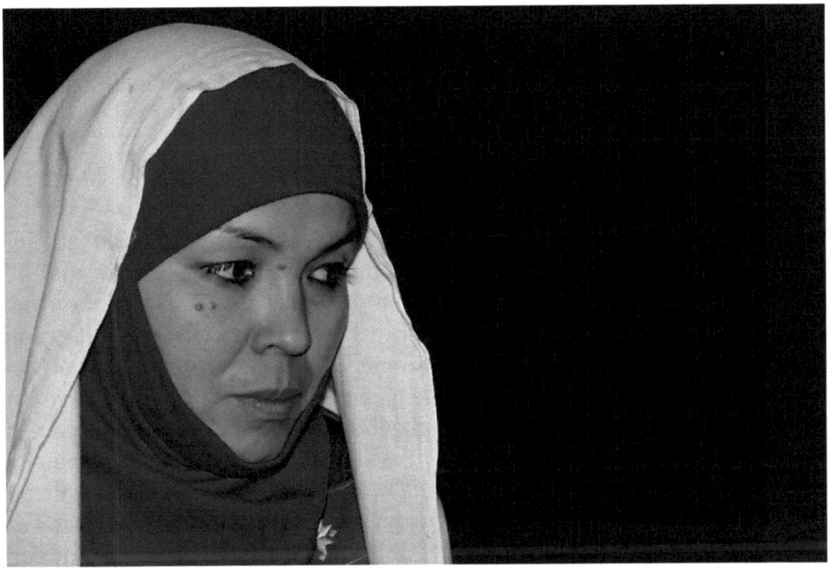

Foto 21: Zahra Yagona – Einfach nur bewundernswert

Und trotzdem dürfen wir natürlich nicht aufgeben, daran zu glauben, dass eine andere Art des Miteinanders möglich ist. Hier in Afghanistan. In Deutschland. In Bolivien. In den USA. Auf der ganzen Welt. Die Hoffnung stirbt zuletzt und auch wenn sie bei vielen Mitmenschen bereits seit langer Zeit auf der Intensivstation zu liegen scheint, so sind es doch noch Millionen von uns, die sich entschieden haben, weiter für eine bessere Welt zu engagieren. Im Falle unseres legislativen Theaterprojektes sind es die vielen persönlichen und kollektiven Momente der Selbstermächtigung, die uns bestätigen, dass unsere Arbeit mit dem TdU einen wichtigen Beitrag zu mehr Demokratie, Gerechtigkeit, Selbstbestimmung und Emanzipation im Lande leistet. Stellvertretend dafür stehen die zahlreichen, oft positiv tumultartigen Forumtheateraufführungen, in denen zeitgleich mehr als 10 Zuschauerinnen die Hände in die Höhe schnellen lassen und „Stopp" sagen, um voller Überzeugung und Tatendrang auf die Bühne zu kommen und Handlungsalternativen auszuprobieren. Oder wenn Zuschauerinnen uns nach den Aufführungen unter Freudentränen mitteilen, dass sie soeben die zwei aufregendsten und schönsten Stunden ihres Lebens verbracht haben. Oder wenn ehemals extrem schüchterne Workshopteilnehmerinnen, die nie eine Schule besucht haben, während der legislativen Referenda entspannt und selbstbewusst zu Gastgeberinnen werden und „ihre (oft aus höheren Kreisen stammenden) Gäste" nicht nur mit Tee und Gebäck versorgen, sondern ihnen nebenbei auch eloquent erklären, wie das Forumtheater funktioniert und welche Gesetze zum Schutz der Frauenrechte im Land leider immer noch nicht in die Tat umgesetzt worden sind. Natürlich kommt es auch zu eher traurig-schönen Momenten, wenn z.B. eine 40-jährigen Frau aus Herat am Ende eines Workshoptages sagt: „Bis heute habe ich nie gewusst, dass ich als Frau gewisse Rechte habe. Dass ich nicht nur Hausfrau, Mutter oder Familienangestellte, sondern auch Mensch bin." Oder wenn eine Frau aus Jalalabad mit einer Mischung aus Trauer und Ärger sagt: „Ich dachte immer, dass Frauen das Haus nicht verlassen dürfen, aber durch diesen Workshop habe ich erfahren, dass wir uns außerhalb des Hauses bewegen können, auch ohne Erlaubnis unserer männlichen Familienmitglieder." Auch ist beachtlich, wenn die Teilnehmerinnen anfangen, nicht nur bestimmte, bisher als gegeben angenommene Situationen zu hinterfragen, sondern auch konkrete Forderungen zu stellen. So etwa eine Frau aus Mazar-e Sharif: „Afghanische Männer müssen endlich damit anfangen unsere Rechte anzuerkennen und sie dann auch in der Praxis zu respektieren." Oder eine Frau aus Bamiyan: „Das fundamentale Problem bezüglich der Gesetzgebung in Afghanistan ist, dass es Männer sind, die für Frauen Gesetze schaffen. Dieser Trend muss sich ändern. Wir brauchen mehr weibliche Gesetzgeberinnen und Richterinnen. Weibliche Richterinnen für alle Fälle, die Frauen betreffen."

Es sind Beispiele wie diese, die Zahra und Bisharat mit Stolz und Mahnung während der Präsentation des Legal Report wiedergeben. Stolz, dass es die konkreten Unterdrückungserfahrungen von mehr als 4000 Frauen dank ihrer Beteiligung in einem partizipatorischen Theaterprojekt bis ins afghanische Parlament geschafft haben. Stolz, dass es diese bewundernswert Widerstand leistenden afghanischen Frauen auch nach Jahrhunderten systematischer Ausgrenzung noch gibt. Stolz, dass sich die harte Arbeit eines Jahres ausgezahlt hat. Mahnung, dass es mit diesem Report natürlich noch lange nicht getan ist. Dass jetzt die eigentlich Arbeit beginnt und afghanische Frauen endlich auch in der tagtäglichen Praxis als gleichberechtigte Bürgerinnen akzeptiert, respektiert und integriert werden müssen. Mahnung, dass es an jedem einzelnen von uns liegt, seinen/ihren Beitrag zu leisten. Mahnung, dass es nicht nur afghanische Frauen sind, die unter der Herrschaft des Patriarchats leiden, sondern dass es auf der ganzen Welt, inklusive der westlichen Industrienationen, endlich zu einem fundamentalen Wandel bezüglich der Beziehung von Mann und Frau kommen muss.

Was konkret sind einige der Forderungen der afghanischen Frauen, die sich in den 24 Gesetzes- und Politikvorschlägen widerspiegeln? Es folgt ein Auszug aus dem Legal Report:

- Die afghanische Regierung, unterstützt von religiösen Autoritäten, muss damit beginnen, die afghanische Bevölkerung über die Schädlichkeit von Zwangsehen, Kinderheirat und Baad zu unterrichten.
- Die afghanische Polizei, die Staatsanwaltschaft und Gerichte müssen Frauen, die einer Straftat bezichtigt werden, im Sinne existierender Gesetze richten und davon absehen ihre Urteile auf gesetzlich nicht bestehender und nicht haltbarer Sprache wie „Moralische Verbrechen" zu basieren.
- Die afghanische Regierung, und speziell das afghanische Innenministerium, muss schnellstmöglich damit beginnen, die afghanische Polizei über den Inhalt des Gesetzes zur Beseitigung von Gewalt gegen Frauen zu unterrichten und sicherstellen, dass diese getreu nach dem Gesetz handeln.
- Der Artikel 398 des afghanischen Strafrechts[104] ermöglicht Missbrauch und Gewalt gegen Frauen. Es wird daher empfohlen den Artikel in dem Sinne zu verändern, dass fortan nicht den weiblichen Angeklagten, sondern den Tätern der Strafhandlung der Prozess gemacht wird.
- Die afghanische Regierung muss weiblichen Opfern von Gewalt kostenfreie Rechtshilfe zur Verfügung stellen, damit sie über die verschiedenen Rechtsprozeduren inklusive Rechtsverteidigung, möglicher Gerichtsverfahren sowie Entschädigungszahlungen aufgeklärt werden.
- Der Artikel 39 des Gesetzes zur Beseitigung von Gewalt gegen Frauen entzieht den Justizbehörden die Möglichkeit der Strafverfolgung ohne vorherige Beschwerde des weiblichen Opfers von Gewalt. Dieser Artikel muss in dem Sinne verändert werden, dass eine Strafverfolgung auch ohne vorherige Beschwerde initiiert werden kann, da die Opfer von Gewalt im Regelfall daran gehindert werden.
- Die afghanische Regierung muss schnellstmöglich Gesundheits- und Rechtsberatung für Frauen aus ländlichen Gebieten entwickeln und anbieten.
- Die afghanische Regierung muss schnellstmöglich Sport- und Fitnessorte exklusiv für Frauen schaffen, damit sie die Möglichkeit ha-

[104] Unter anderem besagt der Artikel 398, dass ein Mann, der seine Ehefrau beim Fremdgehen erwischt oder sie dessen verdächtigt, dazu berechtigt ist, diese zu töten.

ben, einem gesunden Lebenswandel nachzugehen. Bereits existierende Örtlichkeiten müssen fortan gerecht, paritätisch und zu unterschiedlichen Zeiten für Frauen und Männer angeboten werden

- Die afghanische Regierung muss verpflichtet werden Maßnahmen zu ergreifen, die es Frauen ermöglichen, ihr Recht auf Eigentum wahrzunehmen und das archaische und diskriminierende Gewohnheitsrecht diesbezüglich zu unterbinden.
- Die afghanische Regierung sollte 50% der hochrangigen Positionen im Obersten Gerichtshof und der Generalbundesanwaltschaft für Frauen reservieren.
- Die Zulassung einer politischen Partei im Justizministerium sollte von einer Mindestanzahl von weiblichen Angehörigen abhängig gemacht werden.

Es sind Vorschläge wie diese, die nun offiziell dem afghanischen Parlament vorliegen. So weit, so gut. Unsere Arbeit ist damit vorerst getan. Jetzt liegt es an den Abgeordneten ihre Arbeit zu machen und endlich im Sinne der afghanischen Frauen und dadurch schließlich des gesamten afghanischen Volkes zu handeln. Sicher ist dies beileibe nicht, weshalb die Schlussprognose von Zahra auch eher düster ausfällt: „Trotz der Erfolge unserer Theaterarbeit bin ich zurzeit immer öfter hoffnungslos. Im ganzen Land wird die Situation einfach nicht besser, vor allem für uns Frauen. Für jeden Schritt vorwärts, machen wir zwei Schritte zurück. Manchmal scheint es, dass die Situation sich verbessert, nur um dann wenig später wieder ganz von vorn anfangen zu müssen. Die afghanische Regierung benutzt uns, um an westliche Gelder zu kommen. Und die internationale Gemeinschaft versucht, uns in Feministinnen, eine Kopie westlicher Frauen, zu verwandeln. Wenn ich dann noch bedenke, wie die internationale Gemeinschaft und die Regierung Karzai neuerdings ganz heiß darauf sind, mit den Taliban zu verhandeln und sie wieder in den politischen Mainstream zu integrieren, wird mir angst und bange. Die Taliban sind ja nicht einmal bereit, im selben Raum mit einer Frau zu sitzen. Wenn die Verhandlungen erfolgreich sein sollten, wird dass das Ende der Frauenrechte in Afghanistan bedeuten."

So ist sie, die Situation im Land mehr als ein Jahrzehnt nach dem Fall der Taliban. Traurig. Komplex. Ermutigend. Hoffnungslos. Mit einigen Höhen und noch mehr Tiefen. Nicht alles ist schlecht, aber die Fortschritte sind für die meisten gewöhnlichen AfghanInnen einfach nicht konkret genug. Der Kampf geht weiter, aber mit jeder neuen Theaterinitiative wird uns bewusst, dass es mit der Arbeit vor Ort nicht länger getan ist, und dass wir beginnen müssen, dass Theater zu nutzen, um auch im Ausland, vor allem in den USA und Europa, die Lage in Afghanistan aus afghanischer Sicht zu schildern, um die Menschen dazu zu bewegen, auf ihre jeweiligen Regierungen Druck auszuüben, damit Afghanistan nicht erneut in Vergessenheit gerät bzw. damit der Westen jene afghanischen Kräfte unterstützt, die das Gemeinwohl über Einzelinteressen stellen und sich für ein Afghanistan für alle einsetzen. Mit mehr Demokratie. Mehr Gerechtigkeit. Und mehr Frieden. Wir machen uns also auf den Weg in den wilden Westen. In die USA. Um unser Dokumentartheaterstück „Infinite Incompleteness" dem US-amerikanischen Publikum vorzustellen. „Winning the hearts and minds" einmal umgekehrt. Ob das etwas wird?

Abbildung 11: "Die Last der Existenz", gezeichnet von Parisa.

Infinite Incompleteness - Tränen zuhause und in der Ferne

Die Wunde ist der Ort, an dem das Licht in dich eintritt[105]
(Rumi)

Die Tatsache, dass die TdU-Workshops und Aufführungen mittlerweile zu 100% von meinen AHRDO-KollegInnen durchgeführt werden, macht mich froh und gibt mir immer häufiger die Zeit und vor allem Lust, nach AH 7808 an einem neuen, traditionellen Theaterstück zu arbeiten. Dabei sind es die vielen erschütternden Erfahrungen mit Krieg und Verlust, die es meines Erachtens am meisten verdient haben gehört zu werden. Trotz der mittlerweile existierenden Transitional Justice Coordination Group (TJCG), in der auch AHRDO aktiv ist, und der gesteigerten finanziellen Unterstützung für Transitional-Justice-Aktivitäten seitens der internationalen Gemeinschaft, sind die Stimmen der Millionen von Opfern leider immer noch viel zu selten zu hören.

Zur selben Zeit implementieren wir im Jahr 2010 gerade ein Playback-Theater-Projekt mit dem Ziel, einen Beitrag zur Dokumentation von gravierenden Menschenrechtsverletzungen seit 1978 zu leisten. Konkret wird durch das Playback Theater ein sicherer Raum geschaffen, in dem MitgliederInnen von Opfervereinigungen ihre Geschichten erzählen, wir diese zur Aufführung bringen und später niederschreiben, um sie schließlich Teil eines Archivs werden zu lassen, dass die Geschichte von mehr als drei Dekaden Krieg in Afghanistan dokumentieren soll und die Leiden der Millionen von Opfern anerkennt. Während dieser Aufführungen erzählen uns die Kriegsopfer häufig, wie sehr ihnen diese Anerkennung bis dato gefehlt hat und dass sie das Theater einem trockenen Interview gegenüber bevorzugen. Mehr als einhundert Geschichten sammeln wir im Laufe weniger Wochen. Ein toller Erfolg. Es ist das Hören und Lesen dieser Geschichten, was mich letztlich dazu bewegt, Infinite Incompleteness zu schreiben.

Infinite Incompleteness erzählt die Geschichten von 10 afghanischen Männern und Frauen, die in den letzten mehr als dreißig Jahren Krieg Familienangehörige verloren haben. Diese Geschichten werden, wie im Dokumentartheater üblich, wortwörtlich wiedergegeben, sind aber Teil einer fiktiven Handlung, in der drei afghanische Männer in den drei der am meisten gesprochenen Sprachen des Landes (Paschto, Dari und Hazaragi) die Geschichten erzählen. Während sie das tun, gehen sie ihrer alltäglichen Ar-

[105] http://www.quotegarden.com/rumi.html (Eigene Übersetzung)

beit nach: dem Ausgraben der Millionen von Toten, dem nie endenden Wiederaufbau des Landes und dem Tragen der psychologischen Last von Kriegs- und Gewalterfahrung.

Zur selben Zeit zählt eine in Kabul lebende, schwangere Frau, die Butimar-e Kabul, die ihre beiden Kinder im afghanischen Bürgerkrieg verloren hat, die Anzahl der Kriegsopfer und verbrennt deren Bilder in einem afghanischen Ofen. Im Laufe des Stückes fangen die drei Männer an, die Wahrhaftigkeit der Geschichten der Anderen anzuzweifeln. Nur die Geschichten ihrer Volksgruppe sind wahr. Nur ihr Leid wirklich anerkennungswürdig. Schließlich erhitzen sich ihre Gemüter immer mehr, und sie bringen sich gegenseitig um. Die Butimar-e Kabul ist Zeugin dieser neuerlichen Gewalt und beerdigt ihre drei Mitbürger unter Tränen. In diesem von Chaos und Gewalt geprägten Umfeld gebärt sie ihr Kind und entscheidet sich, dass es sich trotz aller Gewalt im Lande lohnt, für ein besseres Afghanistan zu kämpfen. Sie schreibt ein Opfermanifest und trägt dieses dem Publikum vor:

> *...Für uns Kriegsopfer hat das Wort Gerechtigkeit nur eine Bedeutung: sich unser zu erinnern und die Unendlichkeit unser geliebten Toten anzuerkennen. Unser Leiden muss irgendwann ein Ende haben. Die Gewalttäter dürfen nicht länger frei und ungestraft herumlaufen. So lange dies der Fall ist, ist selbst das Erwähnen des Wortes Versöhnung tabu...Eines Tages wird ein neuer Mensch kommen. Ein besserer Mensch. Ein Mensch, wie es ihn noch nie gegeben hat.*

Wir führen Infinite Incompleteness im Dezember 2010 zum ersten Mal auf. Danach folgen in den Jahren 2011 und 2012 weitere Aufführungen in verschiedenen Teilen des Landes. Auch auf einer von der TJCG organisierten, so-genannten Opfer-Konferenz wird das Stück präsentiert. Das Resultat ist immer das Gleiche. Während des gesamten Stückes weint die große Mehrheit der ZuschauerInnen. Oft sind laute, ins Mark treffende Schluchzer zu hören und auch die vier SchauspielerInnen Zarah, Saleem, Dr. Sharif und Javid weinen oft bereits während sie noch auf der Bühne sind. Auch die Kritik ist immens positiv. Sämtliche ZuschauerInnen betonen die gesellschaftliche Wichtigkeit des Stückes und bedanken sich, dass es nach über dreißig Jahren endlich dazu kommt, dass individuelle Kriegserfahrungen öffentlich gemacht werden. Im Regelfall kommt es nach den Aufführungen zu emotionalen und hitzigen Debatten, wie mit dem Thema Vergangenheitsaufarbeitung im Land verfahren werden soll. In einem sind sich alle einig: Gerechtigkeit darf gegenüber Frieden nicht zweitrangig werden. „Die

Straflosigkeit muss endlich ein Ende haben. Ohne sie wird es in Afghanistan nie Frieden geben.", so die Witwe Afghani, die später mit uns an einem weiteren TJ-Projekt arbeitet, nach einer der Aufführungen.

Foto 22: Gerechtigkeit muss sein – Kriegswitwen im Publikum

Es ist dieser Durst nach Gerechtigkeit, der uns schließlich dazu bewegt gemeinsam mit dem International Centre for Transitional Justice (ICTJ) zu versuchen, das Stück in den USA aufzuführen. Es soll Teil sein einer größer angelegten Advocacy-Initiative[106], um die internationale Gemeinschaft zu mehr Engagement in Afghanistan zu bewegen. Nach neunmonatiger Vorbereitungszeit und unendlich scheinenden, oft entwürdigenden Erfahrungen bei der Visumsbeantragung in der US-Amerikanischen Botschaft in Kabul - die Haltung der - afghanischen - Botschaftsmitarbeiter ist voll von doppelzüngiger Sprache, herabschauender Haltung und wenig transparenter Kommunikation - reisen die SchauspielerInnen, Zaman und Hadi schließlich in die USA, um in Washington DC und New York unser Stück einem in-

[106] Advocacy ist ein politischer Prozess einer Einzelperson oder Gruppe mit dem Ziel auf die Entscheidungen politischer, wirtschaftlicher und sozialer Institutionen Einfluss zu nehmen (Eigene Übersetzung von http://en.wikipedia.org/wiki/Advocacy)

ternationalen Publikum zu präsentieren. AHRDO erobert die USA. Theaterimperialismus von unten. Eine tolle Sache. Leider nicht für Dr. Sharif. Er bekommt sein Visum in letzter Sekunde nicht. Niemand nennt ihm die Gründe dafür, allerdings kam es während des Interview-Prozesses zu einem Zwischenfall, als ein Botschaftsmitarbeiter entdeckt, dass in den USA ein Mann mit dem gleichen Namen wie unser Doktor auf der schwarzen Liste steht. Der Doktor ist erbost und traurig. Zaman wird seine Rolle übernehmen.

Wenige Tage später kann sich Hadi Jan kaum noch beruhigen. Ihm, der sonst eigentlich immer ein Lächeln auf dem Gesicht trägt, kommen plötzlich Tränen der Wut. „Dass ein Mensch, der so lange Zeit in Afghanistan verbracht hat, sich uns gegenüber so verhält ist unfassbar." Wir sind drauf und dran die Aufführung in Washington DC abzusagen. Was war passiert? Die OrganisatorInnen der Reise hatten sich gegenüber meinen KollegInnen in meiner Abwesenheit (ich komme erst ein paar Tage später an, weil ich bis zum Schluss versuche, für den Doktor das Visum zu bekommen) als äußerst mittelprächtige GastgeberInnen erwiesen. Unseren SchauspielerInnen wurden keine Probemöglichkeiten gegeben, die Monate vorher von unserer Seite beantragten Requisiten waren trotz mehrfacher Nachfrage schlichtweg „vergessen" worden und eine von uns extra für die US-Tour angefertigte Broschüre wurde ohne unsere Einwilligung radikal verändert, in dem einfach der halbe Text gestrichen wurde. „Wir machen keine halben Sachen. Unter diesen Umständen können wir die Aufführung nicht durchführen.", so der Tenor meiner KollegInnen als ich in den USA lande. „Ihr macht das, was wir euch sagen. Wir haben zu viel Geld investiert, um euch hierher zu bekommen. Ihr führt auf.", lautet die selbstgerechte Antwort der Organisatorin. Es kommt zu einem hitzigen Wortgefecht, weil die Organisatorin Hadi in einem unglaublich aggressiven Ton begegnet. Die Aufführung steht auf der Kippe. Als sich dann noch herausstellt, dass nur rund 10 Leute im Publikum sein werden, weil die OrganisatorInnen nicht genug Zeit investiert haben, um vor Ort die Werbetrommel zu rühren, beginnen unsere vier SchauspielerInnen endgültig zu rebellieren. „9 Monate Vorbereitung und zehntausende von US-Dollar für ein Publikum von 10 Personen! Da machen wir nicht mit."

Nach langem Hin und Her entscheiden wir uns aber letztendlich, die wenigen Anwesenden nicht auch noch zu enttäuschen und unser Bestes zu geben. Die vier SchauspielerInnen produzieren eine fantastische Performance. Die Atmosphäre in der Kapelle der American University ist von drückender Schwere. Das Publikum, 15 an der Zahl, ist begeistert. Das

AHRDO-Team nach der Aufführung einfach nur müde. Die Auseinandersetzung mit den Organisatoren hat allen zugesetzt, und die volle Identifikation mit ihren Rollen bedarf bei den SchauspielerInnen immer einer langen Phase der Stille und des sich wieder Berappelns. Während einer Zigarette am späten Abend beichten mir die SchauspielerInnen wie sie nach rund einer Woche in den USA bereits die Nase voll haben. Zu unpersönlich und anonym scheint ihnen das Leben im Herzen des Kapitalismus, auch wenn sie natürlich wissen, dass sie nur einen begrenzten Teil des Landes gesehen haben. Auch die eigenen Kinder und die afghanische Küche werden schmerzlich vermisst. Als sie dann wenige Tage später beim Besuch des Occupy-Wall-Street-Camps[107] in New York feststellen müssen, dass fast alle der von ihnen angesprochenen, mit Anti-Kriegs-Plakaten bewaffneten DemonstrantInnen kein wirkliches Interesse an einem Gespräch mit „echten AfghanInnen" haben und nicht eine einzige Frage über die Verhältnisse in Afghanistan stellen, ist die Ernüchterung komplett. Trotzdem zeigt sich vor allem Zaman am Ende mehr als positiv über seine erste Erfahrung mit dem Westen. „Ich habe in den letzten Jahren fast obsessiv gen Westen geschaut und meine eigene Kultur abgelehnt, weil ich dachte, dass wir als Zivilisation rückständig seien. Diese Reise hat mir bewusst gemacht, dass wir als AfghanInnen unseren eigenen Weg gehen müssen und nicht einfach blind den Westen kopieren dürfen." Besser kann man es wohl nicht ausdrücken. Diese Erkenntnis allein war die Strapazen wert.

Abgesehen von diesen persönlichen Lernprozessen wird wenigstens die Aufführung, mit denselben Organisatorinnen, in New York zu einem echten Spektakel. Nach dem enttäuschend kleinen Publikum in Washington haben wir alle gemeinsam die Werbetrommel gerührt. Emails wurden verschickt. Freunde und KollegInnen angerufen. Mit Erfolg. Mehr als 120 Menschen kommen ins Helen-Mills Theater mitten in Manhattan. Darunter viele angesehene TheatermacherInnen, in den USA lebende FreundInnen und Bekannte sowie ganz gewöhnliche US-Amerikanische BürgerInnen und sogar die Playback-Theater-Erfinder Jonathan Fox und Jo Salas. Letztere kommen auf unsere Einladung rund 2 Stunden mit dem Auto, um uns ihre Unterstützung auszudrücken, was uns selbstverständlich ungemein ehrt. Das Feedback ist toll. Viele ZuschauerInnen kommen nach der Aufführung auf

[107] Occupy Wall Street (englisch für *Besetzt die Wall Street*; abgekürzt auch *OWS*) ist eine von der kanadischen Adbusters Media Foundation, einer konsumkritischen Stiftung, angeregte Protestbewegung. Im Gefolge wurden der Zuccotti Park in Lower Manhattan in New York City von Demonstranten besetzt, eine Zeltstadt errichtet und in *Liberty Plaza* umbenannt. Dies geschah ausdrücklich mit Bezug auf die Besetzung des Tahrir-Platzes in Ägypten während des Arabischen Frühlings. (http://de.wikipedia.org/wiki/Occupy_Wall_Street)

uns zu und bedanken sich. Jo und Jonathan besuchen uns in unserem Umkleideraum und drücken uns herzlich. Andere hingegen wundern sich, warum wir in unserem Stück auch Präsident Obama kritisch erwähnen. Hat er nicht vor kurzem den Friedensnobelpreis bekommen? Ein Zuschauer fragt: „Obama ist doch sicherlich viel besser als George W. Bush, oder?". Antwort vom AHRDO-Team: „Für Afghanistan leider nicht. Mit den von ihm veranlassten Drohnenattacken in Afghanistan und Pakistan ist die Zahl der zivilen Toten noch einmal in die Höhe geschnellt. Nein, auch mit Obama ist Afghanistan nicht sicherer geworden. Im Gegenteil." Die meisten ZuschauerInnen jedoch zeigen sich solidarisch. Stellvertretend dafür sind Theatermacherin Karen Malpede und ihr Partner, ein immens erfahrener Schauspieler, der während der Zeit des Holocausts in die USA geflohen ist. "Infinite Incompleteness ist eines der besten politischen Theaterstücke, das ich in den letzten Jahren habe sehen dürfen. Viel häufiger müssten wir hier in den USA mit den direkten Folgen unserer Außenpolitik konfrontiert werden. Dann würde sich vielleicht auch etwas ändern", sagt mir der imponierende Mann während eines Kaffees am Tag nach der Aufführung.

Das war sie also, unsere Reise in die Vereinigten Staaten. Die erste Begegnung mit der allgegenwärtigen Besatzungsmacht ist für alle eine bittersüße Erfahrung. Doch trotz aller Widrigkeiten und Frustrationen reisen wir zufrieden zurück nach Kabul. Zuvor werden noch verschiedene, für den afghanischen Gaumen merkwürdige Speisen (z.B. Sushi, Chinesisch und Mexikanisch) getestet, zahlreiche iPhones gekauft und ein wenig Sightseeing betrieben. Die Freiheitsstatue und Wall Street dürfen nicht fehlen. Zaman ist unser offizieller Filmemacher und hält alles auf Video fest. Gerade das für afghanische Augen äußerst extravagante Aussehen einzelner PassantInnen (Rastalocken, buntgefärbte Haare, Tätowierungen und Piercings aller Art) ist für die KollegInnen ein absolutes Novum. Dabei fällt es den AHRDO-Männern sehr schwer wegzugucken, wenn mal wieder eine nur spärlich bekleidete Frau an ihnen vorbei schlendert. „Das afghanische Frauen einmal so gekleidet durch die Straßen Kabuls laufen, werden wir in tausend Jahren nicht erleben, und das ist auch gut so.", resümiert Javid nüchtern. Andere in Afghanistan verpönten Freiheiten werden da schon eher geschätzt. So trinken wir beim Diskothekenbesuch das eine oder andere Glas Bier, laben uns an Gin-Tonic und Bacardi-Cola und landen schließlich beim in den USA sehr beliebten Jägermeister, der uns schon bald auf die Tanzfläche befördert und am nächsten Tag bei allen relativ sanfte, aber partout nicht aufhören wollende Schmerzen im Kopf verursacht.

Dann noch schnell ein paar Souvenirs gekauft: eine Freiheitsstatue in Miniatur, ein paar günstige T-Shirts. Und ab in den Flieger, wo schon in wenigen Tagen eine neuerliche Aufführung von Infinite Incompleteness für eine weitere Gruppe von Kriegswitwen ansteht. Afghanistan, wir kommen. Die letzten Worte von Saleem vor der Abreise: „Ich hätte nie gedacht, dass ich den Staub unseres Landes einmal vermissen würde, aber so ist es wirklich. Endlich geht es heim." Trefflicher hätte man die allgemeine Stimmung im AHRDO-Team nicht zusammenfassen können.

Spätsommer 2012. Wir treffen die Entscheidung Infinite Incompleteness zumindest vorübergehend nicht mehr aufzuführen. Wir sind alle sehr stolz auf das Stück, gerade auch deshalb weil zum ersten Mal in der Geschichte Afghanistans die konkreten Kriegserfahrungen von gewöhnlichen BürgerInnen auf die Bühne gebracht wurden. Auf der anderen Seite ist dieses Stück für die SchauspielerInnen körperlich und seelisch eine schwere Belastung. Oft sind sie noch Stunden nach Ende der Aufführung wie in Trance. Weinen und sind unfähig sich zu bewegen. Dann springen alle plötzlich auf und erzählen mit großem Lächeln und noch größerer Überzeugung, wie sehr sie die Arbeit mit dem Stück lieben und wie wichtig es ihnen ist, dass es noch möglichst häufig in Afghanistan und dem Rest der Welt aufgeführt wird. Trotzdem entschließen wir uns letztendlich, Infinite Incompleteness auf Eis zu legen. Zum wiederholten Mal ist Saleem bei den Proben ob seiner Identifikation mit seiner Rolle fast in Ohnmacht gefallen und unsere nie aufgebende Zahra wird ob ihrer Mitarbeit im Stück von Unbekannten telefonisch bedroht und später körperlich angegriffen. Aus und vorbei. Die Gesundheit und das eigene Leben gehen vor.

Allerdings hat diese erste Erfahrung mit dem Dokumentartheater Lust auf mehr gemacht, und wir arbeiten bereits an einem neuen Projekt, in dem den Stimmen der AfghanInnen Gehör verschafft werden soll. Der momentane Arbeitstitel ist „2014". Inhaltlicher Schwerpunkt sind die Ängste und Wünsche der Normalbevölkerung in Bezug auf den Abzug der internationalen Truppen im Jahr 2014. Voraussichtlich ein weniger verstörendes Thema für die SchauspielerInnen, dafür aber umso wichtiger für sämtliche BewohnerInnen des Landes. Kein Termin oder private Unterhaltung vergeht, ohne dass die allgemeine Unsicherheit über die Zukunft von Land und Leuten nicht verbalisiert wird, gerade deshalb, weil sich die Veränderungen tagtäglich sehen und erfahren lassen.

So hat Obama die ersten „US-Stoßtruppen" abgezogen und trifft sich im Januar 2013 zu einem Gipfeltreffen mit Präsident Karzai, in dem beschlossen wird, dass die Rolle der USA sich in der Zukunft nur noch auf „Training, Beratung und Unterstützung der afghanischen Truppen" beschränkt. Der französische Präsident Hollande hat sogar die große Mehrheit aller französischen SoldatInnen bereits Ende 2012 nach Hause geholt (und dafür mittlerweile nach Mali geschickt, um dort die „Gefahr des islamistischen Terrorismus" zu bekämpfen), während Länder wie England und Australien ebenfalls ihren Truppenabzug beschleunigen wollen. Auch das Bundeswehrkontingent soll bis Ende Februar 2014 laut Außenminister Westerwelle und Verteidigungsminister de Maizière von derzeit 4760 auf 3300 Soldaten verkleinert werden.

Natürlich zeigen die Erfahrungen aus anderen Ländern, etwa die des Irak, dass diese Truppenabzüge niemals vollständig sind und „strategisch wichtige" Militärbasen erhalten bleiben, aber trotz aller Skepsis über die zukünftige Rolle des Westens sind viele AfghanInnen über diese neuen Entwicklungen äußerst erfreut. Noch mehr von ihnen scheinen allerdings besorgt, weil die Angst vor einer Rückkehr von Bürgerkrieg, Taliban und Flüchtlingslager riesig ist. Stellvertretend dafür stehen die Worte eines afghanischen Bürgers, der in einem Radiointerview vor kurzem erklärte, er habe derzeit ständig zwei Albträume. Zum einen, dass die ausländischen Truppen das Land nie mehr verlassen und Afghanistan vollends kolonisieren werden. Zum anderen, dass die Truppen nach dem Aufwachen plötzlich alle abgezogen sind und das Ausland dem afghanischen Volk mal wieder den Rücken kehrt.

Es sind solch paradoxe und von tiefer Unsicherheit geprägte Lebensumstände, die derzeit in Afghanistan dominieren und die im nächsten, finalen Kapitel dieses Buches noch ein wenig genauer beleuchtet werden. Wie also sieht sie aus, die Lage zum Jahreswechsel 2012/2013?

Foto 23: Afghanistan 2013 – Zukunft ungewiss

2014 - Ein Schicksalsjahr in aller Munde

Hast du, wen du liebst gefunden, lass die Welt: du hast genug![108]
(Hafis)

Herbst 2012. Soeben hat eine junge Selbstmordattentäterin ihr Auto in einen mit südafrikanischen ArbeiterInnen besetzten Minibus gefahren. Insgesamt 12 Menschen kommen ums Leben. Dr. Sharif und ich sind nur wenige Minuten Luftlinie entfernt und hören den Knall ganz klar und deutlich. Wir sitzen bei ihm zuhause und frühstücken. Seine Frau serviert uns Tee. Die Kinder spielen mit einem Videospiel und als im Fernsehen die zerfetzten Leichen der SüdafrikanerInnen gezeigt werden, wird nur kurz überlegt, ob und wann genau die Kinder zur Schule gehen sollen. „Am besten warten wir noch eine Weile. Es könnte ja schließlich noch ein zweiter Anschlag folgen. Sollte dies nicht der Fall sein, könnt ihr in ein paar Minuten losmarschieren.", schlägt die Frau des Doktors mit für mich überraschend ruhiger Stimme vor.

So ist es halt in Afghanistan. Die Gewalt reißt nicht ab, aber der Alltag muss irgendwie weitergehen. Im Taxi auf dem Weg zum Büro echauffiert sich der Taxifahrer über den fehlenden Fortschritt im Land. Er beschimpft alles und jeden und betont, dass die Zukunft des Landes düster ausschaut. Gleichzeitig reißt er einen Witz nach dem anderen und hofft, dass Allah es schon richten wird. Als wir nach gut einer Stunde endlich im Büro ankommen, erzählen uns die KollegInnen wie der Anschlag die Erde selbst dort zum beben brachte. Wenig später hören wir, wie Gulbuddin Hekmatyar, ehemals vom Westen geliebter und finanziell kräftig unterstützter Mujaheddin Führer, die Verantwortung für den Anschlag übernimmt[109]. Als Racheakt für das vor kurzem veröffentlichten YouTube-Video, das im Namen der Rede- und Meinungsfreiheit den Propheten Mohammed beleidigt und in der gesamtem islamischen Welt für Ärger und gewalttätige Straßenproteste gesorgt hat. Dieses Video stellt, auch wenn ich die darauf folgende Gewalt unter keinen Umständen rechtfertigen will, für viele AfghanInnen wirklich eine unfassbare Provokation dar. Es scheint ihnen, als wenn die Menschen im Westen und vor allem in den USA in Bezug auf den Islam einfach nicht dazu lernen wollen und den Glauben aus egoistischen

[108] www.zitate.eu

[109] Gulbuddin Hekmatyar ist ein paschtunischer, während des Widerstandes gegen die UDSSR vom Westen finanzierter islamistischer Extremist und Führer der Hezb-e Islami, einer mit den Taliban sympathisierenden Bewegung im Osten des Landes.

Motiven heraus dämonisieren möchten. Wie sonst sollen sie sich erklären, dass in diesem Jahr US-Soldaten Korane verbrannt und auf Leichen mutmaßlicher Taliban uriniert haben? Natürlich sind auch die Soldaten frustriert und verängstigt, aber das entschuldigt nicht ihr Verhalten und ihre in zahlreichen Dokumentarfilmen offen verkündete Ablehnung der gesamten afghanischen Bevölkerung. Darüber hinaus war ich selber Zeuge, wie im Flugzeug nach Dubai eine Gruppe privater US-Sicherheitskräfte die direkt hinter ihnen sitzenden und sich etwas lauter unterhaltenden afghanischen Passagieren körperliche Gewalt androhten, wenn sie nicht endlich ihren Mund halten würden. Beschämend. Wie ist es möglich, dass eine so große Anzahl an AusländerInnen den AfghanInnen in ihrem eigenen Land mit dermaßen viel Arroganz und Unverständnis begegnen? So jedenfalls gewinnt man die „Hearts and Minds" bestimmt nicht.

Und so vergeht die Zeit, die auf Erden uns gegeben ist. Der geplante Rückzug in 2014 sämtlicher der in den letzten Jahren auf rund 130.000 (!) angewachsenen internationalen Truppen rückt mit jedem Tag näher, und für die meisten Menschen im Land ist die Zukunft ungewisser denn je. Präsident Karzai hält sich mehr schlecht als recht an der Macht und wird bei den ebenfalls im Jahr 2014 stattfindenden Präsidentschaftswahlen nicht mehr antreten können, was schon seit geraumer Zeit zu zahlreichen persönlichen Scharmützeln über seine Nachfolge führt. Der von ihm ins Leben gerufene und vom Westen unterstützte Friedensrat, der gegen den Willen von Millionen von AfghanInnen Verhandlungen mit den Taliban führen soll, ist ein Papiertiger. Unterdessen wächst die Gewalt stetig. Die von Aufständischen durchgeführten Anschläge sind von 5 pro Tag im Jahr 2006 auf 35 pro Tag in 2011 gestiegen und auch wenn die Anzahl der Toten 2012 wohl gesunken ist, so sind laut offizieller Zahlen mindestens 7500 Zivile und SoldatInnen ums Leben gekommen[110]. Darüber hinaus ist angesichts der gleichbleibend hohen Gewalt die Zahl der intern vertriebenen Menschen Ende 2012 auf 448.000 gewachsen[111].

Selbst die ständig von allen Seiten besonders gerne erwähnten neugebauten Schulen haben eine Kehrseite, und viele vom Westen finanzierte Schulen sind mittlerweile wieder geschlossen worden, sowohl weil die Regierung Karzai die falschen Prioritäten setzt, als auch weil die Schulen von vornherein nur auf die Hearts und Minds der Lokalbevölkerung zielten und daher ohne große Weitsicht installiert wurden. Die internationalen Gelder

[110] http://www.huffingtonpost.com/2012/12/30/afghanistan-violence-falls-insider-attacks-rise_n_2385817.html
[111] http://www.unhcr.org

sind spürbar weniger geworden. Viele kleinere Lokalorganisationen haben aufgeben müssen. Schließlich war 2011 das Jahr, in dem die westlichen Botschaften in Kabul die mit Abstand größte Anzahl von Asyl- und Ausreiseanträgen seit dem Ende der Taliban erleben mussten. Um es kurz zu machen: Die meisten Menschen haben Angst und scheinen lieber heute als morgen das Land verlassen zu wollen. Zu unsicher sind die Perspektiven. Zu müde die Körper und Seelen nach nun bereits 34 Jahren Krieg. Ein Armutszeugnis nach 11 Jahren internationaler Präsenz im Land. Es wurde seitens der internationalen Gemeinschaft, aller Wortgewalt zum Trotz, einfach zu wenig auf die Schaffung von nachhaltigen, von den AfghanInnen geführten Strukturen gesetzt. Im Gegenteil, zu viele Aktionen wurden ohne Mitsprache und -beteiligung der Lokalbevölkerung implementiert, was im Gegenzug dazu geführt hat, dass viele gewöhnliche BürgerInnen diesen Initiativen von an Anfang an skeptisch und zum Teil offen ablehnend gegenübertraten. Auch wird nach wie vor lieber die, zugegebenermaßen extrem ineffiziente, Regierung Karzai für alles Schlechte verantwortlich gemacht, als einmal in den Spiegel zu schauen, was man vielleicht selber dazu beigetragen hat, dass die Situation so ernüchternd ist. Wenn man dann noch bedenkt, dass die vielen unterschiedlichen Volksgruppen und Clans sich im Regelfall lieber selbst die Nächsten sind, als auf das Gemeinwohl zu schauen, dann haben wir den Kebab und leiden tut die sowieso schon gebeutelte Normalbevölkerung.

Auch bei AHRDO ist nach drei unfassbar erfolgreichen Jahren das Jahr 2012 ein mittelschweres Seuchenjahr. Langzeitprojekte wie das legislative Frauenprojekt sind, wie schon 2009, wieder zu Kurzzeitprojekten geworden. Die Gehälter mussten reduziert werden. AHRDO-Gründer Hadi hat sein Master-Studium in Holland begonnen und wird rund 18 Monate außer Landes sein. Eine Mitarbeiterin hat bei einem Taliban-Anschlag ihren Ehemann verloren und die Organisation verlassen. Javid hat sich endlich durchgerungen, seinen Traum von mehr Verantwortung bei einer anderen, internationalen NGO zu verwirklichen. Zarah hat ihre beiden Kinder aus Sicherheitsgründen aus der Schule nehmen müssen. Ihre 13-jährige Tochter zeichnete einige der Bilder dieses Buches. Ein ehemaliger AHRDO-Mitarbeiter hat versucht, nach Australien zu flüchten, und steckt nun in einem Flüchtlingslager in Indonesien. Alle sind müde und ausgelaugt. „Ich habe noch nie in meinem Leben einen wirklichen Tag Urlaub gehabt", stöhnt Bisharat eines Abends. „Wir haben in Afghanistan einfach kein Privatleben. Selbst am Wochenende gibt es immer irgendwelche familiären Verpflichtungen, die absolut eingehalten werden müssen. Ich bin müde und ausgelaugt. Auch ich denke ernsthaft darüber nach, mit meiner Familie ins

Ausland zu gehen. Die Zukunft des Landes sieht düster aus und jeder ist sich selbst der Nächste."

Abbildung 12: "Lächeln hinter Gittern", gezeichnet von Parisa.

Doch trotz aller Rückschläge und Müdigkeit sind die noch verbliebenen AHRDO-MitarbeiterInnen nach wie vor mit großer Lust bei der Theaterarbeit. Wir organisieren gemeinsam mit der kanadischen Botschaft eine sogenannte Erinnerungskisten-Ausstellung, in der Kriegswitwen mit Hilfe der Ästhetik der Unterdrückten[112] ihre Lebensgeschichten auf künstlerische Art und Weise wiedergeben: sie kreieren individuelle Kisten, in denen wichtige Erinnerungsstücke (ein Foto des verschwundenen Sohnes, ein Gebetsteppich, der erste Liebesbrief des ermordeten Ehemannes) dargestellt werden[113]. Ein junger afghanischer Filmemacher produziert einen AHRDO-Dokumentarfilm. Infinite Incompleteness wird von uns auf Eigeninitiative auf Englisch veröffentlicht. Wir starten unser erstes Großpup-

[112] Die Ästhetik der Unterdrückten ist die letzte von Augusto Boal erfundene Technik des TdU. Sie stellt eine philosophische und praktische Erweiterung über das Mitmachtheater hinaus dar und fördert die Wiederaneignung sämtlicher menschlicher Fähigkeiten der kulturellen Produktion.

[113] Mehr über diese Initiative kann im Internet auf www.dailymotion.com/video/xu7ses_the-memory-boxes_shortfilms?search_algo=2#.UOWM8aVRrpA gefunden werden.

penprojekt und reisen erneut in die Provinz Bamiyan, um in einem mit Taliban gespickten Gebiet Forumtheater zum Thema Landreform zu machen. Bis vor Kurzem war Bamiyan noch eine Oase der Ruhe, aber mittlerweile knallt es leider auch dort immer häufiger. „Hjalmar Jan, wir haben hier kaum unseren Arbeitsort verlassen. Hier wimmelt es überall von Taliban und die Menschen sind sehr nervös.", schreibt mir Saleem gegen Ende 2012.

Auch international sind wir weiterhin aktiv. Infinite Incompleteness wird wohl ins Japanische übersetzt und in Japan von einem sehr bekannten, politisch engagierten Theatermacher, Hayashi, auf die Bühne gebracht. Bisharat nimmt an einer Regionalkonferenz für Forumtheater in Tadschikistan teil. Und ich selber spreche über unsere Arbeit auf drei Konferenzen in Indien, Nordirland und Hong Kong. Auch empfangen wir nach Sylvia Schmidt aus Deutschland im Jahr 2011 unsere zweite Praktikantin, eine junge Frau aus Irland, die später ihre Masters-Arbeit über AHRDO schreibt[114]. Darüber hinaus arbeiten wir an einer Fortsetzung unseres legislativen Theaterprojekts,[115] diesmal mit dem Ziel mit afghanischen Männern ihre Vorurteile und Verhaltensweisen gegenüber Frauen zu untersuchen.

Die Stimmung im Büro ist angespannt, aber immer wieder sprechen wir einander Mut zu. „Hjalmar Jan, wir dürfen den Kopf jetzt nicht in den Sand stecken. Die Lage ist dramatisch und die Stimmung im gesamten Land schlecht. Gerade jetzt ist es Zeit für progressive Theaterarbeit. Egal, was finanziell noch auf AHRDO zukommt. Ob mit oder ohne Büro. Wir müssen weiter für ein besseres Afghanistan kämpfen." Als ich diese Worte von meinem „Bruder" Saleem höre, kommen mir sofort die Tränen hoch. Ich schließe meine Augen und erinnere mich daran, wir ich Anfang 2007 nach Afghanistan kam und die Methode des Theater der Unterdrückten noch völlig unbekannt war. Ich denke an denselben Saleem, der sich im Frühling 2008 noch weigerte, an einer simplen Theaterübung teilzunehmen. Ich denke an Hadi. Dr. Sharif und seine Familie. Bisharat. Zaman. Amin. Zahra. Javid. Afghani. Loli. Saleh. Naheed und Benafsha.

Ich rufe mir die Tränen der Trauer und Freude von tausenden von AfghanInnen ins Gedächtnis, die in den letzten fast sechs Jahren an den Theater-Workshops und Aufführungen teilgenommen haben. Und einmal mehr füh-

---

114 The Show Must Go On...Performance as a tool for Peace Building in Afghanistan, Vanessa Fortune (9/2012)

115 Unser erstes legislatives Theaterprojekt zum Thema Frauenrechte wird im vorherigen Kapitel ausführlich besprochen.

le ich, dass Afghanistan im Laufe der Jahre ein unzerstörbarer Teil meines Herzens geworden ist. Zugegebenermaßen habe ich unlängst Zweifel, ob ich weiterhin in Afghanistan leben kann. 2011 und 2012 bin ich nur noch rund 30 - 40% des Jahres im Land gewesen und obwohl ich noch fast jeden Tag Email-Kontakt hatte, an Projektvorschlägen mitgearbeitet und AHRDO im Ausland repräsentiert habe, so kam mir doch häufiger der Gedanke, Afghanistan auf Wiedersehen zu sagen. Vor allem aus familiären Gründen und weil ich während der TdU-Arbeit in Ländern wie Kirgistan, Sierra Leone oder Osttimor große Lust verspüre, auch in anderen Kulturkreisen nachhaltige Arbeit mit dem Theater der Unterdrückten zu unterstützen.

Auf der anderen Seite wird mir bei diesen Besuchen immer wieder bewusst, dass Afghanistan das Land ist, was mir zurzeit als Einziges ein echtes Zuhause bietet. Wann immer mich jemand fragt, wo ich lebe, kommt „Afghanistan" sofort wie aus der Pistole geschossen. Ich lese jeden Tag zuerst die Nachrichten aus Afghanistan. Ich denke an Afghanistan. Ich träume von Afghanistan. Ich atme dieses wunderschöne Land mit seinen großartigen, aber unfassbar gebeutelten Menschen ein und aus. Ich kann und will mir ein Leben ohne Afghanistan nicht mehr vorstellen. Und trotzdem bin ich mir nicht sicher, ob und wie lange ich in Afghanistan noch zuhause sein werde.

Das Gespräch mit Saleem bringt dieses Dilemma wieder an die Oberfläche. Es ist wie ein Regenbogen der Wünsche. Mit vielen Ängsten und Hoffnungen. Ich habe Angst, durch meine Arbeit im Land die koloniale Haltung der internationalen Gemeinschaft zu legitimieren, weil ich, auch wenn ich mittlerweile zu 90% umsonst in Afghanistan arbeite und oft sogar noch Geld mitbringe, als Westler für viele AfghanInnen immer Teil jener sein werde. Ich habe Angst, eines Tages zu merken, dass ich falsch gelegen habe in dem Glauben, als mehr oder weniger gleichberechtigter und respektierter Mensch in Afghanistan leben zu können. Ich habe Angst, nicht zu merken, wenn ich eines Tages von meinen KollegInnen nicht mehr gewollt werde und trotzdem weiter meinen Senf dazugebe. Auf der anderen Seite wünsche ich mir, dass AHRDO noch viele Jahre mit dem TdU einen Beitrag hin zu einem lebenswerteren, gerechteren und friedlicheren Afghanistan leisten wird. Auch wünsche ich mir, dass die Charidjis vor Ort (und in den Machtzentren dieser Welt) in nicht allzu ferner Zukunft den AfghanInnen auf Augenhöhe gegenüber treten. Schließlich wünsche ich mir, dass die Menschen in Afghanistan endlich einmal die Möglichkeit haben werden, für länger als nur einen Tag in die Zukunft zu schauen, weil sie nicht fürchten müssen, dass ihr Leben jede Sekunde Opfer einer Gewalttat sein könnte.

Wie alle Menschen dieser Welt haben sie ein Recht auf Frieden und ein Leben frei von existenziellen Sorgen.

Ängste und Träume. Tränen und Lächeln. Und immer eine hundertprozentige Identifikation und Solidarität mit den Menschen vor Ort. So fühle ich mich nach rund sechs Jahren tagtäglichen Lebens in und mit Afghanistan. Und wie es im Moment aussieht, werden wohl noch einige Jahre hinzukommen. In diesem Sinne: Ärmel hoch und ran ans Werk. Ein anderes Afghanistan ist möglich.

Foto 24: Eine bessere Welt ist möglich – Mit Großpuppen für den Frieden

Anhang

AHRDO in Zahlen

Zur besseren Veranschaulichung der Aktivitäten von AHRDO habe ich mich in Absprache mit den AHRDO KollegInnen entschieden den LeserInnen noch einen kleinen Einblick in die Zahlen von AHRDO zu geben. Die angegebenen Daten beruhen auf den finalen Projektreporten und geben einen allgemeinen Überblick über die Anzahl der Angestellten, Projekte, Workshops, Aufführungen und ZuschauerInnen. Auch werden die ungefähren Projektkosten erwähnt. Dabei wird sichtbar, dass wir für unsere Theaterarbeit in vier Jahren rund eine Million US Dollar gesammelt und ausgegeben haben. Eine beachtliche Summe, die die Wertschätzung unserer Arbeit wiedergibt.

Es muss allerdings hinzugefügt werden, dass AHRDO, wie die meisten afghanischen Lokalorganisationen, leider kein „Core Funding“ (dt. Grundfinanzierung) bezieht, und daher ein Großteil der Projektkosten nicht ausschließlich den konkreten Projektaktivitäten gewidmet ist, sondern auch laufende „Betriebskosten“ gedeckt werden. Dabei sind es vor allem die ausgezahlten Gehälter, die besonders viel Geld verschlingen. Andererseits ist es notwendig, zu erwähnen, dass AHRDO bewusst überdurchschnittlich hohe Gehälter zahlt und die Angestellten mit ihrem Gehalt üblicherweise 4-6 Familienmitglieder unterstützen. Somit hat die Arbeit mit dem TdU auch eine wichtige wirtschaftlich Komponente. Vereinfacht gesagt hatten rund 240 Menschen jeden Tag in 2012 zu essen, weil ein Mitglied ihrer Familie an einem Theaterprojekt mitarbeitete.

Was die in den Jahren 2011/2012 hohe Anzahl der Angestellten betrifft, so sollte beachtet werden, dass diese sich nicht nur auf die zwei AHRDO-Büros in Kabul und Mazar-e Sharif verteilen, sondern dass wir durch die durchgeführten Projekte sechs sogenannte „Frauenschuras“ gegründet haben, in denen Frauen zusammenkommen, ihre Alltagssorgen besprechen und gemeinsam Taktiken und Strategien beratschlagen, wie sie ihr Leben verbessern können. Die – von den Mitgliederinnen gewählten - Leiterinnen dieser Schuras erhalten für ihre Arbeit natürlich eine Vergütung.

		2009	2010	2011	2012
Angestellte:	Männlich	7	9	22	18
	Weiblich	4	6	15	22
	Ausländische Mitarbeiter Innen	1	1	1	1
	PraktikantInnen	0	0	1	1
	Gesamt	12	16	39	42
Projekte:		5	9	6	8
	Projektkosten in USD (inkl. Gehälter)	140. 000	210. 000	450. 000	200. 000
Aktivitäten:	**Konferenzen/ Ausstellungen**	2	1	3	4
	Theater Festivals	3	0	0	0
	Theateraufführungen				
davon:	Forumtheater	20	40	75	24
	Playback Theater	12	30	20	21
	AH 7808 & Infinite Incompleteness	4	8	10	13
	Radio Theater	6	0	0	0
	ZuschauerInnen:	1600	3900	6950	3500
	Theater Workshops:	14	20	32	28
	Workshop-TeilnehmerInnen:	280	400	640	460

Abbildung 13: AHRDO in Zahlen

Bücher zu Afghanistan

Braithwaite. Rodric: Afgantsy: The Russians in Afghanistan, 1979-1989 (eng.). Profile Books, 2012.
Giustozzi, Antonio: Koran, Kalashnikov and Laptop (eng.). Hurst C & Co Publishers Ltd., 2007.
Giustozzi, Antonio: Empires of Mud: Wars and Warlords in Afghanistan (eng.). Hurst C & Co Publishers Ltd., 2009.
Joya, Malalai: Ich erhebe meine Stimme: Eine Frau kämpft gegen den Krieg in Afghanistan. Piper Verlag GmbH, 2009.
Rahimi, Atiq: Erde und Asche. Claassen Verlag, 2002.
Rahimi, Atiq: Verflucht sei Dostojewski. Ullstein, 2012.
Rashid, Ahmed: Sturz ins Chaos: Afghanistan, Pakistan und die Rückkehr der Taliban. Leske Verlag, 2010.

Bücher zum Theater der Unterdrückten und Playback-Theater

Boal, Augusto: Aesthetics of the Oppressed (eng.). Routledge Chapman & Hall, 2006.
Boal, Augusto: Der Regenbogen der Wünsche: Methoden aus Theater und Therapie. Lingener Beiträge zur Theaterpädagogik. Band III. Schibri-Verlag, 2005.
Boal, Augusto: Games for Actor and Non-Actors (eng.). Routledge Chapman & Hall, 2002.
Boal, Augusto: Legislative Theater: Using Performance to Make Politics (eng.). Routledge Chapman & Hall, 1998.
Boal, Augusto: Theater der Unterdrückten. Suhrkamp Verlag KG, 1989.
Clausen, Jens: Das Kieztheater: Forum und Kommunikation für den Stadtteil. Ibidem-Verlag, 2009.
Diamond, David: Theater zum Leben. Über die Kunst und die Wissenschaft des Dialogs in Gemeinwesen. Ibidem-Verlag, 2012.
Fox, Jonathan: Acts of Service (eng.). Tusitala, 2003.
Fritz, Birgit: InExActArt-Ein Handbuch zur Praxis des Theaters der Unterdrückten. Ibidem-Verlag, 2011.
Rohd, Michael: Theatre for Community and Conflict (eng.). History Ink Book, 1998.
Salas, Jo: Improvising Real Life (eng.). Kendall/Hunt Publishing Co, 1996.
Salas, Jo: Playback-Theater. Alexander Verlag, 2009.
Schutzman, Mandy & Cohen-Cruz, Jan: A Boal Companion: Dialogues on Theatre and Cultural Politics (eng.). Routledge Chapman & Hall, 2006.
Staffler, Armin: Augusto Boal: Einführung. Oldib Verlag, 2009.

Andere Theater-Bücher

Spolin, Viola: Improvisation for the Theater (eng.). Northwestern University Press, 1999.
Thompson, James: Digging Up Stories (eng.). Manchester University Press, 2006.
Thompson, James: Performance in Place of War (eng.). Seagull Books, 2009.

Andere im Text erwähnte Werke

Bakhtin, Mikhail: Rabelais and His World (eng.). Indiana University Press, 1984.
de Beauvoir, Simone: Die Mandarins von Paris. Rowohlt, 1955.
Freire, Paulo: Pädagogik der Unterdrückten. Bildung als Praxis der Freiheit. Rowohlt Tb., 2002.
Mungan, Murathan: Tschador. Blumenbar, 2008.
Schechner, Richard: Performance Theory (eng.), Routledge Chapman & Hall, 2003.

Abbildungsverzeichnis

Abbildung 1: „Augusto Boal & Paulo Freire“
Abbildung 2: „Der Baum des Theaters der Unterdrückten“
Abbildung 3: „Blind Games”
Abbildung 4: „Gewalt gegen Frauen“
Abbildung 5: „Das Forumtheater“
Abbildung 6: „Das Playback-Theater“
Abbildung 7: „Die Playback-Theater SchauspielerInnen“
Abbildung 8: „Das TdU und das PT“
Abbildung 9: „Der Polizist im Kopf“
Abbildung 10: „Stopp“
Abbildung 11: „Die Last der Existenz“
Abbildung 12: „Lächeln hinter Gittern“
Abbildung 13: „AHRDO in Zahlen“

Zeichnungen von Geety Natiq und Parisa. Bearbeitung von Oksana Potapova.

Fotoverzeichnis

Foto 1: Frieden stiften in Afghanistan?
Foto 2: Afghanistan im Frühling - Jegliche Friedensbemühungen versinken im Schlamm
Foto 3: Mein erstes Zuhause in Afghanistan
Foto 4: Spuren der Gewalt auf Schritt und Tritt
Foto 5: Gemeinsame Picknicks entspannen die Seele
Foto 6: Spielen als grundlegendes Menschenrecht
Foto 7: Die Burka - Ständiges Objekt der Beobachtung
Foto 8: Das ehemalige russische Kulturzentrum in Ruinen
Foto 9: Rücken an Rücken für ein neues Afghanistan mit ANAD
Foto 10: Eine Vase ist eine Vase ist eine Vase
Foto 11: Das TdU verleiht Flügel
Foto 12: Handy, Knarre und Koran - Die Komplexität des Krieges
Foto 13: Tears into Energy - Ohne die Menschen kein Frieden
Foto 14: AH 7808 - Das Theater als friedliche Waffe des Wandels
Foto 15: Site-specific theatre - Theater an symbolträchtigen Orten
Foto 16: Aus KollegInnen werden FreundInnen – Shekeb und Co.
Foto 17: Nie wieder Krieg - Ein Theater der Befreiung
Foto 18: Das Theater als Botschafter des Friedens
Foto 19: Weltmenschenrechtstag 2010 - Infinite Incompleteness
Foto 20: Frauen unter sich – Legislatives Theater

Foto 21: Zahra Yagona – Einfach nur bewundernswert
Foto 22: Gerechtigkeit muss sein – Kriegswitwen im Publikum
Foto 23: Afghanistan 2013 – Zukunft ungewiss
Foto 24: Eine bessere Welt ist möglich – Mit Großpuppen für den Frieden

Fotos vom Autor, Eberhard Riebel, Marc Weinblatt, Karin Gisler und Hector Aristizábal. Bearbeitung von Oksana Potapova.

Index

A

Afghanistan-Maschine 87
Analyse und Probe einzelner Emotionen 115
Ästhetik der Unterdrückten 208

B

Bankier-Unterricht 148
Blinde Magneten 94
Blinder Spaziergang 138
Blindes Auto 57, 58, 96, 132, 169

C

Chinesische Krise 148
Circle Dash 72, 80

D

Das Bild der Stunde 62, 87
Demechanisierung 148
Dreieck, Kreis, Quadrat 66

E

Eingangstür 74, 75
Erinnerungskisten 208

F

Fliegende Masken 72
Fluid Sculptures 138
Forumtheater 2, 5, 20, 21, 22, 23, 85, 86, 88, 91, 115, 117, 136, 155, 164, 192, 209, 214, 217

G

Gehen bedeutet Rennen 64
Graffiti-Wand 150
Grenzsituationen 88

H

Healing Circle 163

I

Infinite Incompleteness 185, 195, 196, 197, 201, 202, 208, 209, 214, 217

J

Joker 17, 21, 60, 62, 90, 95, 109, 117, 128, 157, 160, 170, 171, 172

K

Karneval in Rio 166
Katharsis 56, 57
Katz und Maus 72, 73
Klangwald 84
Klatschkreis 66, 96, 99
Knie-Schlacht 58

L

legislatives Theater 209

M

Magnetic Image 84, 112
Magritte 73, 133, 136
Muskel-Entfremdung 60

N

Name, Geräusch, Bewegung 58, 74

P

Playback-Theater 6, 129, 131, 138, 139, 140, 141, 144, 146, 147, 150, 152, 157, 158, 165, 167, 168, 170, 183, 184, 196, 200, 215, 217

Polizist im Kopf 23, 147, 152, 155, 156, 217
Probe unterschiedlicher Stile 115

R

Regenbogen der Wünsche 19, 57, 157, 210, 215

S

Schritt für Schritt ins Paradies 111
Statuenbild 64
Statuentheater 20, 69, 74, 75, 92, 93, 99
Stories 138

U

Umfeld 15, 21, 26, 49, 51, 60, 62, 69, 154, 197
Unsichtbares Theater 15, 147

V

Vertrauenslauf 73

W

Wandmalerei des Schmerzes 111
Wie fühle ich mich? 134

Foto: Max Beer

Der Autor

Hjalmar Jorge Joffre-Eichhorn wurde 1977 in Hamburg geboren. Sein Vater ist Bolivianer und seine Mutter Deutsche.

Nach dem Abitur in Hamburg-Finkenwerder studierte er Psychologie und Internationale Beziehungen in Australien. Anschließend machte er seinen Master in Friedens- und Entwicklungsstudien in Spanien. Später folgte ein weiterer Master in Bildungsmanagement.

Seit 2006 arbeitet er als freiberuflicher Theatermacher mit Schwerpunkt Theater der Unterdrückten und Playback-Theater in verschiedenen Teilen der Erde, unter anderem in Bolivien, Kirgisistan, den Malediven, Nordirland, Osttimor, Ruanda, Sierra Leone, Tadschikistan und der Ukraine.

2009 gründet er gemeinsam mit afghanischen Menschenrechts-aktivistInnen die Afghanistan Human Rights and Democracy Organization (AHRDO), die sich mit Hilfe interaktiver Theatermethoden für die Belange unterprivilegierter Gesellschaftsgruppen im Land einsetzt.

Joffre-Eichhorn ist für Fragen, Kritiken, Interviews und Projektvorschläge unter communitybasedtheatre@gmail.com zu erreichen.

***ibidem*-Verlag**

Melchiorstr. 15

D-70439 Stuttgart

info@ibidem-verlag.de

www.ibidem-verlag.de
www.ibidem.eu
www.edition-noema.de
www.autorenbetreuung.de